EXECUÇÃO

5 EXECUTION

LARRY BOSSIDY
RAM CHARAN

EXECUÇÃO

EXECUTION

A DISCIPLINA PARA ATINGIR RESULTADOS

Tradução
Elaine Pepe

ALTA BOOKS
EDITORA
Rio de Janeiro, 2019

Execução - A Disciplina para Atingir Resultados
 ISBN: 978-85-508-0927-4

Impresso no Brasil.

Obra disponível para venda corporativa e/ou personalizada. Para mais informações, fale com projetos@altabooks.com.br

Editoração Eletrônica
Estúdio Castellani

Revisão
Jussara Bivar

Copidesque
Ivone Teixeira

Produção Editorial
Elsevier Editora - CNPJ: 42.546.531./0001-24

CIP-Brasil. Catalogação na fonte
Sindicato Nacional dos Editores de Livros, RJ

B757e Bossidy, Larry
Execução : a disciplina para atingir resultados / Larry Bossidy, Ram Charan, com Charles Burck ; tradução de Elaine Pepe. – Rio de Janeiro : Alta Books, 2019.

Tradução de: Execution
Publicado anteriormente sob o título: Desafio: fazer acontecer
ISBN 978-85-508-0927-4

1. Administração. 2. Desempenho. 3. Motivo de realização. I. Charan. Ram. II. Burck. Charles. III. Título.

04-1907. CDD CDD: 658
CDU: 658

ALTA BOOKS
EDITORA

Rua Viúva Cláudio, 291 — Bairro Industrial do Jacaré
CEP: 20970-031 — Rio de Janeiro - RJ
Tels.: (21) 3278-8069 / 3278-8419
www.altabooks.com.br — altabooks@altabooks.com.br
www.facebook.com/altabooks

Execução (pronúncia ezecussão), subs. 1. O elo perdido. 2. A principal razão por que as empresas acabam não cumprindo suas promessas. 3. A lacuna entre o que os líderes das empresas querem atingir e a habilidade de sua organização para conseguir atingir. 4. Não simplesmente táticas, mas um sistema para conseguir que as coisas aconteçam através de questionamento, análise e acompanhamento. Uma disciplina para mesclar estratégia e realidade, alinhando pessoas a objetivos e atingindo os resultados prometidos. 5. Uma parte fundamental da estratégia e dos objetivos da empresa e o principal trabalho de qualquer líder. 6. Uma disciplina que requer um entendimento abrangente de um negócio, seu pessoal e seu ambiente. 7. A forma de unir os três processos-chave de qualquer negócio – o processo de pessoal, a estratégia e o plano operacional – para conseguir que as coisas aconteçam dentro do prazo. 8. Um método para atingir o sucesso, descoberto e revelado em 2002 por Larry Bossidy e Ram Charan em *Execução*.

Para as centenas de pessoas que marcaram nossa vida empresarial
e influenciaram os pensamentos expostos neste livro.
Um agradecimento especial a Jack Welch, que em nossa época
era o executivo com maior experiência em "fazer acontecer".

LARRY BOSSIDY
RAM CHARAN

Os Autores

LARRY BOSSIDY é presidente do conselho e CEO da Honeywell International, Inc. A Honeywell é uma empresa de US$25 bilhões, líder do setor industrial e de tecnologia. Bossidy atuou como presidente do conselho e CEO da AlliedSignal de 1991 a 1999, quando se tornou presidente do conselho da Honeywell, depois de sua fusão com a AlliedSignal em dezembro de 1999. Deixou a empresa em abril de 2000 e voltou como presidente do conselho e CEO em julho de 2001.

Credita-se a Bossidy a transformação da AlliedSignal em uma das empresas mais admiradas do mundo, cujo sucesso foi muito impulsionado pelo foco intenso no crescimento e na produtividade direcionada pelo Seis Sigma. Durante seu mandato na AlliedSignal, a empresa conseguiu um crescimento consistente em termos de lucro, fluxo de caixa, com destaque para os 31 trimestres consecutivos de aumento do lucro por ação de 13% ou mais.

Antes de trabalhar na AlliedSignal, Bossidy ocupou uma série de cargos executivos e no setor de finanças na General Electric Company, na qual começou como *trainee* em 1957. Foi diretor de operações da General Electric Credit Corporation (atualmente GE Capital Corporation) de 1979 até 1981, vice-presidente executivo e presidente da área de serviços e materiais da GE de 1981 até 1984, e vice-presidente do conselho e CEO da General Electric Company de 1984 até julho de 1991.

RAM CHARAN é um consultor muito bem conceituado de CEOs e executivos do alto escalão de empresas que vão desde *start--ups* até as que figuram na *Fortune 500*, incluindo GE, Ford, DuPont, EDS, Universal Studios e Verizon. É autor de *Crescimento & Lucro*, *O que o presidente de sua empresa quer que você saiba* e *Boards that Work*, e coautor de *Every Business Is a Growth Business*. Ram Charan escreveu diversos artigos para a *Harvard Business Review* e para a *Fortune*, tem DBA e MBA pela Harvard Business School e foi professor em Harvard e na Universidade de Northwestern.

CHARLES BURCK é o escritor e articulista que trabalhou com Ram Charan em vários livros, incluindo *Every Business Is a Growth Business*. No início de sua carreira, foi redator da *Fortune*.

Redefinindo a Execução para Tempos de Crise

A primeira edição de *Execução* se baseou na nossa observação de que a disciplina para atingir resultados era o que diferenciava as empresas de sucesso daquelas que se limitavam a se arrastar com desempenhos mais ou menos satisfatórios ou que simplesmente fracassavam.

Hoje em dia nos vemos atolados em uma profunda recessão global que tem prejudicado imensamente empresas, consumidores e governos. Por toda parte vemos uma enorme perda de confiança. Estratégias e modelos de negócios que antes funcionavam bem agora perderam a eficácia. Mesmo quando a recessão chegar ao fim, os ambientes empresarial e econômico não voltarão ao que passamos a considerar "normal".

O mundo está passando por uma mudança tectônica – o ambiente de negócios global está sendo "redefinido". Agora vivemos em um mundo no qual mudanças radicais podem ocorrer aparentemente da noite para o dia e no qual muito do que antes presumíamos ser natural permanecerá em mutação por muito tempo. Essa realidade dificulta a execução (não que já tenha sido fácil), mas também faz com que ela seja mais importante do que nunca. A execução não apenas assegura a utilização eficiente dos recursos em um mundo faminto por crédito e caixa, como também proporciona o ciclo de feedback necessário para que o negócio se ajuste às mudanças – grandes ou pequenas – do mundo externo.

É verdade que os líderes ainda devem definir o caminho adiante, mas é a execução que impulsiona a organização por esse caminho e permite que ela se beneficie das oportunidades. E a boa execução não apenas garantirá a sobrevivência de uma empresa em tempos difíceis como também poderá melhorar significativamente suas chances de sucesso à medida que o ambiente continua mudando.

Ninguém pode prever exatamente o que o futuro nos trará – precisaremos lidar com o que estiver à nossa espera quando chegar a hora –, mas vejamos algumas das mudanças mais profundas que provavelmente nos aguardam:

- ***O crescimento será mais lento.*** Os Estados Unidos, esse amplo mercado de consumo, pode não ser mais o principal impulsionador econômico global que foi até agora, e a decisão dos países de criar empregos para seus cidadãos fará com que esses países importem menos produtos americanos. Durante os primeiros estágios da recuperação da recessão, o crédito ainda será restrito, haverá limitações de alavancagem e as oportunidades de crescimento lucrativo serão mais difíceis de encontrar. Mas a empresa que apresentar uma boa execução terá a confiança, a velocidade e os recursos para avançar rapidamente à medida que as oportunidades surgirem. Ela também terá credibilidade como um bom parceiro, um bom fornecedor e um bom investimento, acumulando vantagens à medida que se posiciona para o crescimento.
- ***A concorrência será mais agressiva.*** Em uma economia global de crescimento mais lento, todos estarão lutando com mais empenho e inteligência para conquistar participação de mercado. Cada empresa estará em busca de uma nova vantagem, na forma de produtos, tecnologias, gestão, localização, preços, entre muitas outras variáveis. As margens de erro serão menores, e a flexibilidade e a velocidade na alocação e realocação de recursos farão uma enorme diferença no desempenho. Não será fácil lidar com tudo isso, e uma execução falha desses

elementos básicos de desempenho pode levar a uma sentença de morte. Mas isso não é tudo. Empresas mais fortes e rápidas serão capazes de identificar e se aproveitar de oportunidades, por exemplo, se beneficiando da retração econômica com a compra de ativos a preços baixos e abocanhando participação de mercado dos concorrentes mais fracos. Uma boa execução revela mais cedo defeitos em estratégias obsoletas ou equivocadas a tempo de mudar o direcionamento. Os que deixam de enxergar os erros de suas estratégias ou deixam de executar as estratégias com rapidez e eficácia enfrentarão o mesmo destino da GM, Chrysler, Bear Stearns, AIG e Lehman Brothers com o desenrolar das crises econômicas e financeiras.

- ***Os governos assumirão novos papéis em suas economias e ambientes de negócios.*** Haverá um novo ambiente legislativo e cada governo o implementará de uma forma diferente, alguns como parceiros de empresas, outros como adversários. Mas também existe uma tendência de se aproximar da legislação global em vez da nacional, o que poderia apresentar formidáveis obstáculos considerando as várias culturas e os vários sistemas políticos envolvidos em esforços tão extensos. Até a regulamentação no nível nacional será substancialmente influenciada pelos legisladores e por sua credibilidade. E invariavelmente veremos exigências de protecionismo para beneficiar empregos e mercados vítimas de pressões competitivas cada vez mais intensas. As empresas que executam bem serão mais atraentes como parceiros e fornecedores para órgãos públicos e estarão mais bem preparadas para se adaptar às novas leis.
- ***O gerenciamento de riscos – identificar e controlar os riscos em todos os níveis do negócio, incluindo riscos políticos e econômicos globais – passará a constituir uma enorme parte do trabalho de todos os líderes.*** No momento da elaboração deste texto, ainda não se sabe se a economia global cairá em deflação ou se as políticas de estímulo desencadearão uma nova onda de inflação. Um princípio fundamental da gestão de riscos é

estar preparado para os dois resultados. Mas tanto a inflação quanto a deflação podem ser previstas até certo ponto. Os verdadeiros riscos são aqueles ocultos por trás do verniz das "práticas usuais de negócios". Uma década atrás o seguro contra a inadimplência ou os títulos garantidos por hipoteca não eram tão importantes, mas esses instrumentos, nos quais se apostou muito alguns anos atrás como uma forma de reduzir o risco, estiveram na raiz da crise atual. A lição das duas últimas décadas é clara: a sua estratégia deve incorporar um plano para lidar não apenas com riscos específicos ao setor e à empresa como também com riscos desconhecidos, como os do sistema financeiro global. A execução é o que lhe proporcionará uma vantagem na detecção de novas realidades no ambiente externo bem como de riscos que estão sendo introduzidos, talvez de modo não intencional, nas suas próprias operações.

■ ■ ■

Uma boa execução faz uma enorme diferença no desempenho de uma empresa, como vimos na forma como Richard T. Clark mudou a Merck & Co. desde que se tornou o presidente do conselho e CEO da gigante da indústria farmacêutica em 2005. O conselho de administração escolheu Clark por estar procurando alguém com experiência tanto médica quanto operacional. Clark tinha demonstrado sua capacidade de execução primeiro como o líder das operações de fabricação da Merck e depois como o líder de sua controlada, a Medco Health Solutions.

Quando Clark assumiu a liderança da empresa, a Merck estava em dificuldades. Sua estratégia era pouco mais do que uma declaração de visão estendida contendo amplas afirmações gerais se vangloriando das virtudes da Merck. Era tão superficial que não poderia ser chamada de estratégia. Sem uma verdadeira estratégia para orientar a execução, a Merck não estava progredindo. Clark quase imediatamente mergulhou em uma extensa revisão dos negócios da empresa, selecionando as áreas nas quais ela teria mais chances de vencer considerando suas habilidades em pesquisa e seu histórico. Depois que se direcionou para as áreas certas, Clark submeteu a empresa a uma rigorosa análise de suas instalações de fabricação e tecnologias existentes para escolher as fábricas e tecnologias que viriam a se tornar as bases para sua estratégia de inovação e excelência. Deu significado a esses termos, de outra forma vagos, se certificando de que o braço de manufatura da Merck pudesse se adiantar aos avanços tecnológicos e buscar um posicionamento na vanguarda das áreas nas quais a Merck se concentraria. A história e o desempenho da empresa justificavam, por exemplo, manter uma posição dominante em cardiologia.

Com uma verdadeira estratégia, Clark passou a implementar amplas mudanças no alto escalão da administração para se assegurar de que a liderança da Merck conhecesse a estratégia e fosse capaz de executá-la como uma equipe. E, quando essa organização interna estava funcionando como ele queria, Clark deu mais um importante passo e arquitetou a aquisição da Schering-Plough, em uma grande manobra estratégica. Em resumo, Clark utilizou cada um dos três processos-chave da execução e se certificou de que eles estivessem vinculados de modo que as prioridades e alocação de recursos da empresa estivessem alinhados com sua reorganização e seu foco mais estreito. Clark, um líder comedido, alterou toda a cultura da Merck com rapidez e eficiência, demonstrando que os líderes não precisam ser chamativos ou bombásticos para conquistar respeito e atingir resultados.

OS TRÊS PROCESSOS-CHAVE DA EXECUÇÃO

Os três processos – pessoas, estratégia e operações – continuam sendo os elementos constitutivos e o centro da boa execução. Mas, à medida que os ambientes econômico, político e de negócios mudam, o modo como eles evoluem também muda.

Estratégia

As regras básicas para formular uma estratégia estão mudando rapidamente à medida que o mundo se redefine. A crise global que teve início, com mais intensidade, em 2008 demonstra de maneira conclusiva que não será mais suficiente desenvolver uma estratégia baseada apenas na análise competitiva do setor. Em vez disso, todas as estratégias precisam levar em consideração o ambiente de negócios globais em constante evolução.

Basta dar uma olhada na Rússia para ver a rapidez na qual as condições de negócios podem mudar. Apenas dois anos atrás, a Rússia parecia ser um dos locais mais promissores do planeta para o desenvolvimento de negócios. Agora ela está econômica e politicamente arruinada, e o futuro de seu ambiente de negócios é alvo de muita apreensão. E, apesar de a China ter sido o destino preferido para quem estava em busca de serviços de produção 10 anos atrás, hoje ela está longe de ser o fornecedor mais competitivo de produtos, ao passo que o México, que muitos anos atrás foi o destino original para quem procurava terceirização, volta a crescer como uma fonte potencial de terceirização dada a sua proximidade com os Estados Unidos. Decisões relativas à estratégia não se limitam, é claro, a grandes questões como com quais países fazer negócios, mas incluem decisões de importância cotidiana, como questionar constantemente a seleção de fornecedores e se eles ainda se adéquam à estratégia de cadeia de suprimento em constante evolução da empresa.

Também é fundamental que cada estratégia leve em consideração uma análise e o conhecimento do ambiente econômico e financeiro global, marcado por crescimento mais lento, concorrência mais intensa, mudanças no comportamento do consumidor e maior intervenção do governo. Todos esses fatores equivalem a um risco maior em todos os níveis, e esses riscos devem ser compreendidos com mais profundidade e levados em consideração na elaboração de uma estratégia.

Pessoas

Um ambiente de rápido crescimento pode encobrir uma série de problemas, mas uma era de crescimento lento ampliará cada deficiência de cada pessoa no negócio, especialmente os líderes. Muitos gestores antes bem-conceituados serão considerados insatisfatórios no novo ambiente, e também haverá uma escassez de líderes talentosos que apresentem a precisão mental, a coragem e a persistência necessárias para executar bem em um ambiente difícil.

Os líderes devem ser sensíveis para saber quando a estratégia se tornou obsoleta e precisa ser alterada e apresentar a flexibilidade necessária para promover essa mudança rapidamente. As consequências de não fazê-lo podem ser fatais. Por exemplo, Richard Fuld, o presidente do Conselho do Lehman Brothers, se ateve com teimosia à sua estratégia de alta alavancagem durante meses depois que a falência do Bear Stearns revelou suas deficiências. Fuld simplesmente não conseguiu enxergar como a crise do mercado de hipotecas afetaria a empresa a tempo de fazer alguma coisa a respeito. O resultado foi o fracasso, um fracasso que ameaçou a ordem financeira global.

A concorrência pelos melhores líderes será intensa. Uma forma de garantir que você terá as pessoas certas nas posições certas nesse ambiente em rápida evolução é elaborando descrições de cargo para o tipo de pessoas das quais precisará em cada posição *amanhã* e comparar essas descrições com os talentos e competências das pessoas que estão nessas posições *hoje*. Se você não tiver os líderes certos para o ambiente, é essencial ser rápido para promover as mudanças necessárias. Você também deve começar agora a desenvolver os líderes do futuro, testando e avaliando as pessoas em relação à sua capacidade de execução diante de novos desafios e circunstâncias.

Operações

Para uma boa execução deve haver prestação de contas, metas claras, métodos precisos para mensurar o desempenho e as recompensas certas para as pessoas que apresentarem um bom desempenho. Mas agora, mais do que nunca, os líderes precisam elaborar planos operacionais flexíveis. No passado, uma empresa podia implementar uma ou talvez duas profundas mudanças em suas operações a cada ano. Mas, no futuro, essas mudanças, independentemente de se tratarem de reajustes de estoque, ajuste de preços ou reformulação dos planos de propaganda e marketing, podem ocorrer várias vezes em um ano e o plano operacional deve ser capaz de se adaptar realocando com rapidez os recursos de um lugar ao outro. No fim dos anos 1990, a PepsiCo se separou de suas operações de envasamento com base em grande parte em um plano de engenharia financeira cuja lógica acabou fracassando. Depois, em 2009, Indra Nooyi, a presidente do Conselho da PepsiCo, reverteu a trajetória e se ofereceu para recomprar as operações de envasamento para obter a flexibilidade operacional necessária e retomar o controle dos custos operacionais e de distribuição.

A estratégia deixou de ser inalterável. Uma boa estratégia estará em constante análise e revisão dependendo do que estiver acontecendo no ambiente de negócios. E, à medida que a estratégia muda, o pessoal e as operações da empresa também devem mudar. Os líderes não devem sair em busca da mudança por si só, mas, bem como todas as pessoas da empresa, precisam estar preparados para mudar rapidamente quando as condições exigirem. A mudança pode vir na forma de um deslocamento geográfico da obtenção de recursos, se distanciando da China e se aproximando do México, por exemplo. E as pessoas precisam saber que grandes mudanças as afetarão de formas inesperadas. Quando a Procter & Gamble decidiu passar de uma estrutura global a uma estrutura regional ao redor do mundo, a mudança demandou um tipo diferente de pessoas nas posições de liderança. Não que as pessoas que já ocupavam as posições de liderança não estivessem realizando um bom trabalho, mas a nova estrutura demandava habilidades e conhecimento diferentes.

A EXECUÇÃO NO MUNDO REAL

Não basta simplesmente acertar um, dois ou até mesmo os três processos. A relação entre os três é crucial, como ilustramos analisando os resultados obtidos pelos líderes de duas das nossas maiores instituições financeiras: Jamie Dimon, presidente do Conselho da JPMorgan Chase, e Charles Prince, o ex-CEO do CitiGroup. Os dois são respeitados, inteligentes e capazes, mas a execução deles conduziu suas organizações a dois destinos muito diferentes.

Vejamos primeiro suas formações. Jamie é filho de Theodore "Ted" Dimon, um brilhante corretor de ações da Shearson e amigo íntimo de Sandy Weill, o criativo e ambicioso financista que arquitetou as transações que criaram o CitiGroup. Weill atuou como mentor de Dimon, primeiro como uma espécie de office boy durante as férias de verão da faculdade depois como uma espécie de assistente executivo. À medida que Weill avançava na carreira, Dimon o acompanhava como um substituto potencial, observando como Weill analisava detalhadamente as empresas e como ele trabalhava com as pessoas e as avaliava. Mesmo quando Weill foi expulso da American Express e entrou em uma espécie de exílio executivo, Dimon permaneceu com ele, planejando um retorno da dupla ao mundo das finanças e fazendo cálculos para transações potenciais. Juntos, eles lançaram uma ambiciosa tentativa de transformar uma companhia financeira em dificuldades, o Commercial Credit, em um veículo que lhes permitiria chegar ao topo do mundo financeiro. Por meio de uma série de fusões e aquisições arquitetadas por Weill e Dimon, o Commercial Credit acabou se transformando no CitiGroup. Até o dia em 1998 no qual Weill expulsou seu jovem *protégé* do CitiGroup, Dimon aprendeu todos os aspectos da área financeira, dos menores detalhes às mais grandiosas estratégias. Não é de se surpreender que ele tenha sido capaz de escolher entre os vários empregos que lhes foram oferecidos e, em 2000, se tornou o chief executive officer do BankOne, na época o quinto maior banco dos Estados Unidos. A aquisição do BankOne pela JPMorgan em 2004 abriu o caminho para que Dimon fosse nomeado o presidente do Conselho da JPMorgan Chase.

Charles Prince também trabalhou em estreito contato com Sandy Weill, apesar de chegar a essa posição por uma trajetória muito diferente de Dimon. Prince, filho de um pedreiro e uma dona de casa, iniciou sua carreira como advogado da U.S. Steel Corp. quando a empresa se viu em dificuldades por causa do impacto da concorrência estrangeira. Ingressou a seguir no Commercial Credit em 1979, quando também essa empresa se viu em apuros. Uma das suas tarefas na qualidade de advogado da empresa era encontrar alguém para comprar o Commercial Credit de sua controladora, a Control Data. Ele considerou essa missão praticamente impossível até 1986, quando Sandy Weill e Jamie Dimon selecionaram o Commercial Credit como o veículo para reconquistar seu status em Wall Street. Apesar das difíceis negociações da aquisição, Weill passou a respeitar Prince pelo bom humor e pela atenção aos detalhes. Prince então se tornou o mediador entre os empregados desmoralizados do Commercial Credit e a agressiva equipe que Weill criou para fazer com que a empresa fosse lucrativa. E, apesar de Prince também exercer um importante papel na avaliação das potenciais fusões e aquisições propostas por Weill e Dimon, ele não se envolvia profundamente nas operações diárias dos negócios do Commercial Credit ou das empresas subsequentes que acabaram constituindo o CitiGroup. Quando Jamie Dimon foi demitido do CitiGroup, Prince se tornou o principal confidente e protetor de Weill quando dois clientes do CitiGroup, a Enron e a WorldCom, caíram devido a enormes fraudes. Weill escolheu Prince para ser seu sucessor e o advogado foi nomeado CEO em 2003 e presidente do Conselho do CitiGroup em 2006.

Dimon e Prince assumiram duas abordagens muito diferentes na liderança de importantes instituições financeiras. Na JPMorgan, Dimon assumiu uma abordagem metódica à execução:

- Definiu *responsabilidades de lucro e perdas muito claras* para cada divisão do banco até *os níveis mais baixos possíveis*. Cada divisão recebeu a ordem de realizar um *benchmark em relação ao que os concorrentes atuando na mesma área têm de melhor*. (Nenhum dos negócios da JPMorgan era considerado na época o melhor do setor.)
- Avaliou meticulosamente o pessoal tanto do BankOne quanto da JPMorgan visando a *selecionar os melhores* para liderar cada negócio, escolhendo o executivo de serviços ao consumidor do BankOne para liderar as unidades de serviços bancários ao consumidor do JPMorgan e o líder de serviços bancários de investimento da JPMorgan para liderar os negócios combinados de serviços de investimento. Dimon também se voltou ao CitiGroup para atrair alguns dos melhores especialistas de serviços bancários ao consumidor, pessoas com quem trabalhou em estreito contato antes de ser expulso.
- *Investiu substancialmente na tecnologia da informação* para manter o controle dos negócios em expansão de serviços bancários de investimento e ao consumidor e atender a necessidade de informações rápidas, precisas e profundas, o que poderia lhes dar uma vantagem competitiva.
- Implementou *rigorosas políticas de remuneração* que deixavam claro que, se a empresa em geral não prosperasse, os empregados também não prosperariam. Ele recompensava a iniciativa individual, mas empregados só ganhavam substanciais aumentos de salário e bônus se a empresa como um todo tivesse um bom desempenho. Ele se mantinha particularmente atento aos grandes bônus a serem pagos aos banqueiros de investimentos, revendo toda a lista de nomes para *garantir que cada bônus fosse realmente merecido*.
- Dedicou um *grande empenho a identificar e lidar com os riscos* na grande variedade de negócios do JPMorgan Chase, e sempre participava das reuniões do comitê de gestão de riscos do conselho de administração. Grande parte do trabalho de Dimon

era simplesmente escutar as pessoas, coletando informações. Foi assim que ele soube rapidamente pelo seu pessoal de empréstimos ao consumidor que as hipotecas estavam começando a se tornar um problema. Esse alerta o levou a dar início a uma retirada substancial do mercado de *subprime* e dos produtos de derivativos que se tornariam tão profundamente tóxicos em 2008.

A experiência de Prince na liderança do CitiGroup foi muito diferente:

- Ele *não tinha a experiência operacional de Dimon.* A formação de Prince em Direito foi muito útil na estruturação de transações e na minimização do impacto dos escândalos da WorldCom e da Enron, mas não ajudou muito a prepará-lo para controlar um amplo e extremamente complexo império financeiro.
- Ele *não conseguiu entender a empresa e as pessoas.* Sandy Weill sempre demonstrou muito talento na gestão de seu pessoal e trouxe ao banco especialistas de todas as áreas. Mas Weill criou o CitiGroup por meio de fusões de culturas corporativas muito diferentes, como a Salomon Brothers, Smith Barney, Travelers e o antigo CitiBank. Isso resultou em uma *cultura irascível,* na qual pessoas e controladas agiam de acordo com os próprios interesses, sem levar em consideração o bem-estar geral da empresa.
- Ele não obteve os conselhos tão necessários dos executivos seniores. Apesar de Robert Rubin, ex-secretário do Tesouro, ter sido um extremamente aclamado conselheiro de Prince e do Conselho de Administração do CitiGroup, em retrospecto ele se manteve estranhamente *afastado das operações do CitiGroup.* Prince também cometeu um erro crítico quando Robert Willumstad, o veterano executivo operacional que atuava como presidente do CitiGroup, pediu demissão quando não foi escolhido para a posição de presidente do conselho. Em

vez de contratar um experiente executivo operacional para cuidar das operações, Prince assumiu as responsabilidades de Willumstad.

- Prince conhecia os riscos legais inerentes a escândalos como os da Enron e da WorldCom e a respectiva reputação da empresa, mas desconhecia os riscos de negócios de produtos financeiros novos e exóticos.

Assim, o terreno estava preparado para que esses dois gigantes financeiros mergulhassem na maior e mais violenta crise financeira a atingir grandes bancos desde a Grande Depressão. A estratégia, as pessoas e as operações do JPMorgan Chase se mostraram à altura do desafio. Dimon chegou a se beneficiar da crise comprando os ativos do Bear Stearns e do Washington Mutual por uma pechincha, expandindo o escopo e a participação de mercado de sua empresa. O CitiGroup, contudo, não conseguiu aguentar à medida que o sistema financeiro global oscilava à beira de um colapso. Os ativos tóxicos do balanço patrimonial do CitiGroup rapidamente se tornaram um peso grande demais para empresa e, no dia 4 de novembro de 2007, Prince pediu demissão. Ele foi um dos principais líderes de instituições financeiras a serem expulsos diante da crise que se desenvolvia. Em 2008, a revista *Fortune* incluiu Prince na lista dos oito líderes econômicos que não conseguiram enxergar a aproximação da crise econômica. No momento da escrita deste texto, o CitiGroup não passa de uma sombra do que era, vítima da execução deficiente em tempos de crise, enquanto o JPMorgan Chase está posicionado para surgir da crise mais poderoso do que nunca.

OS SETE COMPORTAMENTOS ESSENCIAIS

Do mesmo modo que os três processos-chave da execução continuam essenciais para atingir resultados, apesar de alguns ajustes em consequência da redefinição global que vem ocorrendo, os sete comportamentos essenciais também permanecem críticos. Eles são fundamentais para executar bem, mas devem ser implementados no contexto atual. E, como os três processos, os sete comportamentos essenciais não são autônomos, mas dependem uns dos outros. Nós os explicaremos no Capítulo 3, mas veja um breve esclarecimento de como as circunstâncias atuais requerem alterações na forma como pensamos e agimos em relação a eles.

CONHEÇA SEU PESSOAL E SUA EMPRESA. Em *Execução* enfatizamos a necessidade do conhecimento de domínio, o tipo de compreensão detalhada de como a empresa ganha dinheiro que vai além das declarações de lucros e perdas. Costumávamos presumir que as pessoas que conhecem sua empresa de perto e de forma pessoal também conheciam os riscos inerentes ao negócio. Mas não estávamos totalmente certos. Agora estamos todos dolorosamente cientes de que, apesar de muitos saberem como sua empresa ganha dinheiro, poucos conheciam os riscos inerentes a como a empresa ganha esse dinheiro. E, pior ainda, à medida que concorriam com empresas no mesmo negócio, deixaram de perceber que estavam assumindo os mesmos riscos. As chances de alguma coisa dar errado podem ter sido relativamente pequenas, mas, como todos estavam fazendo as mesmas apostas, as *consequências* se algo desse errado poderiam ser – e naturalmente foram – catastróficas.

Enquanto o Lehman Brothers fracassou diante do efeito dominó de problemas associados a alta alavancagem e ativos tóxicos, o Goldman Sachs sobreviveu por ter lidado de forma muito melhor com os riscos inerentes ao negócio.

Os operadores de mercado foram treinados em avaliação de riscos, os executivos foram treinados em muitos aspectos do negócio em geral e os gestores de riscos da empresa eram conceituados e bem remunerados em vez de serem vistos como obstáculos para ganhar ainda mais dinheiro, como eram considerados em outras empresas. Todos esses fatores foram combinados para permitir que o Goldman identificasse as mudanças que estavam por vir e promovesse internamente a execução necessária para lidar com elas.

Existem, é claro, muitos exemplos de empresas que não compreendem o próprio negócio nem os riscos inerentes. Veja o caso da Starbucks. Durante anos a empresa operou com base na premissa de que poderia continuar aumentando os preços mesmo diante de uma crescente concorrência. É notável que ela tenha conseguido fazer isso por tanto tempo. Mas a realidade acabou se impondo e ficou dolorosamente claro que as pessoas, diante da crise financeira, encontrariam maneiras de economizar dinheiro. Uma alternativa era comprando café mais barato, como no Dunkin' Donuts ou no McDonald's. Agora, a Starbucks está lutando para redefinir o próprio negócio sob condições econômicas extremamente difíceis. Basta assistir a um jogo do New York Yankees em casa e ver as fileiras de assentos vazios atrás da base do batedor para saber que a administração do Yankees errou feio prevendo que os fãs estariam dispostos a pagar preços exorbitantes em uma recessão, mesmo no novo e moderno estádio do Yankees.

Conhecer o seu pessoal é tão importante quanto conhecer a sua empresa nestes tempos difíceis. Conhecer o seu pessoal obviamente requer uma rigorosa avaliação em relação a metas claras e transparentes e por meio de um bom sistema de feedback. Mas também requer que você se torne um ouvinte melhor, buscando saber a opinião e as ideias de algumas pessoas mesmo quando elas podem não se mostrar tão ansiosas para expor argumentos ou sugestões quanto outras. Ouça o seu pessoal e saiba quem mantém os pés no chão, sem se deixar deter pelos obstáculos e com a determinação de executar a estratégia aconteça o que acontecer. Você também poderá avaliar melhor a capacidade da sua organização de lidar com as drásticas mudanças que podem ser necessárias para sobreviver à tempestade e posicionar a empresa para momentos menos turbulentos. Deixar de conhecer o seu pessoal pode levar a desastrosas decisões. Um dos fracassos mais memoráveis a esse respeito foi a decisão de Philip Schoonover, o CEO da Circuit City, em 2007, de demitir muitos dos vendedores mais bem pagos da empresa em uma tentativa de cortar custos. Não é de se surpreender que os vendedores mais bem pagos também fossem os melhores vendedores, e sua eliminação resultou exatamente no esperado: menos vendas. A Circuit City saiu do negócio em janeiro de 2009.

Mas não basta conhecer o seu pessoal. Eles precisam conhecer você. É absolutamente fundamental em épocas de dificuldades que você, como líder, seja acessível, que projete confiança e interesse, que divulgue o máximo possível de informações não distorcidas e não filtradas e que aja com decisão. Lembre que as pessoas estão constantemente em busca de indicativos da capacidade de seu líder de conduzi-las por uma violenta tempestade e que interpretarão, bem ou mal, os menores sinais, independentemente de esses sinais serem enviados intencionalmente ou por engano.

INSISTA NO REALISMO. O ambiente de negócios nunca mais será o mesmo. Ninguém sabe quanto tempo a retração econômica durará ou como será a recuperação, de forma que ser realista envolverá conviver com um certo grau de incerteza. Alguma coisa sempre está acontecendo para mudar o *status quo*, de modo que agir às cegas ou conduzir a sua empresa “olhando pelo espelho retrovisor” são receitas para o fracasso. Andy Grove, o CEO aposentado da Intel, elaborou o melhor resumo da situação no título de seu livro: *Só os paranóicos sobrevivem*. Especialmente no ambiente dos dias de hoje, as pessoas terão uma visão irrealista de um futuro cor-de-rosa ou encobrirão os problemas diante da sua organização. É muito mais importante manter a sua credibilidade como um líder sendo inflexivelmente realista em vez de tentar minimizar os problemas.

Conviver com a incerteza, no entanto, não significa paralisia. Você precisa agir sobre a sua estratégia mesmo quando reconhece que a estratégia evoluirá à medida que as circunstâncias evoluem. Isso significa coletar informações concretas, saindo para o mundo real, observando o comportamento do consumidor no mercado e não se limitando a receber relatórios.

O realismo também requer que você tenha uma visão do mundo fora da sua empresa e esteja preparado para adaptá-la à realidade e tomar decisões racionais sobre quais ameaças são fundamentais para a sobrevivência da sua empresa e quais custarão mais para combater do que as possibilidades de vencer.

A estratégia de negócios do Wal-Mart claramente envolve preços baixos. Mas a empresa se tornou tão obcecada em manter baixos os custos da mão de obra que suas duras políticas de pessoal acabaram prejudicando tanto o preço de suas ações quanto sua imagem corporativa. Compare essa abordagem hostil ao pessoal com as relações muito mais harmoniosas da Costco com seus empregados e sua boa reputação como um empregador e fica claro que o Wal-Mart simplesmente não estava sendo realista em relação ao que essa postura rigorosa poderia realizar.

Apesar de ser crucial *conhecer* a realidade, comunicá-la ao seu pessoal é igualmente importante. Isso significa em parte, como observamos anteriormente, conhecer o seu pessoal e ouvir as preocupações e interesses deles. Com a internet, os celulares, as mensagens instantâneas e o Twitter facilmente disponíveis a todos, é inevitável que informações incorretas, e algumas vezes maliciosas, se espalhem rapidamente. Tantas informações estão disponíveis que é impossível reagir a todas elas. Não ajuda assumir uma postura defensiva, mas, se ouvir com cuidado o que as pessoas estão falando e com o que elas se preocupam, você poderá de tempos em tempos – quando rumores particularmente sérios ou prejudiciais estiverem sendo divulgados – parar e dizer: "Isso não está certo. Deixe-me dizer quais são as verdadeiras informações."

ESTABELEÇA METAS E PRIORIDADES CLARAS. A capacidade de identificar metas e prioridades claras está sendo testada à medida que o mundo se redefine. Em 2008, por exemplo, a principal meta de muitas empresas se tornaram a segurança e a gestão do caixa. Mas havia a meta de gerenciar os riscos e de mudança dos anos anteriores no equilíbrio entre o curto prazo e o longo prazo. A identificação de metas requer um grau de talento e conhecimento especializado para atingir o equilíbrio correto. Isso, por sua vez, requer ser realista e conhecer a empresa e as pessoas, que constituem os dois primeiros dos nossos sete comportamentos essenciais. Pode ser desastroso escolher as metas erradas. Com muita frequência as metas erradas são definidas porque o líder não é realista no que se refere à capacidade das pessoas de atingi-las. O primeiro passo é articular as metas certas. Depois, as pessoas da organização precisam executar essas metas, o que significa estabelecer prioridades e *benchmarks*. Não basta dizer: "Precisamos gerar $10 bilhões em caixa." Você precisa saber quais partes do negócio gerarão quanto caixa, como isso será feito (por meio de um melhor controle de estoque e contas a receber, por exemplo), quem serão os responsáveis e como fazer o acompanhamento para se certificar de que todos estão fazendo o que deve ser feito.

Um componente fundamental do estabelecimento de qualquer meta é conhecer os riscos inerentes a tentar atingi-la. Não existe recompensa sem risco, mas, se você não for capaz de identificar esses riscos e se precaver, ameaçará a sua capacidade de colher os frutos de seus esforços. O mercado financeiro tem nos mostrado que conhecer os riscos é muito mais do que simplesmente elaborar modelos matemáticos sofisticados. Esses modelos têm suas utilidades, mas o mesmo pode ser dito do bom-senso. Não temos dúvidas da capacidade intelectual dos ganhadores do Prêmio Nobel que elaboraram os modelos matemáticos de gestão do capital de longo prazo uma década atrás e dos grandes cérebros que criaram, venderam ou investiram nos tóxicos títulos garantidos por hipoteca – os CMOs – que quase derrubaram o sistema financeiro global em 2008. Uma vez reconhecidos e analisados os riscos, leve em consideração adotar uma estratégia de *hedging* ou limitar sua participação em uma área na qual os riscos sejam grandes. Você não pode e não vai querer proteger tudo, mas, se um risco ameaçar a sobrevivência da organização, o *hedging* pode salvar a vida da sua empresa.

CONCLUA O QUE FOI PLANEJADO. Ser capaz de concluir o que foi planejado constitui uma parte constante e sequencial da execução. Isso assegura estabelecer quem será o responsável pelo que e quais serão os marcos específicos para mensuração. Deixar de definir esses pontos deixa as pessoas que executam uma decisão ou estratégia sem uma visão clara do papel que devem exercer. À medida que os eventos se desenrolam rapidamente e diante de tamanha incerteza, o acompanhamento se torna um processo muito mais intenso. Os marcos devem ser mais frequentes para reduzir as chances de deslizes e as informações precisam fluir mais rapidamente e em mais detalhes de modo que todos saibam como a estratégia está evoluindo.

O acompanhamento se baseia em conhecimento, mas em determinadas épocas, especialmente agora, concluir o que foi planejado também requer coragem. Algumas pessoas ficaram apreensivas com a escala dos títulos garantidos por hipoteca que suas empresas estavam gerando. Elas sabiam que, nas circunstâncias erradas, os CMOs poderiam criar sérios problemas. No entanto, há poucas evidências de que elas tiveram a coragem de lidar com a questão diante das enormes quantias de dinheiro sendo cunhadas por meio da emissão de CMOs e outros produtos de derivativos exóticos. Para que o acompanhamento atenda sua função, a análise deve se seguir de ação. Conhecimento sem coragem não é eficaz.

RECOMPENSE QUEM FAZ. Este é um componente crítico para atingir o sucesso que enfatizamos em *Execução.* No entanto, nos anos que se passaram entre a primeira edição de *Execução* e os dias de hoje, o valor e a importância de recompensar quem faz levou a planos de remuneração excessivos e gravemente desequilibrados. Não há dúvidas de que esses planos passaram a tender demais na direção dos resultados de curto prazo e muitas vezes na direção dos resultados errados – isto é, o número de hipotecas vendidas em vez da solidez da hipoteca. As empresas desenvolveram o que chamamos de sistemas de remuneração do tipo "pagar na medida do uso", que colocam uma ênfase desproporcional em resultados de curto prazo. Isso ofereceu um enorme incentivo para as pessoas assumirem muito mais riscos do que deveriam para ganhar os grandes bônus. E, quando todos os grandes bancos e companhias de investimentos usaram basicamente as mesmas estruturas de remuneração, os riscos globais saíram de controle.

Nos anos que se passaram até a crise financeira de 2008, as pessoas no setor de serviços financeiros, por exemplo, estavam sendo pagas para emitir CMOs sem levar em consideração o desempenho de longo termo desses instrumentos. E a mesma mentalidade voltada aos incentivos permeou a economia, desde os CEOs de grandes empresas como a Fannie Mae e o Freddie Mac, que receberam enormes bônus apesar do desempenho insatisfatório, até os escritórios de corretoras de hipotecas. Os corretores de hipotecas eram pagos pelo número de hipotecas criadas. Depois essas hipotecas eram vendidas sem consequências e, portanto, não havia nenhum interesse na solidez delas.

Sem dúvida, para recompensar adequadamente essas pessoas que "fazem", você deve definir com exatidão o que é uma pessoa que faz. Esse é um ponto central da ideia de execução. Dito de outra forma, uma pessoa que faz é alguém que faz com que as coisas aconteçam. Fazer é atingir metas. Algumas metas são metas de curto prazo, gerando resultados de curto prazo e são apropriadamente recompensadas em termos de curto prazo. Mas outras metas são de longo prazo e, por definição, demorará um tempo para sabermos se foram atingidas. Em consequência, as pessoas que buscam atingir essas metas devem ser remuneradas no longo prazo, com parte dessa remuneração de longo prazo baseada no atingimento de marcos críticos para atingir as metas. E algumas metas são de prazo tão longo que a remuneração só poderia ser concedida quando a pessoa se aposenta e suas contribuições para a obtenção dessas metas de prazo extremamente longo podem ser avaliadas. Os líderes devem assumir a responsabilidade pela definição das recompensas certas para quem faz. Isso é particularmente verdadeiro no caso de conselhos de administração, muitos dos quais tomaram decisões notadamente ruins remunerando um mau desempenho dos CEOs de suas empresas.

A recompensa para quem faz deve ser baseada nas métricas corretas. Durante muito tempo as empresas – o que muitas vezes envolvia conselhos de administração – determinavam o "valor ao acionista" como uma das metas a serem mensuradas nos planos de compensação. Mas os membros do conselho e os CEOs que determinaram o valor ao acionista como uma meta deixaram de ver um ponto essencial. O aumento do valor ao acionista é um resultado, não uma meta. Se você elaborar a estratégia certa e definir as metas certas, além de garantir uma boa execução para implementar a estratégia e atingir as metas – crescimento dos lucros por ação, bom fluxo de caixa, maior participação de mercado, por exemplo –, isso resultará em maior valor ao acionista. Se todos os elementos estiverem certos, o valor ao acionista será a consequência natural.

AMPLIE AS HABILIDADES DAS PESSOAS. Os princípios deste comportamento essencial não mudam. Mesmo em tempos difíceis, você pode encontrar maneiras de proporcionar orientação e treinamento como um investimento para o futuro da empresa. Apesar de promoções poderem ser reduzidas e pouco frequentes em ambiente tóxico, você ainda poderá encontrar modos de desafiar e testar o seu pessoal. Desnecessário dizer, você precisa de avaliações exatas e transparentes, mas certifique-se de avaliar as qualidades que importam diante da turbulência atual: energia, coragem, honestidade, integridade e perseverança. Você precisa de pessoas capazes de se adaptar a circunstâncias adversas, não de pessoas que tendem a se lamentar ou se opor a tudo. Você também precisa repensar quais pessoas têm mais chances de chegar ao topo no novo ambiente à medida que a estratégia da sua organização evolui. Lou Gerstner fez um bom trabalho recuperando o negócio de computadores da IBM, mas também teve a sabedoria de olhar adiante e perceber que a IBM precisaria se tornar uma empresa mais orientada aos serviços. Em consequência, ele orientou Sam Palmisano, com sua ampla experiência em serviços, para ser seu sucessor, uma ação que demonstra a capacidade de execução de Gerstner. Palmisano tem beneficiado em muito o negócio de serviços da IBM, incluindo sua expansão para o exterior e a entrada em parcerias que asseguram à empresa uma expertise mais ampla e profunda.

CONHEÇA A SI PRÓPRIO. Este sétimo comportamento talvez seja o mais crucial e se aplica a todos os líderes, apesar de ser especialmente importante para CEOs. Quando chegam ao topo, as pessoas crescem ou incham. Mark Hurd, na Hewlett-Packard, e Ronald Williams, na Aetna, são excelentes exemplos de líderes que estão crescendo na posição de CEO. Dennis Koslowski, o ex-CEO da Tyco, tão logo inchou na posição foi para a cadeia em consequência do mau uso de recursos corporativos. E mesmo aqueles que crescem na posição são confrontados pela síndrome de "O CEO Tem Sempre Razão" que acaba reprimindo os debates e argumentação saudáveis. Assim, você precisa contar consigo para refrear seu ego e reconhecer seus inevitáveis pontos cegos. Seja particularmente cauteloso em relação a perder a sua capacidade de ouvir. Você precisa não apenas de expertise tanto de dentro quanto de fora da empresa para neutralizar seus pontos cegos e fraquezas, como também de um canal de comunicação aberto para as pessoas dispostas e capazes de informar pontos de vista diversos e más notícias. Acima de tudo, você precisa ser capaz de reconhecer quando está fazendo parte do problema. Damos uma alta pontuação a Bill Ford, primeiro por assumir o desafio de liderar a empresa da família, e depois por perceber que as responsabilidades eram demais para ele e basicamente pedir demissão e contratar Allan Mulally para que tentasse recuperar a Ford. No momento da elaboração deste texto a Ford está sobrevivendo sem empréstimos do governo, o que é mais do que pode ser dito de seus antigos rivais, a General Motors e a Chrysler.

O CAMINHO ADIANTE

A antiga praga chinesa – "Que você viva em tempos interessantes" – já está entre nós. Ninguém sabe como e quando nos livraremos dos problemas econômicos e financeiros que afligem o planeta atualmente. Líderes de governos e empresas ao redor do mundo estão navegando em águas desconhecidas, tentando encontrar o caminho certo adiante. Trata-se de uma tarefa difícil, mas não impossível. Os líderes que encontrarem as soluções certas para suas organizações no mundo em rápidas mudanças sem dúvida colherão os frutos de seus esforços. Várias características diferenciarão os líderes que conseguirão progredir. Eles terão um profundo conhecimento do mundo que os cerca. Não poderão nunca parar de aprender. Serão extremamente flexíveis e rápidos na adaptação às mudanças das condições. Mas, talvez o mais importante de tudo, exercerão a liderança com uma postura positiva e inspiradora dando confiança a seus seguidores. Independentemente de você estar lendo *Execução* pela primeira vez ou relendo-o pela décima vez, esteja certo de que os princípios da execução são perenes e o orientarão para encontrar o caminho certo. É somente a metodologia da aplicação desses princípios que muda com as circunstâncias.

Sumário

Introdução

LARRY:* Meu trabalho na Honeywell International atualmente é restituir a disciplina de execução a uma empresa que a perdeu. Muitas pessoas consideram a tarefa executiva um detalhe que está abaixo de sua dignidade como líder de uma empresa ou negócio. Isso está errado. É justamente o oposto: é a atividade mais importante de um líder.

Essa jornada começou em 1991, depois de uma carreira de 34 anos na General Electric, quando fui nomeado CEO da Allied-Signal. Eu estava acostumado a uma organização que fazia as coisas acontecerem, na qual as pessoas honravam seus compromissos. Executar era algo líquido e certo. Por isso, foi um choque quando cheguei à AlliedSignal. Claro, eu sabia que ela estaria em má forma, mas não estava preparado para o mal-estar que encontrei. A empresa tinha muitas pessoas que trabalhavam muito e que eram brilhantes, mas não eram eficazes e não colocavam uma ênfase adicional em fazer as coisas acontecerem.

Vista da superfície, a AlliedSignal tinha os mesmos processos--chave básicos da GE ou da maioria das empresas: tinha um para o pessoal, um para a estratégia e um para o orçamento ou as operações. Mas, diferentemente dos processos da GE, os da AlliedSignal não estavam produzindo resultados. Quando você administra esses processos em profundidade, obtém resultados significativos. Você consegue respostas para questões-chave: Nossos produtos estão posicionados de forma ideal no mercado? Podemos identificar como transformar o plano em resultados específicos para crescer e obter produtividade?

---

* Ao longo deste livro, os autores Larry Bossidy e Ram Charan irão expor seus pontos de vista na primeira pessoa do singular. Larry fala principalmente de sua experiência como executivo sênior da General Electric, AlliedSignal e Honeywell International. Ram Charan fala de seus 35 anos de experiência como consultor de muitos líderes empresariais e conselhos de administração em todo o mundo.

Temos os tipos certos de pessoas para executar esse plano? Em caso negativo, o que vamos fazer? Como termos certeza de que o plano operacional terá programas suficientemente específicos para produzir resultados com os quais iremos nos comprometer?

Na AlliedSignal, não estávamos sequer fazendo essas perguntas. Os processos eram rituais vazios, quase abstrações. As pessoas trabalham muito em cima deles, mas com poucos resultados práticos. Os planos estratégicos das unidades de negócios, por exemplo, eram livros de grande espessura, repletos de dados sobre produtos, mas os dados pouco se relacionavam com a estratégia. O plano operacional era estritamente um exercício sobre números, com pouca ênfase em planos de ação para crescimento, mercados, produtividade ou qualidade. As pessoas estavam mantendo os mesmos empregos por muito tempo, e muitas fábricas eram dirigidas por contadores e não por pessoas ligadas à produção.

A AlliedSignal não tinha uma cultura de produtividade. Ela media o custo por hora/homem nas suas fábricas, mas não tinha um parâmetro de medição do crescimento real da produtividade para toda a empresa. Faltava aprendizado ou cultura. Os negócios individuais podiam ter sua própria identidade em vez de estarem unidos sob o nome da AlliedSignal. Disseram-me: "Temos uma cultura da área química, uma cultura da área automotiva e uma cultura da área aeroespacial, e elas não se gostam. " Eu respondi: "Temos uma única ação que é comprada pelos investidores. Precisamos de uma só marca."

O mais importante é que os três processos-chave eram desconectados da realidade diária do negócio e não eram ligados entre si. Liderar esses processos é o verdadeiro trabalho de gestão de um negócio. O líder tem de acreditar neles e estar ativamente envolvido com eles. Mas o antigo CEO não havia se envolvido profundamente com eles. Ele via seu trabalho como um negócio de compra e venda.

Nossa nova equipe conduziu os processos com rigor e intensidade. Quando me retirei – depois da fusão com a Honeywell em

1999 –, triplicamos nossas margens operacionais em quase 15%, aumentamos nosso retorno sobre o patrimônio líquido de apenas um pouco mais de 10% para 28% e proporcionamos um retorno nove vezes maior para os acionistas. Criamos uma disciplina de execução.

Estabelecer uma cultura voltada para a execução é um trabalho difícil, mas perdê-la é fácil. Menos de dois anos depois, o quadro tinha mudado novamente. A empresa não produzia os resultados esperados pelos investidores, e o preço da ação havia caído. Depois que a fusão proposta com a GE fracassou, o conselho da Honeywell me pediu para passar um ano colocando a empresa de volta nos eixos.

Certamente, a desatenção e a incerteza causadas pela fusão tiveram um preço. Os bons profissionais saíram ou estavam saindo. Mas a disciplina de execução havia começado a falhar. A intensidade dos processos-chave tinha esmorecido. A Honeywell não estava conseguindo fazer as coisas acontecerem.

Antes de eu deixar a empresa, por exemplo, desenvolvemos um turbogerador que eu considerava um lançamento muito promissor no mercado para energia auxiliar. Seria perfeito para pequenas empresas como as lojas 7-Eleven. Quando voltei, constatei que o produto havia sido desenvolvido de forma incorreta – era pequeno demais para o mercado e só funcionaria com gás natural, quando precisávamos oferecer as opções de petróleo e gás. As vendas eram pífias. As pessoas esperavam que eu achasse uma forma de salvar o produto – afinal, eu é que tinha incentivado seu desenvolvimento. Mas, quando analisei a situação, percebi que as coisas já tinham ido longe demais. Seria melhor gastar dinheiro com outra coisa. Por isso, desistimos.

Quando uma empresa executa bem, seu pessoal não é vítima de erros como esse. Se a Honeywell tivesse uma cultura de execução, o turbogerador teria sido construído corretamente desde o início ou teria sido modificado prontamente para ser um produto bem-sucedido.

E quando uma empresa executa bem, seu pessoal não é derrotado por mudanças no ambiente de negócios. Depois dos trágicos acontecimentos de 11 de setembro, tivemos de rasgar nosso plano operacional aeroespacial para 2001. Mas criamos um novo plano em 10 dias. Identificamos o que faltava em termos de receita e decidimos o que faríamos para compensá-la com cortes de despesas. Também montamos uma equipe para coordenar e iniciar novos projetos de produtos de segurança e reenergizamos nosso pessoal de marketing de defesa.

RAM: Não há muitas empresas em que os líderes criariam um novo plano operacional para a maior parte da companhia em 10 dias. O que acontece frequentemente é muita conversa e encontros *off-site*, mas nenhuma ação. Essa é a diferença entre empresas que executam e as que não executam.

Muitos líderes se enganam ao pensar que suas empresas são bem administradas. Eles são como os pais da fictícia Lake Wobegon, de Garrison Keillor, que acham que seus filhos estão acima da média. Então os melhores alunos do Colégio Lake Wobegon vão para a Universidade de Minnesota, Colgate ou Princeton e descobrem que estão na média ou abaixo dela. Da mesma forma, quando os líderes corporativos começam a entender como as GEs e as Emerson Electrics deste mundo são administradas – como conseguem de forma excepcional que as coisas aconteçam – descobrem quanto ainda terão de caminhar para se tornar referência em execução.

Antigamente, as empresas escapavam de sua incompetência executiva pedindo paciência. "A conjuntura de negócios está complicada atualmente" é uma desculpa muito comum. Ou: "Levará tempo para que nossa estratégia produza resultados." Mas a conjuntura está sempre complicada, e o sucesso não é mais medido ao longo dos anos. Uma empresa pode ganhar ou perder significativa participação de mercado antes mesmo de perceber o que a atingiu. A Johnson & Johnson, por exemplo, foi pioneira do *stent* – um dispositivo metálico em forma de tubo que, inserido cirurgicamente, é usado para desobstruir artérias entupidas. Em 1997 e 1998, perdeu 95% de um mercado de US$700 milhões, que ela havia criado, para os concorrentes que ofereciam melhor tecnologia e preço mais baixo. Apenas recentemente ela começou a retomar o mercado, lançando novas versões com claras vantagens de desempenho.

A execução agora é testada trimestralmente – e não apenas através dos números. Os analistas de valores mobiliários olham se uma empresa está mostrando progressos quanto a cumprir suas metas trimestrais. Se eles acharem que a empresa não está conseguindo cumprir as metas, seu rebaixamento pode eliminar bilhões de dólares em capitalização de mercado.

Atualmente, a diferença entre uma empresa e sua concorrente é cada vez mais a habilidade de executar. Se seus concorrentes estão executando os planos melhor do que você, estão derrotando você aqui e agora: os mercados financeiros não irão esperar para ver se sua complexa estratégia vai dar errado. Por isso, os líderes que não conseguem executar não têm mais uma chance grátis. A execução é *a* grande questão que ainda não foi abordada no mundo dos negócios. Sua ausência é o único grande obstáculo ao sucesso e a razão da maioria dos fracassos, que são, erroneamente, atribuídos a outras causas.

Como consultor de vários executivos seniores de grandes e pequenas empresas, em geral trabalho com um cliente por 10 ou mais anos consecutivos. Tenho a oportunidade de observar a dinâmica da empresa ao longo do tempo e participar diretamente dela. Comecei a identificar o problema relativo à tarefa de executar há mais de 30 anos, quando observava que os planos estratégicos, em geral, não funcionavam na prática. Quando eu mediava as reuniões em nível de CEO e de chefe de departamento, observava, analisava e via que os líderes enfatizavam muito aquilo que alguns chamam de estratégia de alto nível, intelectualizando e filosofando, e não propriamente a implementação. As pessoas concordavam em relação ao projeto ou iniciativa, mas nada resultava disso. Minha própria natureza é fazer *follow-up*; portanto, quando isso acontecia, eu pegava o telefone, ligava para a pessoa encarregada e perguntava: "O que aconteceu?". Ao longo do tempo, identifiquei um padrão e compreendi que a execução era o principal problema.

Eis o problema principal: as pessoas pensam na execução como o lado tático do negócio, alguma coisa que os líderes delegam enquanto se concentram em questões percebidas como "mais importantes". Essa ideia está completamente errada. Executar não é simplesmente uma tática – é uma disciplina e um sistema. Deve estar embutida na estratégia da empresa, em seus objetivos e sua cultura. E o líder da organização deve estar profundamente envolvido na tarefa de execução. Muitos executivos passam muito tempo aprendendo e disseminando as mais recentes técnicas de administração, mas sua dificuldade em entender e pôr em prática a execução nega o valor de quase tudo que eles aprendem e pregam. Esses executivos estão construindo casas sem alicerces.

* * *

A execução não é apenas a questão mais importante que as empresas terão de enfrentar: é algo que ninguém consegue explicar satisfatoriamente. Outras disciplinas não têm tamanha defasagem de conhecimento acumulado e bibliografia. Estratégia? Tanto se pensou em estratégia que ela deixou de ser um desafio intelectual. Você pode comprar qualquer estratégia que quiser de uma empresa de consultoria. Desenvolvimento de liderança? A bibliografia sobre o tema é infinita. Inovação? Idem. Também não há falta de ferramentas e técnicas que possam ajudar os líderes a fazer com que as coisas aconteçam – abordagens à estrutura organizacional e sistemas de incentivos, desenho dos processos do negócio, metodologias para promover as pessoas, guias para as mudanças na cultura da empresa.

Conversamos com muitos executivos que foram vítimas da lacuna entre as promessas que fizeram e os resultados que suas empresas produziram. Eles frequentemente nos dizem que têm dificuldade de estabelecer responsabilidades – as pessoas não estão fazendo as coisas que deviam para implementar um plano. Elas querem desesperadamente realizar algum tipo de mudança, mas o que precisam mudar? Elas não sabem.

Por isso, achamos que este livro é necessário. Executar não é apenas algo que se consegue ou não se consegue fazer. É um conjunto específico de comportamentos e técnicas que as empresas precisam dominar para terem vantagem competitiva. *É uma disciplina por si só.* Em grandes e pequenas empresas, é atualmente a disciplina principal para se atingir o sucesso.

A capacidade de executar ajudará você, como líder da empresa, a escolher uma estratégia mais consistente. Na realidade, você não consegue elaborar uma estratégia adequada se não tiver certeza de que sua empresa tem ou pode conseguir o que é necessário para executá-la, incluindo os recursos certos e as pessoas certas. Os líderes em uma cultura de execução elaboram estratégias que são mais roteiros do que fórmulas rígidas endeusadas em grandes livros de planejamento. Dessa forma, eles podem responder rapidamente quando o inesperado acontece. Suas estratégias são elaboradas para serem implementadas.

A execução acompanha tudo. Ela permite que você veja o que está acontecendo em seu setor. É o melhor meio de mudança e transição – melhor do que a cultura, melhor do que a filosofia. As empresas voltadas para a execução mudam mais rápido do que as outras, pois estão mais perto da situação.

Se sua empresa precisa sobreviver a épocas difíceis, se tem de fazer alguma correção de rumo importante para se adaptar a uma mudança – e atualmente é o que todas as empresas precisam –, terá muito mais probabilidade de ser bem-sucedida se estiver executando bem os seus planos.

Liderar para a execução não é uma atividade complexa. É algo muito simples. O principal requisito é que você, na qualidade de líder, deve estar profunda e totalmente envolvido com sua empresa e ser franco consigo e com os outros e sobre sua realidade.

Isso vale se você estiver administrando uma empresa inteira ou uma unidade de negócios. Qualquer líder de negócios, em qualquer empresa ou qualquer nível, precisa dominar a disciplina da execução. Este é o caminho para consolidar sua credibilidade com o líder da empresa. Quando você tiver terminado de ler este livro, vai entender como fazer isso. Seu conhecimento da disciplina de execução será uma vantagem competitiva. Se você colocá-la em prática em sua empresa, saberá que está produzindo melhores resultados.

★ ★ ★

Na Parte I, Capítulos 1 e 2, explicaremos a disciplina da execução, por que é tão importante atualmente e como pode diferenciar você dos outros concorrentes. A Parte II, Capítulos 3 a 5, mostra que executar simplesmente não acontece por si só. É preciso que elementos fundamentais estejam estabelecidos. Identificaremos e descreveremos os mais importantes: as prioridades pessoais do líder, o software social da mudança de cultura e o trabalho mais importante do líder – selecionar e avaliar pessoas.

A Parte III é a seção do livro que mostra como fazer acontecer. Os Capítulos 6 a 9 discutem os três processos-chave de pessoal, estratégia e operações. Mostramos como torná-los eficazes e como a prática de cada processo está ligada e integrada aos outros dois.

O Capítulo 6 trata do processo de pessoal, que é o mais importante dos três. Realizado de forma eficiente, resulta num *pool* de liderança que pode elaborar e moldar estratégias executáveis e convertê-las em planos operacionais e pontos específicos de designação de responsabilidades.

Os Capítulos 7 e 8 tratam do processo de estratégia. Mostramos como um plano estratégico eficaz pode trazê-lo do pensamento conceitual para a realidade: esse processo desenvolve uma estratégia, elemento por elemento, testando sua executabilidade. Também se conecta novamente ao processo de pessoal. Se a estratégia proposta e a lógica que a suporta estiverem em sincronia com a realidade do mercado, a economia e a concorrência, então significa que o processo de pessoal funcionou. As pessoas certas estão nas funções certas. O problema com as assim chamadas estratégias é que elas são também abstratas e superficiais ou são, na realidade, planos operacionais e não estratégias. Os líderes e suas habilidades podem não estar alinhados: por exemplo, um líder pode ter muitas habilidades numa função do negócio como marketing ou finanças, mas pode não ser um estrategista.

No Capítulo 9, mostramos que nenhuma estratégia produz resultados, a menos que seja convertida em ações específicas. Os processos operacionais mostram como construir, bloco por bloco, um plano operacional que viabilize a estratégia. Tanto a estratégia como as operações se ligam ao processo de pessoal para testar a adequação entre as habilidades organizacionais e o que é necessário para executar o plano operacional.

PARTE I
POR QUE É NECESSÁRIO SABER EXECUTAR

CAPÍTULO 1

A lacuna que ninguém conhece

O CEO está sentado em sua sala, tarde da noite, parecendo cansado e esgotado. Tentava explicar para alguém por que sua importante iniciativa estratégica fracassou, mas ele não conseguia descobrir o que deu errado.

"Estou tão frustrado", disse ele. "Reuni o grupo há um ano, pessoas de várias divisões. Fizemos dois encontros fora da empresa, fizemos *benchmarking*, obtivemos os parâmetros. A McKinsey nos ajudou. Todos concordaram com o plano. Era bom, o mercado era bom."

"Era a equipe mais inteligente do setor, sem dúvida alguma. Estabeleci metas ambiciosas. Dei autonomia a eles, dei a eles a liberdade de fazer o que era necessário ser feito. Todos sabiam o que precisava ser feito. Nosso sistema de incentivos é transparente, por isso eles sabiam quais eram as recompensas e as penalidades. Trabalhamos juntos, e a energia estava em alta. Como pôde dar errado?"

"O ano chegou ao fim, e não atingimos as metas. Eles me decepcionaram; não produziram os resultados esperados. Rebaixei as estimativas de lucro quatro vezes nos últimos nove meses. Perdemos nossa credibilidade em Wall Street. Provavelmente perdi minha credibilidade junto ao conselho. Não sei o que fazer, e não sei qual é a causa. Francamente, acho que o conselho pode vir a me dispensar."

Várias semanas depois, o conselho realmente o despediu.

Essa história – que é verdadeira – é típica da lacuna que ninguém conhece. É sintomática do maior problema que as empresas enfrentam atualmente. Ouvimos várias histórias semelhantes quando conversamos com os líderes de empresas. Elas são publicadas quase diariamente na imprensa e falam sobre empresas que deviam ter se saído bem, mas não conseguiram: Aetna, AT&T, British Airways, Campbell Soup, Compaq, Gillette, Hewlett-Packard, Kodak, Lucent Technologies, Motorola, Xerox e muitas outras.

Todas essas são boas empresas. Possuem CEOs inteligentes e pessoas talentosas, visões inspiradoras e contratam os melhores consultores. Mas elas e muitas outras empresas, frequentemente, não conseguem atingir os resultados prometidos. Então, quando anunciam o fracasso, os investidores livram-se de suas ações, e um enorme valor de mercado é completamente destruído. Os gerentes e funcionários ficam desmoralizados. E, cada vez mais, os conselhos são forçados a demitir os CEOs.

Os líderes de todas as empresas listadas anteriormente eram muito bem-vistos quando foram escolhidos – pareciam ter todas as qualificações necessárias. Mas todos perderam o emprego porque não cumpriram aquilo que prometeram. Somente em 2000, 40 CEOs das 200 maiores empresas da lista da *Fortune 500* foram afastados – não se retiraram por vontade própria, mas foram demitidos ou forçados a se aposentar. Quando 20% dos mais importantes líderes empresariais dos Estados Unidos perdem o emprego, alguma coisa está nitidamente errada.

Em tais casos, não é apenas o CEO que sofre – os funcionários, os parceiros, os acionistas e até os clientes sofrem. E não são as falhas do CEO somente que criam problemas, embora, é claro, no final ele seja o responsável.

Qual é o problema? É um ambiente de negócios hostil? Sim. Não importa se a economia é forte ou fraca, a concorrência está mais acirrada do que nunca. As mudanças chegam mais rápido do que nunca. Os investidores – que eram passivos quando os líderes dos negócios começaram suas carreiras – se tornaram implacáveis. Mas esse fato por si só não explica os fracassos e falhas quase epidêmicos. Apesar disso, há empresas que honram seus compromissos, ano após ano – empresas como GE, Wal-Mart, Emerson, Southwest Airlines e Colgate-Palmolive.

Quando as empresas falham em cumprir suas promessas, a explicação mais frequente é que a estratégia do CEO estava errada. Mas a estratégia por si só não é, em geral, a causa. As estratégias dão errado mais frequentemente porque não são bem executadas. As coisas que deviam acontecer não acontecem. Ou as organizações não são capazes de fazer com que elas aconteçam ou os líderes avaliam mal os desafios que as empresas enfrentam na conjuntura de negócios, ou ambos.

O ex-CEO da Compaq, Eckhard Pfeiffer, tinha uma estratégia ambiciosa, e ele quase conseguiu. Antes de qualquer de seus concorrentes, percebeu que a assim chamada arquitetura da Wintel – a combinação do sistema operacional Windows e a inovação constante da Intel – serviria para tudo, de um computador que cabe na palma da mão até uma rede interligada de servidores capazes de competir com mainframes.

Espelhando-se na IBM, Pfeiffer ampliou sua base para atender todas as necessidades de informática dos clientes-empresa. Ele comprou a Tandem, fabricante de mainframes de alta velocidade e à prova de falhas, e a Digital Equipment Company (DEC), para que a Compaq entrasse para valer no segmento de serviços. Pfeiffer moveu-se numa velocidade muito arriscada em relação à sua visão estratégica arrojada, transformando a Compaq – uma fraca fabricante de nicho de PCs de alto preço – na segunda maior empresa de computação (depois da IBM) em apenas seis anos. Em 1998, ela estava pronta para dominar o setor.

Mas a estratégia parece hoje uma ideia impraticável. Integrar as aquisições e cumprir as promessas exigiam uma melhor execução do que a Compaq era capaz de fazer. Fundamentalmente, nem Pfeiffer nem seu sucessor, Michael Capellas, buscaram o tipo de execução necessária para ganhar dinheiro à medida que os PCs se tornaram mais e mais uma *commodity*.

Michael Dell entendeu esse tipo de execução. Sua abordagem de venda direta e de produzir sob encomenda não foi apenas uma tática de marketing para evitar os varejistas; foi o cerne de sua estratégia de negócios. A execução é a razão pela qual a Dell ultrapassou a Compaq em valor de mercado anos atrás, apesar do tamanho e escopo infinitamente maior dessa última, e é a razão pela qual também suplantou a Compaq em 2001 como a maior fabricante de PCs do mundo. A partir de novembro de 2001, a Dell estava se movendo rápido para dobrar sua participação de mercado, de aproximadamente 20% para 40%.

Qualquer empresa que vende diretamente tem certas vantagens: controle sobre o preço, nenhuma remarcação no varejo e uma força de vendas exclusiva para seus próprios produtos. Mas esse não era o segredo da Dell. Afinal, a Gateway também vende diretamente, mas ultimamente não tem se saído melhor do que os outros rivais da Dell. O grande insight de Michael Dell foi que, fazendo sob encomenda, executando perfeitamente e monitorando os custos, ele teria uma vantagem imbatível.

Em um sistema convencional de fabricação em lotes, uma empresa fixa seu volume de produção com base na demanda prevista para os meses seguintes. Se tiver terceirizado a fabricação de componentes e somente for responsável pela montagem, como um fabricante de computadores, ela informa aos fornecedores de componentes quais volumes eles devem esperar e negocia o preço. Se as vendas ficarem aquém das projeções, todos ficam com estoque encalhado. Se as vendas forem altas, debatem-se de forma ineficaz para atender à demanda.

Por outro lado, a empresa que faz sob encomenda produz uma unidade depois que o pedido do cliente for enviado para a fábrica. Os fornecedores de componentes, que também trabalham sob encomenda, são informados quando os clientes da Dell fazem o pedido. Os fornecedores entregam as peças para a Dell, que imediatamente as coloca na produção, e as transportadoras levam as máquinas em questão de horas depois de encaixotadas. O sistema economiza tempo em todo o ciclo, do pedido até a entrega – a Dell é capaz de entregar um computador em uma semana ou menos depois da colocação do pedido. Esse sistema diminui o estoque em ambas as extremidades do *pipeline*, na entrada e na saída. Também permite que os clientes da Dell tenham acesso às últimas inovações tecnológicas com mais frequência do que os clientes de seus concorrentes.

Fazer sob encomenda melhora o giro do estoque, que aumenta a velocidade do ativo, um dos componentes mais depreciados quando se quer ganhar dinheiro. A velocidade é a relação dinheiro das vendas/ativos líquidos alocados no negócio que, na definição mais comum, inclui a fábrica e o equipamento, o estoque e as contas a receber menos as contas a pagar. Uma maior velocidade melhora a produtividade e reduz o capital de giro. Também melhora o fluxo de caixa, a força vital de qualquer negócio, e pode ajudar a melhorar as margens, a receita e a participação de mercado.

O giro do estoque é particularmente importante para os fabricantes de PCs, já que os estoques representam a maior parcela de seus ativos líquidos. Quando as vendas ficam aquém das expectativas, as empresas que adotam o sistema de fabricação tradicional por lotes, como a Compaq, ficam com estoque encalhado. Além disso, alguns componentes dos computadores, como o microprocessador, tendem a ficar obsoletos porque o desempenho avança muito rapidamente e, em geral, vem acompanhado de preços menores. Quando esses fabricantes de PCs precisam dar baixa do excesso ou do estoque obsoleto, suas margens de lucro podem encolher até o ponto de desaparecer.

O giro do estoque na Dell acontece mais de 80 vezes por ano, enquanto nos seus concorrentes isso se dá cerca de 10 a 20 vezes, e seu capital de giro é negativo. Isso, para a Dell, gera uma quantidade de enorme de dinheiro. No quarto trimestre do ano fiscal de 2002, com receitas de US$8,1 bilhões e uma margem operacional de 7, 4%, a Dell tinha um fluxo de caixa de US$1 bilhão proveniente das operações. Seu retorno sobre o capital investido para o ano fiscal de 2001 foi de 355% – uma taxa inacreditável para uma empresa com seu volume de vendas. Sua velocidade também permite a seu cliente as últimas inovações tecnológicas antes dos outros fabricantes e a vantagem dos custos baixos dos componentes – ou para melhorar a margem ou para diminuir os preços.

Essas são as razões por que a estratégia da Dell se tornou mortal para seus concorrentes, uma vez que o crescimento dos PCs diminuiu. A Dell capitalizou esse momento de crise e baixou os preços, apostando numa maior participação de mercado, o que aumentou sua distância em relação ao restante do setor. Devido à sua velocidade, a Dell conseguiu apresentar um alto retorno sobre o capital e um fluxo de caixa positivo, até mesmo com margens achatadas. Seus concorrentes, porém, não conseguiram.

O sistema funciona apenas porque a Dell sabe executar meticulosamente cada estágio. A conexão eletrônica entre os fornecedores e a produção cria uma empresa ampliada que funciona sem obstáculos. Um executivo da área de manufatura que trabalhou na Dell por algum tempo e que é nosso conhecido chama esse sistema de "a melhor operação de produção que eu já vi".

Quando este livro foi para a gráfica, a fusão entre a Compaq e a Hewlett-Packard, proposta em meados de 2001, estava ainda em suspenso. Não importa: sozinha ou com um parceiro, nada que eles façam os tornará concorrentes à altura da Dell, a menos que inventem um modelo igual ou melhor do que a produção sob encomenda.

As empresas mencionadas até o momento que sofrem de mau desempenho crônico estão muito bem acompanhadas. Incontáveis empresas estão aquém de seu potencial por causa da má execução. A lacuna entre as promessas e os resultados é comum e nítida. A lacuna que ninguém conhece é aquela entre o que a liderança da empresa quer atingir e a habilidade da organização para tal.

Todo mundo fala sobre mudança. Nos últimos anos, uma pequena indústria de mestres da mudança pregou a revolução, a reinvenção, mudanças espetaculares, ideias inovadoras, metas ambiciosas, organizações em constante aprendizagem e coisas desse tipo. Não estamos ridicularizando isso tudo. Mas, a menos que você traduza as grandes ideias em passos concretos de ação, elas são inúteis. Sem execução, a ideia inovadora se esfacela, a aprendizagem não agrega valor, as pessoas não cumprem suas metas ambiciosas e a revolução morre na praia. O que a empresa consegue é uma mudança para pior, pois o fracasso consome a energia de toda a organização. A repetição do fracasso destrói a organização.

Atualmente, estamos ouvindo uma expressão muito prática na boca dos executivos. Eles estão falando em levar suas organizações para o "próximo nível", o que traz a retórica para a realidade. O CEO da GE, Jeff Immelt, por exemplo, está perguntando a seu pessoal como usar a tecnologia para diferenciar seu caminho para o próximo nível, e exige melhores preços, margens e aumento de receita.

Essa é uma abordagem de execução para a mudança. Baseia-se na realidade – as pessoas podem prever e discutir coisas específicas que precisam fazer. Ela reconhece que uma mudança significativa só vem com a execução.

Nenhuma empresa pode honrar seus compromissos ou adaptar-se bem à mudança, a menos que todos os seus líderes pratiquem a disciplina de execução em todos os níveis. Executar é algo que faz parte da estratégia e das metas da empresa. É o elo perdido entre aspirações e resultados. Como tal, é um dos mais importantes trabalhos, se não *o* mais importante trabalho de um líder. Se você não sabe executar, o todo de seus esforços como líder sempre será menor do que a soma das partes.

A EXECUÇÃO CHEGA À MATURIDADE

Os líderes das empresas estão começando a estabelecer a relação entre execução e resultados. Depois que o conselho da Compaq demitiu Pfeiffer, o presidente do conselho e fundador da empresa, Ben Rosen, esforçou-se em dizer que a estratégia da empresa era boa. A mudança, ele disse, seria "na execução... Nossos planos são agilizar o processo de tomada de decisão e tornar a empresa mais eficiente". Quando o conselho da Lucent demitiu o CEO Richard McGinn em outubro de 2000, seu substituto, Henry Schacht, explicou: "Nossos problemas são execução e foco."

Os clientes de grandes *headhunters* estão ligando e dizendo: "Encontre uma pessoa que saiba executar." Fazendo o relatório anual de 2000 da IBM, Louis V. Gerstner referiu-se a Samuel Palmisano, o homem que iria sucedê-lo, da seguinte forma: "Seu verdadeiro know-how é certificar-se de que executamos bem." No começo de 2001, a Associação de Dirigentes de Empresas dos Estados Unidos se concentrou em avaliar seu próprio desempenho. Os diretores, dizia o grupo, precisam se perguntar como a empresa está executando e qual a causa de qualquer lacuna entre as expectativas e o desempenho da gerência. O grupo percebeu que muito poucos conselhos fazem essa pergunta.

Mas, a despeito de tudo que se diz sobre execução, as pessoas mal sabem o que isso significa. Quando estamos ensinando sobre o tema, primeiramente pedimos às pessoas para defini-lo. Elas acham que sabem e, em geral, começam bem. "É fazer acontecer", elas dizem. "É gerenciar a empresa *versus* conceber e planejar. É atingir nossas metas." Então, perguntamos *como* fazer acontecer, e o diálogo logo esmorece. Não importa se são alunos ou executivos do alto escalão, fica logo claro – para eles e para nós – que eles não têm a menor ideia do que significa executar.

Não é diferente quando a execução vem mencionada em livros, jornais ou revistas. Você tem a impressão (implicitamente) de que execução é fazer as coisas de forma mais eficaz, mais cuidadosa, com mais atenção aos detalhes. Mas ninguém de fato deixa totalmente claro o que significa.

Mesmo as pessoas que apontam a execução como a causa do fracasso costumam pensar nela em termos de atenção aos detalhes. Ben Rosen, por exemplo, usou a palavra certa em seus comentários, mas se ele entendeu o que a execução realmente exige, a liderança da Compaq não captou a mensagem.

Para entender a execução, você precisa ter em mente três pontos principais:

- *Execução é uma disciplina e parte integrante da estratégia.*
- *Execução é a principal tarefa do líder da empresa.*
- *Execução deve ser um elemento-chave da cultura de uma empresa.*

Execução é uma disciplina

As pessoas acham que executar é o lado tático do negócio. Esse é o primeiro grande erro. As táticas são a parte central da execução, mas executar não é tática. Execução é fundamental para a estratégia e deve moldá-la. Nenhuma estratégia que valha a pena pode ser planejada sem levar em conta a habilidade da organização em executá-la. Se você está falando de pontos bem específicos sobre como fazer acontecer, chame isso de processo de implementação, de prestar atenção nos detalhes ou de qualquer coisa que você queira. Mas não confunda execução com tática.

Execução é um processo sistemático de discussão exaustiva dos com os e quês, questionando, levando adiante o que foi decidido e assegurando que as pessoas terão sua responsabilidade específica pela execução. Isso inclui elaborar hipóteses sobre o ambiente de negócios, avaliar as habilidades da empresa, ligar estratégia a operações e às pessoas que irão implementá-la, sincronizando essas pessoas e suas várias disciplinas e atrelando incentivos a resultados. Também inclui mecanismos para mudar as hipóteses à medida que a conjuntura muda e melhorar as habilidades da empresa para enfrentar os desafios de uma estratégia ambiciosa.

No seu sentido fundamental, executar é uma forma sistemática de expor a realidade e agir sobre ela. A maioria das empresas não encara a realidade muito bem. Como veremos, essa é a principal razão por que não conseguem executar. Muito já foi escrito sobre o estilo de gestão de Jack Welch – especialmente sua rigidez e franqueza, o que algumas pessoas chamam de crueldade. Nós defendemos que o cerne de seu legado administrativo é que Jack imprimia realismo aos processos administrativos da GE, tornando-o um modelo de cultura de execução.

O cerne da execução está nos três processos-chave: o processo de pessoal, o processo de estratégia e o processo de operação. Cada negócio e empresa utiliza esses processos de uma forma ou de outra. Mas é muito comum que eles fiquem separados como silos. As pessoas os executam mecanicamente e o mais rápido possível, de modo que possam voltar para seu trabalho normal. Em geral, o CEO e a alta gerência reservam menos do que meio dia por ano para avaliar os planos – as pessoas, a estratégia e as operações. Também as análises não são particularmente interativas. As pessoas se sentam passivamente e assistem a apresentações no PowerPoint. Não fazem perguntas.

Não debatem e, consequentemente, o resultado não é muito útil. As pessoas saem sem comprometimento com os planos de ação que elas ajudaram a criar. Essa é a fórmula para o fracasso. Você precisa de um diálogo consistente para identificar a realidade do negócio. Você precisa responsabilizar as pessoas pelos resultados – discutidos abertamente e acordados pelos responsáveis –, conscientizá-las para fazerem as coisas acontecerem, e recompensar os que têm melhor desempenho. Você precisa acompanhar a implementação das decisões para assegurar que os planos estão nos trilhos.

Esses processos estão onde as coisas importantes para a execução precisam ser decididas. Empresas que executam, como veremos, praticam esses processos com disciplina, intensidade e profundidade. Quem vai fazer o trabalho e como será avaliado e responsabilizado? Que recursos humanos, técnicos, de produção e financeiros são necessários para executar a estratégia? A organização terá os recursos de que precisa daqui a dois anos, quando a estratégia for para o próximo nível? A estratégia produz o lucro necessário para o sucesso? Pode ser desmembrada em iniciativas factíveis? As pessoas envolvidas nos processos discutem essas questões, descobrem a realidade e chegam a conclusões específicas e práticas. Todos concordam em relação às suas responsabilidades por fazer as coisas e se comprometem com suas atribuições.

Os processos também são intimamente interligados, e não compartimentalizados entre as equipes. A estratégia leva em conta as pessoas e a realidade operacional. As pessoas são escolhidas e promovidas, levando em consideração os planos estratégicos e operacionais. As operações são ligadas aos objetivos estratégicos e às habilidades das pessoas.

O mais importante é que o líder da empresa e sua equipe de executivos devem estar profundamente envolvidos nos três processos. *Eles* são os "donos" dos processos – não o pessoal de planejamento estratégico, de recursos humanos ou de finanças.

Execução: Tarefa do líder da empresa

Vários líderes de empresas gostam de pensar que o mandachuva está isento de gerenciar os detalhes. É uma forma agradável de ver a liderança: você fica no topo da montanha, pensando estrategicamente e tentando inspirar as pessoas com visões, enquanto os gerentes fazem o trabalho monótono. Essa ideia, naturalmente, cria várias expectativas para a liderança. Quem não gostaria de ficar com a parte divertida do trabalho e a glória sem fazer o "trabalho sujo"? Por outro lado, quem quer dizer às pessoas numa festa "Meu objetivo é ser gerente", em uma era na qual o termo se tornou quase pejorativo? Essa forma de pensar é uma falácia que gera um grande prejuízo.

Uma organização somente pode executar se o líder estiver comprometido com a empresa de corpo e alma. Liderar é muito mais do que pensar alto ou conversar informalmente com os investidores e com os legisladores, embora isso seja parte do trabalho. O líder precisa estar envolvido pessoal e profundamente no negócio. A execução requer um entendimento abrangente do negócio, de seu pessoal e seu ambiente. O líder é a única pessoa em posição de conseguir esse entendimento. E apenas o líder pode fazer a execução acontecer através de seu envolvimento pessoal na parte fundamental e até mesmo nos detalhes da execução.

O líder deve estar encarregado de fazer acontecer, gerenciando os três processos-chave – escolhendo outros líderes, estabelecendo o direcionamento estratégico e conduzindo as operações. Essas ações são o cerne da tarefa de executar, e os líderes não podem delegá-las, não importa o tamanho da organização.

Será que um time em qualquer esporte seria bom se o treinador passasse todo o seu tempo no escritório negociando contratos com novos jogadores, enquanto delega a tarefa de treinamento para seu assistente? Um treinador é eficiente porque está sempre observando os jogadores individual e coletivamente no campo e no vestiário. É assim que ele fica conhecendo seus jogadores e suas habilidades e como estes podem usufruir o mais cedo possível de sua experiência, sabedoria e feedback de especialista no assunto.

Não é diferente com um líder de negócios. Apenas um líder pode fazer as perguntas difíceis que todos precisam responder, e então gerenciar o processo de debater a informação e fazer os *trade-offs* corretos. E somente o líder que está intimamente envolvido no negócio sabe o suficiente para ter uma visão abrangente e fazer aquelas perguntas incômodas e difíceis.

Apenas o líder pode estabelecer o tom do diálogo na organização. O diálogo é o cerne da cultura e a unidade básica de trabalho. O modo como as pessoas falam umas com as outras determina como a organização funciona. O diálogo é formal demais, politizado, fragmentado e defensivo? Ou é franco e baseado na realidade, fazendo as perguntas certas, debatendo-as e encontrando soluções realistas? No primeiro caso – como acontece em diversas empresas –, a realidade nunca virá à tona. No último caso, o líder tem de estar no campo de jogo com sua equipe gerencial, praticando-o consistente e persuasivamente.

Especificamente, o líder precisa gerenciar os três processos-chave com intensidade e vigor.

LARRY: Quando escolho uma nova gerente, eu a chamo para discutir três questões. Primeiramente, ela tem de se comportar com a maior integridade. No que diz respeito a essa questão, não há uma segunda chance – quebre a regra e você está fora. Então, ela deve saber que o cliente está em primeiro lugar. E, finalmente, digo: "Você tem de entender os três processos – pessoal, estratégia e operações – e gerenciá-los. Quanto mais intensidade e foco sobre eles, melhor você torna este lugar. Se você não entender isso, não tem nenhuma chance de se sair bem aqui."

As empresas que executam esses processos detalhadamente se saem muito melhor do que aquelas que somente *acham* que fazem. Se sua empresa não executá-los meticulosamente, você não extrai deles todo o seu potencial. Você investe muito tempo e esforço e não obtém um resultado satisfatório.

Por exemplo, todos gostam de dizer que as pessoas são o elemento mais importante do seu sucesso. Mas, em geral, delegam o trabalho de avaliação e premiação ao pessoal de RH e, então, aprovam automaticamente as recomendações na reunião de avaliação. Muitos líderes evitam discutir sobre pessoas abertamente em situações de grupo. Essa não é a forma correta de conduzir as coisas. Somente gerentes de linha que conhecem as pessoas podem fazer o julgamento correto. Um julgamento justo é resultado da prática e da experiência.

Quando as coisas são bem gerenciadas, dedico 20% do meu tempo para o processo de pessoal. Quando estou reestruturando uma organização, 40%. Não estou falando sobre fazer entrevistas formais ou selecionar pessoal; quero dizer que realmente me empenho em conhecer as pessoas. Quando saio para visitar uma fábrica, sento meia hora com o gerente. Conversamos sobre as habilidades de seu pessoal, analisando quem tem bom desempenho e quem precisa de ajuda. Vou para uma reunião de todo o staff e ouço o que as pessoas têm a dizer. Então, depois da reunião, sento e falo sobre minhas impressões das pessoas e escrevo uma carta confirmando os acordos a que chegamos. E vou analisar seus desempenhos, não apenas em avaliações formais, mas duas ou três vezes por ano.

Quando estávamos implementando esses processos na AlliedSignal, uma pessoa – realmente uma boa pessoa – me disse em uma reunião: "Vou ter de passar pelo ritual de avaliação de pessoal este ano de novo."

Eu disse: "Este é o comentário mais idiota que já ouvi, pois você está mostrando ao mundo o quanto desconhece sobre seu próprio trabalho. Se você realmente se sente dessa forma, deve fazer alguma outra coisa, pois, se não conseguir ser bom nisto, não vai ser bem-sucedido." Eu não disse isso na frente de todos, e pensei com meus botões: *Isso me diz que talvez eu tenha o cara errado aqui.*

Mas ele não fez isso de novo. Acho que ele nunca gostou de verdade do processo de pessoal, mas fez o que devia ser feito e tirou alguma coisa disso. Ele conheceu melhor seus subordinados e tornou-os melhores.

⋆ ⋆ ⋆

Os líderes, em geral, ficam de cabelo em pé quando dizemos que eles próprios precisam gerenciar os três processos-chave. "Você está me dizendo que eu devo me preocupar com os mínimos detalhes sobre o que meu pessoal faz, e eu não me comporto dessa forma", é uma resposta comum. Ou: "Não é meu estilo. Eu sou prático. Delego e dou autonomia aos meus funcionários para que ajam."

Concordamos totalmente que gerenciar detalhes é um grande erro. Diminui a autoconfiança das pessoas, tira sua iniciativa e sufoca a habilidade de pensar por si próprias. É também uma receita para estragar tudo – "os gerentes de detalhes" raramente sabem tanto sobre o que precisa ser feito quanto as pessoas que eles estão importunando, aquelas que realmente fazem as coisas.

Mas há uma enorme diferença entre ser líder de uma organização e controlar a organização. O líder que se gaba de seu estilo prático ou acredita na delegação não está tratando as questões do dia. Não está falando pessoalmente com as pessoas responsáveis por um mau desempenho ou indo atrás de problemas para resolver e depois tendo certeza de que foram resolvidos. Está controlando, e isso é apenas parte de seu trabalho.

Liderar para fazer as coisas acontecerem não é gerenciar detalhes ou ser "prático" ou tirar a iniciativa das pessoas. Pelo contrário, é envolver-

-se diretamente – fazendo as coisas que os líderes devem fazer em primeiro lugar. À medida que você continuar a ler este livro, verá como os líderes que se superam em fazer acontecer mergulham no cerne da execução e até nos principais detalhes. Usam seu conhecimento sobre o negócio para investigar e questionar. Eles revelam os pontos fracos a todos e unem seu pessoal para corrigi-los.

O líder que executa monta uma arquitetura de execução. Estabelece uma cultura e processos, promovendo as pessoas que fazem acontecer mais rapidamente e dando-lhes maiores prêmios por isso. Seu envolvimento pessoal na arquitetura é designar as tarefas e depois fazer *follow-up*. Isso significa ter certeza de que as pessoas compreenderam suas prioridades, que são baseadas no entendimento abrangente sobre o negócio do líder, e também corresponde a fazer perguntas pertinentes. O líder que executa, em geral, nem sequer precisa dizer às pessoas o que fazer; faz perguntas de forma que elas próprias descubram o que precisam fazer. Assim, ele as orienta, passando sua experiência como líder e educando-as para que pensem de uma forma inovadora. Em vez de sufocar as pessoas, esse tipo de liderança as ajuda a ampliar suas próprias habilidades.

Jack Welch, Sam Walton e Herb Kelleher, da Southwest Airlines, foram presenças fortes em suas organizações. Como todos os conheciam, sabiam o que eles representavam e o que esperavam das pessoas. Isso se devia à sua forte personalidade? Sim, mas uma personalidade forte não significa nada por si só. "Al Motoserra" Dunlap, o famoso campeão do corte de custos brutal, tinha uma personalidade forte – e afundou as empresas que deveria ter reestruturado.

Líderes como Jack, Sam e Herb são bons comunicadores? Outra vez: sim, mas. . . Comunicação pode ser um clichê ou pode significar alguma coisa. O que conta é o conteúdo da comunicação e a natureza da pessoa que faz a comunicação – incluindo sua habilidade para ouvir e também falar.

Talvez tais pessoas sejam bons líderes porque praticam o MBWA (Management by Walking Around – Gerenciamento com Envolvimento). Todos nós lemos as histórias sobre Herb e Sam aparecendo inesperadamente na linha de frente para conversar com os que manuseiam as bagagens ou com os funcionários do almoxarifado. É claro, circular é útil e importante, mas apenas se o líder que faz isso souber o que dizer e o que ouvir.

Esses líderes são uma presença poderosa e influente porque eles *são* sua empresa. Estão profunda e intensamente envolvidos com as pessoas e com as operações. Eles se conectam porque conhecem a realidade e falam sobre ela. Têm consciência dos detalhes. Demonstram muito entusiasmo com relação ao que estão fazendo. São obcecados pelos resultados. Isso não é "inspiração" através de exortação ou discurso. Esses líderes energizam a todos pelo exemplo que dão.

No seu último ano como CEO da GE, Jack Welch – como tinha feito durante seus 20 anos no cargo – passou uma semana, 10 horas por dia, analisando os planos operacionais das várias unidades da empresa. Ele estava totalmente envolvido no diálogo constante. Mesmo no final de sua carreira, Jack não controlava. Ele liderava através do profundo envolvimento.

A execução deve ser um elemento-chave da cultura de uma empresa

Deve estar claro agora que a execução não é um programa que você transplanta para a organização. Um líder que diz "OK, agora vamos executar para mudar" está meramente lançando a moda do mês, que não vai durar muito tempo. Assim como o líder precisa estar totalmente envolvido na execução, todos os demais membros da organização devem entender e praticar a disciplina.

A execução deve estar embutida no sistema de incentivos e nas normas de comportamento de todos. Na verdade, como veremos no Capítulo 4, focar a execução não é apenas parte essencial da cultura da empresa, mas a única forma segura de provocar uma mudança cultural profunda.

Uma forma de entender a execução é pensar nela como se fosse o processo Seis Sigma* de melhoria contínua. As pessoas que adotam essa metodologia procuram desvios do que seria considerado tolerável. Quando os encontram, apressam-se a corrigir o problema. Elas usam o processo para elevar o nível constantemente, melhorando a qualidade e o rendimento. Elas os utilizam em colaboração com as unidades para melhorar o andamento dos processos em toda a organização. É uma busca incansável da realidade, juntamente com processos para melhoria contínua. E é uma enorme mudança de comportamento – basicamente uma mudança na cultura.

Os líderes que executam procuram desvios do que é tolerável – a lacuna entre o resultado desejado e o real, desde margens de lucro até a escolha das pessoas a serem promovidas. Então, buscam fechar a lacuna e aumentar o nível ainda mais em toda a organização. Como o Seis Sigma, a disciplina de execução não funciona, a menos que as pessoas sejam treinadas nela e a pratiquem continuamente; não funciona se apenas algumas pessoas no sistema a praticam. A execução tem de ser parte da cultura da organização, direcionando o comportamento de todos os líderes, em todos os níveis.

A execução deve começar com os líderes mais antigos, mas se você não é um líder sênior ainda assim deve praticá-la em sua própria organização. Você desenvolve e mostra suas próprias habilidades. Os resultados irão impulsionar sua carreira – e eles podem convencer os outros a fazerem o mesmo.

POR QUE AS PESSOAS NÃO ENTENDEM

Se a execução é tão importante, por que é tão negligenciada? Para dizer a verdade, as pessoas não a ignoram totalmente. Mas realmente

---

* *Nota da Tradutora:* Seis Sigma é um processo de gerenciamento de negócios que se concentra em eliminar defeitos nos processos de fabricação. Um defeito pode ser qualquer coisa que resulte em insatisfação do cliente. À medida que diminuem os defeitos, o mesmo acontece com os custos e o tempo do ciclo, enquanto a satisfação do cliente cresce. Seis Sigma, literalmente, significa um índice de 3,4 defeitos para cada milhão de ocorrências.

elas estão mais conscientes de sua ausência. Elas sabem, lá no fundo, que alguma coisa está faltando quando as decisões não são tomadas ou levadas adiante e quando os compromissos não são cumpridos. As pessoas buscam e lutam por respostas, fazendo *benchmarking* das empresas que são conhecidas por cumprirem seus compromissos, procurando respostas na estrutura organizacional, nos processos ou na cultura. Mas elas raramente captam a lição subjacente, pois a execução ainda não foi reconhecida ou ensinada como disciplina. Elas literalmente não sabem o que estão procurando.

O problema real é que a *execução* não parece algo muito interessante. É o tipo de coisa que o líder delega. Os grandes CEOs e os ganhadores do Prêmio Nobel atingem a glória por sua capacidade de executar? Bem, sim, e de fato é aí que está a grande falácia.

O ponto de vista comum sobre o desafio intelectual é apenas parcialmente verdadeiro. O que a maioria das pessoas não entende é que o desafio intelectual também inclui o trabalho sério e tenaz de desenvolver e testar as ideias. Talvez isso seja resultado do surgimento da geração da televisão, acreditando no mito de que ideias se desenvolvem instantaneamente em resultados já completos.

Há diferentes tipos de desafios intelectuais. Conceber uma grande ideia ou um quadro amplo é, em geral, intuitivo. Transformar o quadro amplo num conjunto de ações executáveis é analítico e um grande desafio intelectual, emocional e criativo.

Os ganhadores do Prêmio Nobel são bem-sucedidos porque executam os detalhes de uma prova que outras pessoas podem copiar, verificar ou aproveitar. Eles testam e descobrem padrões, conexões e ligações que ninguém viu antes. Albert Einstein levou mais de uma década para desenvolver uma prova detalhada que explicasse a teoria da relatividade. Essa foi a execução – os detalhes da prova em cálculos matemáticos. O teorema não teria sido válido sem a prova. Einstein não poderia ter delegado o trabalho. Tratava-se de um desafio intelectual que ninguém mais poderia enfrentar.

O desafio intelectual da execução está em chegar ao cerne da questão através de uma investigação persistente e criativa. Vamos supor que um gerente na divisão X planeje um aumento de 8% nas vendas para o ano seguinte, mesmo que o mercado esteja desaquecido. Nas revisões orçamentárias, a maioria dos líderes aceitaria o número sem discutir. Mas, em uma análise operacional de uma empresa adepta da execução, o líder iria querer saber se a meta é realista. "Ótimo", ele diria para o gerente, "mas de onde virá esse aumento? Quais produtos gerarão esse aumento? Quem irá comprá-los e que discurso de vendas vocês irão desenvolver para esses clientes? Qual será a reação de nosso concorrente? Quais serão nossos marcos?" Se um marco não for atingido no final do primeiro trimestre, é farol amarelo: alguma coisa não está indo conforme o planejado e, portanto, precisa ser mudada.

Se o líder tem dúvidas sobre a capacidade da organização em executar, deve aprofundar a discussão. "As pessoas certas estão encarregadas de fazer isso acontecer?", ele deve perguntar, "e a responsabilidade de cada um está clara? Quem deve colaborar e como serão motivados? O sistema de incentivos irá motivá-los a trabalhar em torno de um objetivo comum?" Em outras palavras, o líder não apenas aprova o plano. Ele quer explicações e vai sondar até que as respostas estejam claras. Suas habilidades de liderança são tamanhas que cada pessoa presente está engajada no diálogo. O líder traz à tona o ponto de vista de todos e avalia o grau e a natureza do comprometimento das pessoas. Não é apenas uma oportunidade para seus gerentes aprenderem com ele e vice-versa; é uma forma de difundir o conhecimento para todos que se incluam no plano.

Suponha que a questão seja como aumentar a produtividade. Outras perguntas serão feitas: "Temos cinco programas no orçamento, e você diz que vamos economizar, pelo menos, alguns milhões de dólares com cada um. Quais são esses programas? Onde o dinheiro será economizado? Qual é o cronograma? Quanto nos custará para conseguir isso? E quem é responsável por isso?"

* * *

As organizações não executam, a menos que as pessoas certas, individual e coletivamente, enfoquem os detalhes certos no momento certo. Para você, como líder, sair do conceito para os detalhes fundamentais é um longo caminho. Você tem de rever uma série de fatos e ideias, permutas e combinações que podem chegar ao infinito. Você tem de discutir quais riscos correr e onde isso pode acontecer. Você tem de olhar todos os detalhes, selecionando aqueles que são importantes. Você tem de mostrá-los às pessoas certas e se certificar de quais detalhes-chave devem servir para coordenar o trabalho delas.

Tal decisão requer conhecimento do negócio e da conjuntura externa. Requer habilidade para fazer um bom julgamento sobre pessoas – suas habilidades, sua confiabilidade, seus pontos fortes e seus pontos fracos. Requer enfoque intenso e uma mente aguda. Requer habilidades extraordinárias para conduzir um diálogo honesto e realista. Esse trabalho é intelectualmente desafiador, como todos nós sabemos.

Liderança sem disciplina de execução é incompleta e ineficaz. Sem a habilidade para executar, todos os outros atributos de liderança ficam vazios. No Capítulo 2 mostraremos, através de histórias de quatro empresas e seus líderes, por que a execução faz toda a diferença do mundo.

CAPÍTULO 2

A diferença na execução

Cada grande líder teve um instinto para execução. Um líder já disse: "A menos que possa fazer este plano *acontecer*, não vai importar." Mas a escolha, o treinamento e o desenvolvimento de líderes não focam esta realidade. Julgando pelas nossas observações, muitos dos que chegam ao topo de uma organização deixam sua marca – marca pessoal – como grandes pensadores. São pessoas tomadas pela motivação intelectual de cada nova ideia e que a adotam com entusiasmo. São conceituadores articulados, muito bons em entender estratégias e explicá-las. Isso, eles sabem, é o que os motiva. Não estão interessados em como fazer acontecer: isso fica a cargo de outra pessoa.

Julgar a inteligência de uma pessoa é fácil para aqueles que contratam e promovem os outros; difícil é pesquisar o histórico de alguém e medir seu conhecimento sobre como fazer as coisas acontecerem, particularmente quando o desempenho é resultado de muitas pessoas trabalhando juntas. Mas os conceituadores articulados e inteligentes não entendem necessariamente como executar. Muitos não compreendem o que precisa ser feito para converter uma visão em tarefas específicas, pois seu pensamento de alto nível é muito amplo. Eles não levam as coisas adiante e fazem acontecer; os detalhes os aborrecem. Eles não cristalizam o pensamento ou preveem os obstáculos. Não sabem como escolher as pessoas com habilidade para executar. Sua falta de envolvimento os priva de um julgamento consistente sobre as pessoas, o que só se adquire com a prática.

O PROBLEMA COM JOE

Joe, CEO cuja queda foi descrita no Capítulo 1, é um líder típico que não sabia como executar. Vamos analisar mais de perto sua história e a de dois CEOs famosos cujas empresas falharam em executar as grandes visões dos líderes.

Você deve lembrar que Joe não conseguia entender por que seu pessoal não tinha produzido os resultados previstos. Ele contratou uma conceituada consultoria para elaborar uma nova estratégia. Fez diversas aquisições e tinha um ótimo relacionamento com Wall Street. Com base em suas habilidades em fechar negócios e fazer aquisições, o índice preço/lucro aumentou rapidamente em menos de dois anos. Os pontos fortes de Joe eram o marketing e o contato com os clientes, mas também tinha um relacionamento próximo com o diretor financeiro. Joe estabeleceu metas ambiciosas, e o diretor financeiro passou os números para o pessoal de operações. Joe não gerenciou os detalhes; deixou-os para seus subordinados diretos, incluindo o vice-presidente executivo para a unidade de negócios da América do Norte e seu diretor de produção. Mas Joe monitorava os números previstos para o trimestre. Se eles ficavam aquém do esperado, Joe telefonava imediatamente para os encarregados e dizia de forma dura que os números precisavam melhorar. As revisões trimestrais não eram nada civilizadas.

Pelos padrões da análise administrativa convencional, Joe fazia todas as coisas certas. Pelos padrões da capacidade de fazer acontecer, ele não fez quase nada certo. A lacuna entre as metas e os resultados refletiu um abismo entre as ambições de Joe e a realidade da organização. Na verdade, as metas que ele estabeleceu não eram realistas desde o primeiro dia.

Um grande problema foi que a fábrica da empresa não podia produzir o suficiente porque seus gerentes estavam 12 meses atrasados no que se refere à implementação de um plano de melhoria de processo. Joe não sabia disso. Embora ele chamasse a atenção de seus executivos quando não atingiam a meta, nunca perguntava *por que* não conseguiam fazê-lo. Um líder que entende de execução teria perguntado imediatamente. Então, teria se concentrado na causa – afinal, você não resolve um problema olhando o resultado. "A implementação do plano estava dentro do cronograma?", ele teria perguntado. O vice-presidente executivo e seu diretor de operações sabem as razões, e o que estão fazendo para corrigir isso?

Como muitos CEOs, Joe acreditava que era trabalho do diretor de produção fazer tais perguntas e tarefa do vice-presidente executivo certificar-se de que elas fossem feitas. Mas (como muitos CEOs também), Joe não havia escolhido as pessoas certas para os cargos certos. Nenhum dos dois tratava muito de execução. O vice-presidente executivo era um "batedor de cartão", que mudava de emprego a cada três anos. O diretor de produção era um homem muito inteligente da área financeira, que veio de uma empresa de consultoria e era visto como um candidato com alto potencial para suceder o CEO em cinco anos. Mas não entendia nada de operações e era uma pessoa de difícil trato. Os gerentes da fábrica que se reportavam a ele não o respeitavam.

Se os líderes tivessem estabelecido um diálogo aberto com o pessoal da manufatura, poderiam ter aprendido sobre os obstáculos à produção, mas isso não fazia parte de seu jeito de ser. Eles simplesmente passavam os números para a frente. Além disso, embora metas ambiciosas possam ser úteis no sentido de forçar as pessoas a quebrar velhas regras e fazer melhor as coisas, são péssimas se estiverem totalmente fora da realidade ou se as pessoas que precisam atingi-las não tiverem a chance de discuti-las com antecedência e ser "donas" delas.

Como Joe teria se comportado se soubesse como executar? Primeiramente, teria envolvido todas as pessoas responsáveis pelo resultado do plano estratégico – incluindo as pessoas-chave da produção – na formação do plano. Teriam estabelecido metas com base na habilidade da organização de apresentar resultados. As habilidades organizacionais incluem ter as pessoas certas nos cargos certos. Se o vice-presidente executivo não sabia como fazer acontecer, Joe o teria orientado antes sobre o que ele precisava fazer e o teria ajudado a aprender como executar. Se, mesmo assim, ele não estivesse fazendo progressos, a única opção seria substituí-lo (como fez o novo CEO que assumiu). Em segundo lugar, Joe teria também perguntado a seu pessoal sobre os "com os" da execução: especificamente, como eles iriam atingir a demanda projetada, seu giro de estoque e metas de custo e qualidade? Qualquer um que não tenha as respostas precisa obtê-las antes que o plano seja implementado.

Em terceiro lugar, Joe teria estabelecido marcos para o plano avançar, com responsabilidades bem definidas de seus encarregados. Se estivessem implementando um novo processo para melhorar a produção, por exemplo, Joe teria feito um acordo com eles: o projeto estaria X% pronto na data Y e Z% das pessoas teriam recebido treinamento sobre o processo. Se os gerentes não pudessem cumprir os marcos estabelecidos teriam dito a Joe, e ele os ajudaria a tomar medidas corretivas. Em quarto lugar, Joe teria criado planos de contingência para lidar com o inesperado – uma virada do mercado, a falta de um componente ou alguma outra mudança no ambiente externo.

Joe era muito brilhante, mas não sabia como executar. As pessoas que o contrataram não viram nada em seu currículo que pudesse indicar que ele falharia – porque não usaram a execução como critério de seleção. Sua reputação para fazer negócios e aquisições pertinentes lhe valeram o emprego.

Quando o conselho o despediu, trouxe uma equipe gerencial que sabia como executar. O novo CEO veio da manufatura. Ele e sua equipe revisaram e discutiram os "com os" com os gerentes de fábrica, estabeleceram os marcos e foram adiante com disciplina e consistência para revê-los quando necessário.

A LACUNA DE EXECUÇÃO NA XEROX

As pessoas na Xerox que contrataram Richard C. Thoman também não viram por que ele falharia. Thoman era uma das pessoas mais consideradas para capitanear uma importante empresa americana nos últimos anos e um estrategista altamente respeitado. Quando a Xerox o contratou como diretor de operações em 1997, ele era um dos protegidos de Louis V. Gerstner na IBM, onde havia sido diretor financeiro. Thoman foi trazido para produzir uma mudança. Como diretor de operações, ele lançou inúmeras iniciativas de corte de custos, incluindo demissões e cortes nos bônus, viagens e privilégios adicionais. Também lançou os alicerces para uma nova estratégia. Quando o conselho o promoveu a CEO em abril de 1999, Thoman deu início à transformação da Xerox, de uma empresa de produtos e serviços em uma provedora de soluções, combinando software, hardware e serviços para auxiliar seus clientes a integrar seus documentos em papel e fluxos de informação eletrônica, fazendo parcerias com empresas como Microsoft e Compaq para desenvolver sistemas.

Era uma visão inspiradora para uma empresa que mal precisava de uma. No encontro anual de 1999, Thoman disse aos acionistas que a empresa estava "no limiar de uma outra fase de grande sucesso", e previu que o lucro para o ano cresceria entre 15% e 19%. Os investidores compartilharam seu otimismo, cotando o preço da ação a alturas recordes.

Mas a visão estava desligada da realidade. A execução havia sido um problema há décadas, e Thoman mordeu mais do que a Xerox podia mastigar. Por exemplo, como início dos esforços da empresa para se redefinir, ele lançou duas iniciativas críticas, ambas emocionais. Uma visava consolidar os noventa e tantos centros administrativos da empresa, que eram responsáveis pela contabilidade, faturamento e programação, e chamadas de atendimento ao cliente, em apenas quatro. A segunda seria reorganizar a força de vendas da Xerox, composta por 30 mil pessoas, mudando cerca de metade dela de um enfoque geográfico para um enfoque em setor.

Ambas as mudanças eram necessárias e importantes. A consolidação administrativa cortaria custos e melhoraria a eficiência, e a reorganização de vendas abriria caminho para o enfoque em fornecer soluções aos clientes, e não apenas hardware – o cerne da nova estratégia. Mas, no final do ano, a Xerox estava um caos.

Na transição administrativa, as faturas foram negligenciadas, os pedidos perdidos e as chamadas de serviço não foram respondidas. Os representantes de vendas tinham de passar grande parte de seu tempo arrumando a bagunça, ao mesmo tempo em que tentavam adaptar-se a uma nova organização e a uma nova forma de vender. Eles também tinham de construir novos relacionamentos com os clientes, já que muitos foram designados para novas contas – o que, não acidentalmente, fez a Xerox perder muitos clientes que eram fiéis há anos.

O moral estava baixo. O fluxo de caixa das operações foi negativo, e os investidores começaram a se preocupar com a viabilidade financeira da Xerox. O preço da ação despencou de US$64 para US$7. A empresa foi forçada a vender alguns de seus negócios para atender às suas necessidades de caixa. Em maio de 2000, Thoman foi convocado para ir à sala do presidente do Conselho, Paul Allaire, e recebeu a notícia de que estava despedido.

O que deu errado? Embora o fato de lançar duas iniciativas de tamanho porte ao mesmo tempo tenha sido um erro de execução – uma delas por si só já teria colocado uma grande pressão sobre a organização –, os problemas eram mais profundos. Os críticos de Thoman argumentaram que ele era muito reservado para se ligar às pessoas que tinham de executar as mudanças. Mas a cultura elitista da Xerox não aceitava muito bem uma pessoa de fora e, como Thoman salientou, ele não tinha autoridade para escolher sua própria equipe de liderança. Especialmente quando uma empresa está fazendo grandes mudanças, as pessoas certas têm de estar nos cargos importantes, e os processos-chave devem ser sólidos o suficiente para garantir que qualquer resistência seja quebrada e os planos sejam executados. Estavam faltando esses dois elementos.

SEM CONTROLE NA LUCENT

As esperanças eram grandes quando a Lucent Technologies nomeou Richard McGinn CEO em 1996. Um grande homem de marketing, McGinn era agradável e gostava de explicar as perspectivas brilhantes da empresa para a comunidade de investidores. Ele prometeu aos investidores um crescimento espetacular de receitas e lucros. Dada a conjuntura daqueles tempos e vistas de uma altitude de 50 mil pés, as promessas pareciam sensatas para o conselho e os investidores. Combinação da Western Electric e da Bell Labs desmembrada da AT&T, em 1997 a Lucent concentrava-se no mercado de equipamento de telecomunicações em alta, desde aparelhos telefônicos até comutação de rede e equipamento de transmissão. Com a Bell Labs, tinha uma área de P&D inigualável.

Mas McGinn teve dificuldade em fazer com que as coisas acontecessem dentro da empresa. "Estávamos à frente de nossa capacidade de execução", disse Henry Schacht, que voltou de sua aposentadoria para substituir McGinn depois de sua demissão em outubro de 2000. O estouro da bolha de telecomunicações, no final, derrubou quase todos os *players* do setor, mas o declínio da Lucent começou antes disso. A empresa caiu antes, com mais força e mais fundo do que seus concorrentes.

Num mercado tecnológico que se movimenta na velocidade da internet, McGinn não mudou a cultura burocrática e lenta da Western Electric. A estrutura da Lucent era pesada, e seu sistema de controle financeiro era totalmente inadequado. Por exemplo, os executivos não conseguiam obter informação sobre o lucro por cliente, linha de produto ou canal, de modo que não tinham como tomar decisões acertadas sobre onde alocar os recursos. O pessoal de McGinn pedia em vão a ele para resolver essa situação. Ele falhou em não enfrentar os executivos de baixo desempenho ou substituí-los por pessoas capazes de agir de forma tão decisiva quanto seus colegas da concorrência, tais como Cisco e Nortel.

Como resultado, a Lucent não cumpriu os marcos técnicos estabelecidos para o desenvolvimento de novos produtos e perdeu as melhores oportunidades em um mercado emergente. A empresa gastou uma enormidade para instalar o SAP, software empresarial que conecta todas as partes da empresa através de uma plataforma padrão de software, mas foi dinheiro perdido porque não mudou os processos de trabalho para tirar vantagem disso.

A Lucent não cumpriu suas metas financeiras durante os dois primeiros anos, surfando na onda sem precedentes de investimento de capital de seus clientes. Mas esses ganhos iniciais de receita vieram principalmente do antigo negócio de comutação de rede de voz, que não tinha perspectivas de crescimento sustentável. Antes mesmo de a onda quebrar, a empresa estava lutando para cumprir seus compromissos.

Um líder com um entendimento mais abrangente da empresa não teria estabelecido metas tão fora da realidade. A maior demanda era por produtos que a Lucent não possuía, incluindo roteadores que guiavam o tráfego na internet e equipamento óptico com alta capacidade e banda larga. A Bell Labs trabalhava em ambos os produtos, mas estava muito atrasada para desenvolvê-los e lançá-los.

As oportunidades perdidas com os roteadores e o equipamento de transmissão óptica são facilmente percebidas como erros estratégicos. Na verdade, eles mostram como a execução e a estratégia estão interligadas. Em 1998, a Lucent conversou com a Juniper Networks sobre uma possível aquisição, porém decidiu desenvolver os roteadores internamente. Mas uma parte da execução é justamente saber das capacidades internas. A Lucent não tinha capacidade de colocar seus produtos suficientemente rápido no mercado. Pelo menos, uma boa execução teria impedido que as projeções de crescimento saíssem tanto de controle quando a empresa não tinha presença em um dos mercados de maior crescimento.

Da mesma forma, o erro estratégico em transmissão óptica originou uma execução falha – nesse caso, a falha em entender as mudanças no ambiente externo. No início de 1997, os engenheiros da Lucent estavam pedindo que a alta gerência os deixasse desenvolver produtos de fibra óptica. Mas a liderança costumava ouvir seus maiores clientes – AT&T, sua antiga empresa controladora, e a Baby Bells – e esses clientes não tinham interesse em equipamento de transmissão óptica. Esse é um caso clássico do chamado dilema do inovador: empresas com maior força em uma tecnologia madura tendem a ser as que menos se saem bem com as novas. Mas o próprio dilema do inovador tem uma solução de execução que não é, em geral, reconhecida. Se você está realmente executando e tem recursos, está ouvindo os clientes de amanhã tanto quanto os clientes de hoje, no que diz respeito às suas necessidades. A Nortel estava ouvindo os mesmos argumentos de seus grandes clientes, mas compreendeu as necessidades emergentes e organizou-se para atendê-las.

Em segundo lugar, na corrida alucinada para aumentar as receitas, a Lucent partiu em muitas direções imediatamente. Ela adicionou uma miríade de linhas de produtos não rentáveis e adquiriu empresas que não conseguiu integrar – ou, até mesmo, gerenciar, especialmente nos muitos casos em que os líderes das empresas adquiridas saíram porque não conseguiram se adaptar à cultura burocrática. Os custos corriam soltos. As três dezenas de aquisições, juntamente com um aumento de cerca de 50% na força de trabalho para 160 mil, levou a redundância, custos excessivos e menor visibilidade.

O estágio final começou bem antes de o mercado de telecomunicações implodir. Sob a pressão de cumprir as projeções de crescimento não realistas, as pessoas, deixadas à sua própria sorte, faziam tudo que podiam. A força de vendas concedeu financiamento, crédito e descontos muito elevados para os clientes. Prometeram retirar os equipamentos que os clientes não conseguissem vender. Alguns registraram produtos como vendidos logo que eram despachados para os distribuidores. O resultado foi um balanço prejudicado. Em 1999, por exemplo, embora as receitas tivessem aumentado 20%, as contas a receber cresceram duas vezes mais rápido, para US$10 bilhões. A empresa também acumulou uma enorme dívida, principalmente por ter financiado sua farra de aquisições, que quase levou a empresa à falência. Isso forçou a Lucent a vender algumas empresas a preço de banana. A situação tornou-se tão séria que a empresa flertou com a possibilidade de perder sua autonomia através de seu relacionamento com a francesa Alcatel.

Durante o *boom* tecnológico, nem o pessoal do setor nem os investidores imaginaram que a empresa poderia cair tão fundo. Um líder que soubesse executar teria analisado a empresa para ter uma visão realista de seus riscos de mercado. De acordo com relatos publicados, McGinn não fez isso. E, durante seu último ano no cargo, havia perdido totalmente o controle. Várias vezes teve de reavaliar as estimativas financeiras para baixo. Até o final da semana em que o conselho o dispensou, ele insistia que a Lucent estava resolvendo seus problemas.

Numa análise retrospectiva, o *The Wall Street Journal* publicou o seguinte:

> *Indivíduos que têm contato com a empresa afirmaram que vários executivos disseram para McGinn um ano atrás que a companhia precisava diminuir substancialmente suas projeções financeiras, pois seus produtos mais recentes não estavam prontos ainda, e a venda dos mais antigos cairia.*
>
> *"Ele não aceitou de forma alguma o conselho", diz uma pessoa que soube dessa conversa. "Ele disse que o mercado estava crescendo e que não havia razão alguma para a Lucent não crescer. Ele estava em total estado de negação."*
>
> *Na verdade, em uma entrevista recente, McGinn declarou que, durante o crescimento espetacular da Lucent nos anos que se seguiram a seu desmembramento da AT&T, ele nunca havia pensado muito sobre como ou se a empresa podia cair em desgraça.*

A EXECUÇÃO NA EDS

Agora vamos analisar uma empresa que outrora apresentava problemas e cujo novo CEO trouxe a disciplina da execução. A EDS tinha muito em comum com a Xerox quando Dick Brown assumiu em janeiro de 1999. A EDS criou seu próprio setor, a terceirização de serviços de informática, e havia sido bem-sucedida por décadas. Então, o mercado de tecnologia da informação mudou, e a EDS não. Os concorrentes como a IBM se apossaram do crescimento do mercado. As receitas não variavam, o lucro caía e o preço das ações afundava.

Como Thoman, Brown veio de outro setor – no seu caso, telecomunicações. Ele havia antes feito o *turnaround* da Cable & Wireless, a gigante das telecomunicações britânica. Na EDS, ele enfrentou uma cultura profundamente arraigada que precisava de uma mudança fundamental – uma cultura hesitante e que não atribuía responsabilidades às pessoas, juntamente com uma estrutura organizacional que não mais se adaptava às necessidades do mercado. Mais dois paralelos: não muito tempo depois de ter chegado, Brown estabeleceu metas de aumento de receita e lucro tão ambiciosas que a maioria das pessoas na empresa achava ser impossível atingi-las. E ele submeteu a empresa a uma maciça reorganização.

Aqui terminam as semelhanças. Brown era totalmente voltado para a execução e nunca houve dúvidas de quem estava no comando. Embora Brown saliente que a transformação da EDS seja um trabalho sempre em andamento, ele mudou de forma bem-sucedida os princípios fundamentais da empresa em dois anos. Injetou energia na empresa, deu-lhe um enfoque que ela não tivera desde seu início e conseguiu atingir suas metas de crescimento e lucro.

A visão de Brown era que a EDS podia crescer muito e lucrativamente, atendendo às novas necessidades de serviços de tecnologia da informação. Esses serviços iam da digitalização dentro das empresas até varejo virtual e integração eletrônica, em que as empresas trabalham com fornecedores, clientes e outros provedores de serviços como se fossem um negócio integrado. Estar a par das mudanças era um grande desafio até mesmo para o melhor departamento corporativo de TI e um problema sério para empresas com recursos limitados.

Brown viu que a EDS tinha as habilidades-chave para atender a esses mercados. Esses recursos iam de know-how para fornecer os serviços operacionais mais rotineiros a baixo custo até consultoria estratégica de alto nível através de sua empresa de consultoria, a A. T. Kearney, comprada em 1995. A profundidade e a amplitude do conhecimento técnico e da experiência das pessoas em solucionar os problemas dos clientes eram uma grande reserva de capital intelectual. Um fator positivo na cultura da EDS era o forte espírito de confiança em relação aos desafios. O que um executivo chamou de "uma crença de que podíamos fazer coisas para os clientes que pareciam impossíveis" era um legado do fundador Ross Perot.

Mas a EDS estava presa numa estrutura e numa cultura antigas. Suas mais de 40 unidades estratégicas de negócios eram organizadas em setores como comunicações, bens de consumo e serviços de saúde pública. Elas dividiam a empresa em uma confederação de feudos, cada um com seus líderes, agenda, funcionários e, às vezes, políticas. Esses feudos raramente trabalhavam juntos, e as novas oportunidades de mercado estavam escapando das mãos da EDS. Como Brown aplicaria o capital intelectual da empresa ao novo ambiente? A EDS precisaria de uma nova estrutura organizacional, mas primeiramente Brown tinha de mudar a cultura, transformando-a em uma cultura que incluísse designação de responsabilidades e colaboração.

Brown colocou mãos à obra. Em primeiro lugar, resolveu conhecer intimamente a empresa, viajando pelo mundo durante três meses, encontrando pessoas de todos os níveis com quem conversava formal e informalmente. Em e-mails semanais que enviava para toda a organização, ele não apenas dizia aos funcionários o que pensava, mas também lhes pedia que respondessem e dessem sugestões.

Suas mensagens francas e práticas não eram apenas comunicação – eram uma ferramenta para mudar atitudes. Elas deixavam as metas, os problemas e o novo estilo de liderança claros para os funcionários da EDS no mundo inteiro. E elas pressionavam os gerentes a expor as prioridades e abrir o diálogo.

Brown aumentou a qualidade e o fluxo de informações também de outras formas. Por exemplo, os números relativos a vendas, que eram compilados trimestralmente, passaram a ser reportados diariamente e, pela primeira vez, os cerca de 150 líderes seniores tinham as informações vitais sobre a empresa, desde as margens de lucro até o lucro por ação.

Começando nos níveis mais altos, Brown criou novas formas de conduzir a designação de responsabilidades e a colaboração. Na "chamada de desempenho" mensal, por exemplo, ele, seu diretor de operações e seu diretor financeiro começaram a organizar *conference calls* na segunda de manhã com os cerca de 150 líderes mais importantes da empresa. Essas *conference calls* são essencialmente uma análise operacional contínua, na qual o desempenho da empresa no mês anterior e no ano até o momento é comparado com os compromissos assumidos pelas pessoas. Esses telefonemas davam um aviso antecipado dos problemas e instigavam um senso de urgência. As pessoas que não conseguiam atingir a meta tinham de explicar o porquê e quais providências iriam tomar para resolver isso.

Nos primeiros dias, quando Brown estava desenvolvendo a nova cultura de execução, os telefonemas também serviam para reforçar os novos padrões de responsabilização. "O ponto que estava tentando passar é que, quando você concorda com o que costumava ser um item do orçamento, está se comprometendo com sua equipe e com os membros individualmente", ele diz. "O resto depende de você. Isso acrescenta um nível de responsabilidade que estava faltando antes."

Os telefonemas trouxeram uma nova realidade à discussão das operações da EDS. A conversa é direta, até mesmo franca demais, com o objetivo de fazer a verdade vir à tona e treinar as pessoas no comportamento que Brown espera de seus gerentes. "Franqueza intensa", como Brown chama, "um equilíbrio de otimismo e motivação com realismo. Nós trazemos à tona o positivo e o negativo." Os telefonemas podem ser desagradáveis para quem está na coluna do negativo. Na frente de seus colegas, os executivos têm de explicar por que e o que vão fazer para colocar as coisas de volta nos trilhos. "Se seus resultados são muito negativos", acrescenta Brown, "falaremos depois da aula." Tais conversas envolvem uma série de questões e sugestões sobre quais ações o executivo pretende tomar para voltar a ter um desempenho conforme o planejado.

Mas nem os telefonemas nem as discussões "depois da aula" tinham o objetivo de passar um sermão. Como um executivo sênior (que estava na EDS desde o início) diz: "Tudo é feito de forma positiva e construtiva, não para deixar a pessoa sem graça. Mas pelo simples fato de isso existir, a natureza humana diz que você quer ser um dos melhores."

A conversa nem sempre é sobre números. Numa das primeiras reuniões, Brown relembra: "Um dos executivos declarou que estava preocupado com a crescente ansiedade e desconforto na organização e com a mudança rápida e intensa. Seu pessoal estava perguntando: 'Estamos andando muito rápido, estamos no limiar da negligência? Talvez a gente deva diminuir a velocidade, se acalmar, refletir um pouco.'"

Brown encarou a questão ao contrário – não por acaso, dando uma lição impressionante de orientação. "Eu agarrei essa oportunidade. 'Isso é um teste de liderança', eu disse. 'Eu queria que todos nesta *conference call* que estão preocupados com o fato de que nós provavelmente fracassaremos digam isso agora. Não tenham medo de falar. Se vocês acham que estamos cometendo um grande erro e indo rumo ao abismo, falem agora.'"

"Ninguém se manifestou. Então, eu disse: 'Se vocês estão preocupados, de onde vem essa preocupação? Eu não estou preocupado. O negócio é o seguinte: alguns de vocês dizem uma coisa, enquanto sua linguagem corporal diz outra. Vocês me mostram uma organização que está retorcendo as mãos, ouvindo boatos, ansiosa em relação ao futuro, e eu mostrarei a vocês que a liderança se comporta da mesma maneira. As pessoas imitam seus líderes. Se sua unidade está preocupada, vocês têm um problema, pois vocês disseram que não estão.'"

"E eu voltei ao assunto da liderança. 'Eis aqui seu teste de liderança; agora acalmem seu pessoal, passem informações para ele; atinjam o cerne de suas preocupações. Não consigo acreditar que suas preocupações se baseiam em fatos. Eu acredito que se baseiam na ignorância. E, se for o caso, a culpa é de vocês.'"

Brown organizou uma série de encontros de dois dias para os 150 principais executivos, apresentando a eles, pela primeira vez, os planos, as questões-chave e as finanças da empresa. "Quero que vejam o negócio do meu ponto de vista de CEO", Brown disse-lhes no primeiro encontro. "Isso engaja vocês no que estão fazendo. Vai colocar o foco de vocês nos problemas mais críticos que enfrentamos." Os encontros também propiciavam que diferentes pessoas trabalhassem juntas, não apenas naqueles momentos, mas durante o ano todo. "Conhecer um ao outro de modo que, quando trabalharmos juntos, associaremos um memorando, um e-mail ou um nome a um rosto", ele disse. "Estamos no mesmo time, e só podemos atingir nosso objetivo trabalhando juntos."

O recrutamento de pessoal recebeu uma atenção especial. Brown eliminou os escores dos executivos de mau desempenho. Sob nova liderança, o departamento de RH (rebatizado de Liderança e Gestão da Mudança) criou um sistema de remuneração que atrelava os incentivos ao desempenho, juntamente com um conjunto de ferramentas de avaliação com base na Web para ajudar os executivos de linha a melhorar sua avaliação das pessoas. Também estavam incluídos cursos de treinamento para líderes de todos os níveis, com enfoque nas necessidades específicas da organização. Os líderes que não conseguiam lidar com todas as mudanças recebiam orientação ou eram dispensados.

O próprio Brown pediu uma análise do desempenho de toda a força de vendas e descobriu, entre outras coisas, que 20% dos vendedores não tinham vendido nada nos seis meses anteriores. Ele disse para seus executivos de vendas: "O que vocês vão fazer com essas pessoas – e com seus supervisores?" Os 20% foram substituídos.

No seu impacto total na empresa, a reorganização de Brown foi ainda maior e mais complexa do que aquela que fracassou na Xerox. Brown essencialmente virou a EDS de cabeça para baixo. As unidades de negócios foram transformadas em uma nova organização de quatro linhas de negócios (as chamadas LOBs – line of business) centralizadas em segmentos de mercado maiores. A E Solutions oferecia uma completa gama de serviços para a "empresa ampliada", conectada eletronicamente a fornecedores e clientes, desde redes da cadeia de suprimentos até segurança na internet. A Gestão de Processos de Negócios oferecia a empresas e aos órgãos do governo processamento administrativo e financeiro, e gestão de relacionamento com os clientes. As soluções de informação venderiam terceirização de TI e comunicações, armazenamento gerenciado e gestão de sistemas de desktop. E a A. T. Kearney se especializaria em consultoria de alto nível e serviços de contratação de executivos (a EDS acrescentou uma quinta LOB, a PLM Solutions, que oferece gestão do ciclo de vida de produtos digitalizados – desde desenvolvimento até colaboração com os fornecedores – para empresas manufatureiras).

A nova estrutura era mais do que uma forma de dividir a empresa de acordo com os mercados. Foi desenhada de modo que a EDS pudesse alavancar totalmente seu capital intelectual pela primeira vez, estimulando as pessoas de todas as partes da organização a oferecer soluções para seus clientes. A colaboração entre as linhas de negócios permitiu que a EDS levasse para cada cliente uma proposta de valor baseada na sua capacidade total, de ponta a ponta – desde consultoria em estratégia de negócios até redesenho de processo e gerenciamento para *Web hosting*. Não funcionaria a menos que as pessoas das antigas unidades de negócios aprendessem não apenas seu novo trabalho, mas também novas formas de trabalhar juntas. Ao mesmo tempo, elas tinham de aumentar a produtividade a uma taxa de 4% a 6%, disponibilizando US$1 bilhão por ano para reinvestimento ou como lucro. Além disso, a velocidade de lançamento e a entrega de novos produtos não podiam diminuir.

A reestruturação radical foi bem-sucedida porque Brown colocou sua execução na mão de pessoas que teriam de fazer com que funcionasse. Foi montada uma equipe de sete executivos de diferentes áreas e regiões para que criassem o novo modelo. Reunindo-se regularmente com Brown, seu diretor de operações e seu diretor financeiro, produziram o modelo em 10 semanas, num esforço de sete dias por semana.

Em termos das exigências que fez dos líderes da EDS, a nova organização não poderia ter sido mais diferente em relação à antiga.

No passado, os chefes das unidades de negócios focavam apenas o sucesso de sua unidade. O novo modelo, no entanto, foi elaborado para maximizar os resultados para a empresa como um todo, exigindo cooperação entre todas as unidades de negócios. Para a maioria dos executivos, a experiência foi o primeiro gosto do que é trabalho em equipe. Nem sempre foi fácil. Eis o que um membro da equipe teve a dizer sobre o processo:

> *Éramos sete pessoas de diferentes* backgrounds, *com diferentes pontos de vista e opiniões diversas. Algumas eram mais voltadas para vendas, outras para entrega, outras para operações internacionais, algumas tinham conhecimento sobre o setor. E tivemos de concordar com antecedência que iríamos nos comprometer com o modelo que iríamos criar.*
>
> *Chegar ao modelo não foi fácil. Posso dizer que tivemos muitas brigas. Saíamos zangados do prédio e nos odiávamos por alguns dias. Ceder é difícil para mim. Sou uma pessoa muito forte e teimosa. Houve muitas ocasiões em que estava realmente frustrado. E havia dias em que saía das reuniões, entrava no carro e pensava literalmente: "Estamos destruindo a empresa." Eu tinha 20 anos de empresa; era uma família para mim e eu gostava de lá. Não podia suportar a ideia de que estávamos destruindo-a.*
>
> *É preciso, eu acho, algum processamento emocional e mental para fazer uma mudança tão radical, para entender que "o que fizemos antes nem sempre precisa ser do mesmo jeito que faremos no futuro, e você precisa estar aberto a isso". E, no final, ficamos mais próximos porque tivemos de atacar todos os pontos juntos. Foi verdadeiramente uma boa experiência de desenvolvimento.*

Enquanto isso acontecia, Brown intensificava o foco da empresa na qualidade dos serviços que prestava aos clientes, que havia decaído ao longo dos anos. "Excelência no serviço" tornou-se não apenas um mantra, mas também uma meta que figurava nos incentivos de desempenho de todos os executivos que lidavam com clientes e presidentes de LOBs. Hoje, 91% dos clientes da EDS classificam seu serviço como "bom" ou "excelente".

Os resultados no desempenho da EDS são evidentes. No final de 2001, a empresa tinha atingido uma receita recorde, obtido uma sólida participação de mercado e registrado 11 semestres consecutivos de crescimento de dois dígitos nas margens operacionais e ganhos por ação. O preço de sua ação subiu 65% desde que Brown assumiu. Depois da sessão executiva da reunião do conselho de dezembro de 2001, cada diretor da EDS se aproximou de Brown e, um a um, disse que não esperava que ele fosse conseguir mudar a cultura da empresa em menos de três anos e, ao mesmo tempo, alcançar um desempenho e resultados financeiros excepcionais.

* * *

Cada uma das três empresas citadas foi um ícone do mundo de negócios nos Estados Unidos. Xerox, Lucent (como Western Electric e Bell Labs) e EDS formaram seus setores, foram líderes durante anos e já foram empresas que serviram de *benchmarks* para seus concorrentes. Hoje, duas delas estão lutando para retomar uma pequena fração de sua antiga glória, enquanto a terceira recuperou seu brilho e pretende liderar o setor mais uma vez. A diferença? Execução.

A disciplina de execução é baseada num conjunto de elementos que cada líder deve usar para elaborar, implementar e fazer funcionar os três processos-chave de forma eficaz, rigorosa e consistente. Os Capítulos 3 a 5 aprofundarão nossas observações sobre esses elementos: os comportamentos essenciais do líder, uma definição operacional do modelo para a mudança cultural e as pessoas certas para os cargos certos.

PARTE II

OS ELEMENTOS DA EXECUÇÃO

CAPÍTULO 3

Elemento 1: Os sete comportamentos essenciais do líder

O que faz exatamente um líder que está encarregado da tarefa de executar? Como ele consegue evitar ficar preso a detalhes que envolvem a gerência de uma empresa? Há sete comportamentos essenciais que formam o primeiro elemento da execução:

- *Conheça seu pessoal e sua empresa.*
- *Insista no realismo.*
- *Estabeleça metas e prioridades claras.*
- *Conclua o que foi planejado.*
- *Recompense quem faz.*
- *Amplie as habilidades das pessoas pela orientação.*
- *Conheça a si próprio.*

CONHEÇA SEU PESSOAL E SUA EMPRESA

Os líderes têm de *viver* suas empresas. Em empresas que não executam, os líderes, em geral, não têm contato com a realidade do dia a dia. Eles recebem muita informação, mas filtrada – apresentada pelos seus subordinados diretos com suas próprias percepções, limitações e agendas ou coletada por outros funcionários com suas próprias perspectivas. Os líderes não estão onde a ação está. Não estão envolvidos com a empresa, por isso não conhecem sua organização de forma abrangente, e seu pessoal não a conhece de verdade.

LARRY: Suponha que um líder vá a uma fábrica ou sede da empresa e fale para as pessoas que estão lá. Ele é sociável e bem-educado. Mostra um interesse superficial pelos filhos de seus subordinados – como estão indo na escola, o que eles acham da comunidade, e assim por diante. Ou ele conversa sobre a World Series, o Super Bowl ou sobre o time local de basquetebol. Pode fazer algumas perguntas superficiais sobre o negócio, como: "Qual o nível de receita?" Esse líder não está envolvido no negócio.

Quando a visita termina, alguns dos gerentes podem sentir alívio, pois tudo parece ter corrido bem. Mas os gerentes que são bons ficarão desapontados. Perguntarão a si próprios: *Qual foi o ponto?* Tinham se preparado para perguntas difíceis – boas pessoas gostam de ser sabatinadas, pois sabem mais sobre o negócio do que o líder. Irão sentir-se frustradas e sem energia. Não tiveram a chance de causar uma boa impressão para o líder, e este, com certeza, tampouco causou uma boa impressão.

E, é claro, o líder não aprendeu nada. Na próxima vez que ele fizer prognósticos sobre a empresa, a imprensa ou os analistas de valores mobiliários podem ficar impressionados, mas os funcionários saberão mais. Eles se perguntarão: "Como ele pôde dizer essas coisas com tanta confiança quando não tem a mínima ideia sobre o que está acontecendo aqui?" É mais ou menos o que faziam os políticos americanos que costumavam ir ao Vietnã, dar uma olhada em volta, conversar com os chefes dos comandos militares, analisar algumas estatísticas e, então, proclamar que a guerra estava sendo ganha e que eles podiam ver a luz no fim do túnel. Certo!

Quando eu vou a uma fábrica, é porque ouvi algumas coisas sobre o gerente e preciso confirmar pessoalmente o que ouvi. Se ouvi dizer que ele é eficiente, vou tentar reforçar suas habilidades. Vamos ter uma conversa detalhada. Eu sei que ele vai fazer algumas coisas boas, mas vou lhe dizer algumas coisas nas quais ele não havia pensado antes. Se ouvi que ele é ruim, vou decidir se é capaz de fazer o trabalho ou não. E quero ver que tipo de equipe ele tem, por isso posso aprofundar as perguntas para ter uma impressão mais nítida e mais consistente.

Em seguida, falo com o máximo de pessoas que consigo na fábrica. Passo meia hora fazendo uma apresentação sobre onde a empresa está. Então, respondo perguntas durante uma hora. Posso perceber, pelas perguntas feitas e através do diálogo, como o gerente se comunica com seus subordinados. Se ninguém fizer perguntas, sei que não é uma comunidade aberta. Se as pessoas têm medo de me fazer uma pergunta difícil como "Qual será nosso bônus este ano?", eu sei que não vai ser um intercâmbio livre de ideias.

O líder do sindicado está lá também. Ele ouve minha história e me pergunta se haverá mais demissões. Minha resposta é: "Ainda não decidimos. Os clientes ajudam a decidir se uma fábrica vai ficar aberta ou não. Nesse caso, temos de nos tornar competitivos em termos de custos – e rapidamente. Isso significa que a produtividade da fábrica tem de melhorar muito." O ponto é que, quando você pesquisa, aprende coisas e seu pessoal também. Todos ganham com o diálogo. E você aumenta a importância da liderança na fábrica, permitindo que ela fale sobre o negócio.

Eis um exemplo típico de uma viagem. Alguns meses atrás, depois de voltar para a Honeywell, visitei uma fábrica em Freeport, Illinois, que fazia sensores. Era um antigo negócio da Honeywell que não era a última palavra em termos de práticas contemporâneas, exceto que tinha iniciativas muito produtivas Seis Sigma e de digitalização. Ninguém havia pedido para a liderança implementar essas iniciativas. Os líderes decidiram que essa era a coisa certa a fazer. O gerente que dirigia a fábrica era muito inteligente.

"As coisas parecem bem por aqui", eu disse a ele, mas havia problemas também. Conversarmos longamente sobre seus funcionários. “Há quanto tempo essas pessoas estão aqui ou fazendo o mesmo trabalho?”, perguntei. Muitas estavam lá há muito tempo. “São boas pessoas”, eu disse, “mas vamos transferi-las, promovê-las, de modo que você possa trazer novos funcionários de vez em quando, com novos pontos de vista. Você tem de trazer outras pessoas com novas ideias ou estará sempre se repetindo. Em outras palavras, você ouve as ideias das pessoas que estão lá e perde os novos pontos de vista dos recém-chegados.”

Então, eu perguntei por que o pessoal de Qualidade se reportava à Manufatura. “É como colocar a raposa tomando conta do galinheiro”, eu disse. “Quero que Qualidade analise Manufatura.” Em seguida, perguntei: “Por que o cara do Desenvolvimento não está aqui? Você quer fazer algumas aquisições e ele está fora, fazendo alguma outra coisa hoje, mas deveria realmente estar aqui conversando comigo.” Ele me deu uma desculpa esfarrapada. Então, me mostrou os produtos que a fábrica manufaturava e fez um bom trabalho.

Mas falhou em suas previsões. “Não conseguimos prever a queda na atividade comercial”, ele disse. Quando perguntei o motivo, disse que não tinha certeza – ele me disse que costumava usar um sistema baseado no índice de produção industrial, que tem uma correlação de 74% com seu negócio. Pesquisei e descobri que eram 74% em retrospecto – isso não é previsível. Conversamos um pouco sobre isso, e ele concordou que tentaria encontrar alguma coisa que fosse mais útil. Mas, menos do que no índice em si, eu estava interessado em como ele *achava* que o índice previa as receitas para o negócio.

Então, conversei com seus funcionários, juntamente com ele. Quando o encontrei outra vez posteriormente, eu disse: “Você tem nove fábricas para um negócio de US$600 milhões. Você deveria ter menos fábricas.” Ele sabia disso, mas agora tinha de decidir quais fechar. Além disso, as fábricas faziam tudo que era necessário para manufaturar os produtos. “Você tem de terceirizar alguma coisa para outras empresas que podem fazer isso de forma mais econômica”, eu disse. “E, a propósito, decida o que terceirizar antes de saber quais fábricas fechar, pois queremos saber como será a configuração final.”

As pessoas na reunião tinham me dito que haviam feito algumas inovações tecnológicas. Mas não tinham um advogado de patentes, por isso eu perguntei quem protegia a propriedade intelectual. Perguntei sobre leilões eletrônicos e disse ao gerente que ele tinha de comprar algumas coisas dessa forma, pois era mais barato. Ele admitiu que estavam desatualizados quanto a isso. Finalmente, a empresa tinha uma miscelânea de sistemas (um problema muito comum, a propósito). Eu disse que ele precisava fazer esses sistemas conversarem entre si sem gastar uma fortuna. Ele me disse que iria descobrir como fazer isso.

No entanto, essas são as boas notícias. Eu estava tentando reviver o programa Seis Sigma da empresa, que havia sido deixado de lado na minha ausência. Mas o programa Seis Sigma do gerente estava justamente acima de todas as outras coisas. Precisava de poucos ajustes, mas ele tinha muitos faixas pretas – pessoas com o máximo de conhecimento na disciplina. Seu pessoal estava trabalhando nos projetos certos e tinha todas as métricas corretas para os clientes. Seu esforço de digitalização era também muito bom. E, outra vez, ele fez isso sem a influência da matriz. Era impressionante.

Eis aqui o que nós dois combinamos fazer para melhorar o negócio. Ele tinha de formar um *mix* de pessoas, senão os cérebros iam acabar mofando. Ele não podia ter tantas fábricas. Tinha de terceirizar mais para tornar os custos competitivos. Tinha de proteger sua propriedade intelectual – era nossa vantagem competitiva. Precisava começar a participar de leilões eletrônicos para que comprasse de forma mais inteligente. E tinha de descobrir como integrar melhor seus sistemas.

Eu o deixei com alguns desafios muito importantes, mas ele era um homem admirável num mau ano. Estava fazendo as coisas certas e sabia como agir em relação ao que estava faltando.

⋆ ⋆ ⋆

O que conseguimos com essa visita?

RAM: Primeiramente, ambas as partes chegaram a um acordo bastante claro sobre o que o gerente precisava fazer para melhorar o negócio. Em segundo lugar, foi um bom exercício de orientação. As perguntas difíceis de Larry fizeram o gerente enxergar a realidade de seu negócio mais claramente e prestar mais atenção no ambiente externo. O gerente e seu pessoal entenderam o ponto de vista do CEO sobre vantagem competitiva. E o diálogo os ensinou como pensar sobre o negócio de uma forma mais analítica e rigorosa. Em terceiro lugar, Larry encorajou e motivou a equipe da fábrica, energizando-a. Esse é o *modus operandi* de um processo consistente que torna a empresa mais competitiva.

A palavra-chave é "consistente". Os líderes que buscam se relacionar com as pessoas à sua volta resumiram os desafios da unidade de negócios que estão visitando em meia dúzia de questões-chave. Esses desafios não mudam muito em curtos períodos de tempo, e líderes como Larry dominam toda a empresa através de uma pequena lista que é transmitida para todas as unidades de negócios.

Estar presente permite que você, como líder, se comunique diretamente com seu pessoal, e os relacionamentos pessoais ajudam você a formar sua intuição sobre o negócio e sobre as pessoas que os gerenciam. Eles também ajudam a personalizar a missão que você está pedindo que as pessoas realizem. Os relacionamentos pessoais de Dick Brown em todos os níveis da organização na EDS instituíram um grau de comprometimento e paixão que não existia antes. Não conhecemos nenhum grande líder, seja na área empresarial, política, militar, religiosa ou qualquer outra, que não tenha estabelecido seus relacionamentos pessoais.

LARRY: Como líder, você tem de se mostrar. Tem de fazer avaliações do negócio. Não pode estar apartado, isolado e ausente. Quando vai a uma fábrica e analisa como funciona, as pessoas podem não gostar do que você fala, mas dirão: "Pelo menos, ele se importa o suficiente com minha unidade de negócios para vir aqui e analisá-la conosco hoje. Ficou aqui durante quatro horas. Ele nos perguntou tudo o que tinha direito." As boas pessoas querem isso. É uma forma de aumentar a dignidade delas. É uma forma de mostrar consideração e recompensá-las pelo seu trabalho.

É também uma maneira de encorajar um diálogo honesto, que pode às vezes fazer com que as pessoas se sintam magoadas se levarem as coisas para o lado pessoal. Mas o diálogo não deve ser mesquinho. Vamos supor que você tenha uma discussão acalorada com alguém. Você não concorda com o que a pessoa está fazendo, mas no final vocês acabam se entendendo. Pode escrever para ela e dizer: "Ótima discussão sobre o plano de crescimento para seu grupo. Aprecio você ter exposto seus pontos de vista, sua franqueza e sua insistência para que enfrentássemos a realidade." Você não vai para casa zangado e não quer que a pessoa vá também. Você está tentando promover a habilidade de debater intelectualmente pontos importantes. Não importa quem ganha ou perde. O fato de o debate ter acontecido e ter-se chegado a uma solução é bom por si próprio.

Na Honeywell, depois de fazer uma avaliação de uma unidade de negócios, eu escrevo uma carta formal para o líder, resumindo as coisas que ele assumiu que faria. Mas também escrevo uma nota pessoal dizendo: "Gary, bom trabalho ontem. A produtividade não está de acordo com os padrões, e você vai ter de trabalhar em cima disso. Por outro lado, as coisas estão indo bem." É só uma nota, leva cinco minutos. Mas esses cartões estão por toda a empresa – as pessoas mostram umas às outras e depois os guardam.

Se um gerente estiver tendo problemas, você não quer ameaçá-lo de demissão – quer ajudá-lo a encontrar a solução. A relação pessoal torna isso mais fácil também. Portanto, continue se concentrando nas relações pessoais de todas as formas. E então, quando ele ligar para você um dia e disser "Recebi uma proposta para ir para outra empresa", você o conhece; ele conhece você. E você diz: "Bom, Sam, por que você quer fazer isso? Você está se saindo bem aqui. Tem um bom futuro por aqui"; e assim por diante. Na maioria das vezes, você poderá reter essas pessoas. Sem esse relacionamento pessoal, você é apenas um nome.

Estabelecer um relacionamento pessoal nada tem a ver com estilo. Você não precisa ser carismático ou uma pessoa ligada à área de vendas. Não importa qual seja a sua personalidade. Mas você precisa mostrar que tem a mente aberta e um comportamento positivo. Seja informal e tenha senso de humor. Uma avaliação do negócio deve tomar a forma de um diálogo socrático e não de um interrogatório. Tudo o que você precisa provar é que se importa com as pessoas que estão trabalhando para você. Não importa qual seja a personalidade delas, isso é uma relação pessoal.

* * *

O relacionamento pessoal é particularmente importante quando um líder começa uma nova iniciativa. O mundo dos negócios está repleto de iniciativas que falharam. Ideias boas e importantes são lançadas com muito alarde, mas seis meses ou um ano depois vão por água abaixo e são rejeitadas como inviáveis. Por quê? Nos níveis mais baixos da organização, os gerentes sentem que a última coisa de que precisam é de mais um projeto que irá consumir o tempo deles, cujos mérito e resultado são incertos, por isso eles não se preocupam. "Este também vai passar", eles dizem, "justamente como a última ideia brilhante do mês." Resultado: a empresa perde tempo, dinheiro e energia, e o líder perde credibilidade, geralmente sem perceber que o fracasso é uma acusação pessoal.

O envolvimento, o entendimento e o comprometimento do líder são necessários para superar essa resistência passiva (ou, em muitos casos, ativa). Ele não tem apenas de anunciar a iniciativa, mas defini-la claramente e deixar clara sua importância para a organização. Ele não consegue fazer isso a menos que entenda de que modo ela irá funcionar e o que realmente significa em termos de benefícios. Então, precisa acompanhá-la de perto para ter certeza de que todos a estão levando a sério. Outra vez, ele não consegue fazer isso se não entender os problemas que vêm com a implementação, conversar sobre eles com o pessoal que a está realizando e deixar claro – repetidamente – que ele espera que todos a executem.

RAM: Em meados da década de 1990, um amigo contou a Jack Welch sobre uma nova metodologia para conseguir um aumento expressivo no giro do estoque nas operações industriais. Relativamente poucos líderes de negócios entendiam então o que uma poderosa ferramenta para o giro mais rápido do estoque significava em termos de gerar caixa e aumentar o retorno sobre o investimento. A GE, disse o amigo de Welch, poderia gerar caixa se conseguisse aumentar o giro do estoque em toda a empresa. Ele deu a Jack Welch o nome de um especialista nessa metodologia, Emmanuel Kampouris, o CEO da American Standard. Naquela época, a American Standard tinha atingido em algumas fábricas mais de 40 giros do estoque em comparação a quatro, na maioria das empresas.

Welch ficou entusiasmado com a ideia, mas não estava satisfeito em conhecer apenas o conceito – ele queria entender como a coisa funcionava pessoalmente. Em vez de mandar alguém da área de manufatura para investigar, fez uma visita a Kampouris e passou várias horas com ele.

Então, ele deu continuidade a isso para aprender como se fazia desde o início. Aceitou um convite para dar uma palestra na American Standard. Durante o jantar que se seguiu, sentou-se entre dois gerentes de fábrica de Kampouris, um do Brasil e outro do Reino Unido, cujas fábricas tinham atingido um giro de estoque de 33 e 40, respectivamente. Welch passou a noite toda fazendo perguntas sobre os detalhes – as ferramentas, a arquitetura social, como eles venciam a resistência em relação à nova metodologia.

O presidente do conselho da GE não tinha nada melhor a fazer com seu tempo? É claro que não. Ao se envolver profunda e pessoalmente com o assunto, ele aprendeu o que precisava para executar tal iniciativa na GE. Aprendeu quais habilidades e atitudes deveriam ser exigidas das pessoas e quais recursos seriam necessários. Assim, foi capaz de fazer as mudanças necessárias acontecerem rapidamente numa empresa tão grande. Quando Welch se aposentou em 2001, o giro do estoque havia dobrado – chegava a 8, 5.

INSISTA NO REALISMO

O realismo é o cerne da execução, mas muitas organizações estão repletas de pessoas que tentam evitá-lo ou encobri-lo. Por quê? Porque torna a vida desconfortável. As pessoas não querem abrir a caixa de Pandora. Elas querem esconder os erros ou ganhar tempo para descobrir uma solução, em vez de admitir que não têm uma resposta no momento. Querem evitar as confrontações. Ninguém quer ser um mensageiro que leva um tiro ou um causador de problemas que desafia a autoridade de seus superiores.

Às vezes, os líderes negam a realidade. Quando pedimos para eles descreverem os pontos fortes e fracos de suas empresas, geralmente descrevem os pontos fortes muito bem, mas não são tão bons para identificar os pontos fracos. E quando perguntamos o que eles pretendem *fazer* em relação aos pontos fracos, a resposta raramente é clara ou coerente. Eles dizem: "Temos de atingir nossas metas financeiras." Bem, é claro que temos de atingir nossas metas; a questão é *como* fazer isso.

Foi realista para a AT&T adquirir várias empresas de cabo se não sabia como gerenciá-las? Os indícios mostram que não. Foi realista para Richard Thoman lançar simultaneamente duas iniciativas ambiciosas na Xerox sem conseguir ter seus líderes? É claro que não.

Como se faz do realismo uma prioridade? Comece por ser realista. Então, certifique-se de que o realismo irá permear todo o diálogo na organização.

LARRY: Adotar o realismo significa sempre ter um ponto de vista realista de sua empresa, comparando-a com outras. Você está sempre observando o que está acontecendo nas empresas em todo o mundo e mensurando seu próprio progresso, não internamente, mas externamente. Você não pergunta apenas: "Fiz progressos do ano passado para cá?" Você pergunta: "Como vou fazer em comparação com outras empresas? Elas fizeram muito progresso?" Eis a forma realista de olhar para sua empresa.

É chocante ver como muitas pessoas não querem enfrentar os problemas de forma realista. Não se sentem à vontade fazendo isso. Quando assumi a liderança na AlliedSignal, por exemplo, eu tinha duas visões diferentes de nosso pessoal e de nossos clientes. Enquanto nosso pessoal dizia que estávamos alcançando um índice de atendimento de pedidos de 98%, nossos clientes achavam que era de 60%. A ironia era que, em vez de tentarmos resolver as reclamações dos clientes, parecia que tínhamos de mostrar que estávamos certos, e eles, errados.

Nas mesas-redondas que faço quando visito uma fábrica, pergunto às pessoas: "O que estamos fazendo certo e o que estamos fazendo errado?" Então, pergunto: "O que vocês gostam na Honeywell e o que não gostam?" Algumas pessoas têm pequenas queixas, enquanto outras vêm a mim pessoalmente. Mas a maioria tem boas informações e pontos de vista. Tomo nota e discuto posteriormente com o gerente.

Quando visito as classes de administração no centro de treinamento, falo por 10 minutos, respondo às perguntas durante mais ou menos meia hora e então cumprimento todos e faço a eles as mesmas perguntas de quando vou visitar as fábricas. Assim, as pessoas saem de lá entendendo claramente que realismo é importante. Elas dizem para seus chefes: "Bem, eu vi Bossidy. Disse a ele o que estava errado." E os chefes delas então ficam sabendo que eu sei.

O aprendizado acontece em ambos os lados. Eu posso aprender, por exemplo, que a falta de colaboração entre duas empresas impede a geração de novas receitas dos clientes. Ou que uma iniciativa importante não está sendo devidamente priorizada em algumas unidades de negócios. O outro lado fica sabendo sobre a empresa como um todo – onde eu vejo que há real progresso e onde não estou satisfeito.

ESTABELEÇA METAS E PRIORIDADES CLARAS

Os líderes que executam se concentram em algumas poucas prioridades claras que todos podem entender. Por que apenas algumas?

Primeiramente, qualquer pessoa que pense segundo a lógica de um negócio verá que focar três ou quatro prioridades produzirá os melhores resultados a partir dos recursos disponíveis. Em segundo lugar, as pessoas em organizações contemporâneas precisam de um pequeno número de prioridades claras para executar bem. Em uma companhia hierárquica antiga, isso não era um grande problema – as pessoas, em geral, sabiam o que fazer, pois as ordens vinham através da cadeia de comando. Mas, quando a tomada de decisão é descentralizada ou muito fragmentada, como numa organização matricial, as pessoas em muitos níveis têm de fazer *trade-offs* intermináveis. Há competição por recursos e ambiguidade sobre os direitos de decisão e sobre as relações de trabalho. Sem prioridades cuidadosamente pensadas e definidas, as pessoas podem perder seu tempo em uma guerra sobre quem consegue o quê e por quê.

Um líder que diz "Tenho dez prioridades" não sabe o que está falando – ele próprio não sabe quais são as coisas mais importantes. Você precisa ter poucas metas e prioridades realistas que influenciam o desempenho geral da organização.

Por exemplo, a principal meta da Lucent em 2002 é sobreviver até que a demanda por seus produtos aqueça novamente. Sua dívida é tão alta que a classificação foi rebaixada e ela esteve perto de violar os acordos com os credores. Por isso, a prioridade máxima da Lucent é conservar o caixa. Isso se traduz em manter os recebíveis e o estoque num mínimo, vender os ativos que não são realmente necessários, terceirizar a produção e reduzir custos. Sua segunda prioridade é concentrar-se nos clientes para que possa construir uma base de receitas duradoura. Essa prioridade está na cabeça de todos e tem uma enorme influência no comportamento do dia a dia.

Além de definir metas claras, você deve procurar a simplicidade. Uma coisa que você notará a respeito dos líderes que sabem executar é que eles falam simples e diretamente sobre o que pensam. Sabem como simplificar as coisas de modo que os outros possam entendê-las, avaliá-las e agir sobre elas, de modo que aquilo que é dito por eles se torna senso comum.

Às vezes, é preciso um olhar diferente para explicitar quais são as prioridades. Em agosto de 2000, a maior cadeia de varejo do mundo na sua categoria escolheu um novo CEO. A cadeia varejista estava perdendo terreno para os concorrentes. Surpreendida pelo entusiasmo das ambições "revolucionárias", buscou oportunidades em comércio eletrônico e em outras áreas não relacionadas à cadeia de lojas e perdeu o foco na execução de seu negócio principal. O preço das ações havia caído dois terços no último ano.

A alta gerência recomendou com insistência que o novo CEO ampliasse o negócio, construindo mais lojas. Mas o CEO, que subiu na empresa por ser uma pessoa voltada para a execução e com os pés no chão, sentiu que a empresa já estava correndo atrás de oportunidades demais. Ele resolveu que melhorar o desempenho das lojas existentes era sua prioridade máxima, e fez seu pessoal se concentrar no aumento das margens brutas e vendas comparáveis (melhorando as vendas da mesma loja de ano para ano).

Ele tomou três medidas para traduzir essas metas em ações. Primeiramente, sentou com seus 10 subordinados diretos para explicar as metas e discutir sua implementação – como poderiam ser atingidas, quais obstáculos tinham de ser superados e como o sistema de incentivos tinha de ser mudado. Então, reuniu cerca de 100 executivos de loja e de merchandising para um encontro de dois dias. Ensinou-lhes sobre a anatomia do negócio, explicando de forma direta e simples coisas como o que havia acontecido com o crescimento das vendas e o porquê; quais fatores, como o fluxo de logística, estavam afetando a estrutura de custos; e como estava faltando entendimento entre o pessoal do merchandising e as lojas, e quais eram as consequências disso. Estabeleceu metas claras para os quatro semestres seguintes e discutiu com eles como cumprir as metas. Antes de os executivos irem embora, cada um tinha um plano de ação de 90 dias e um acordo claro sobre como segui-lo até o final. Por fim, ele organizou um encontro de dois dias com várias centenas de gerentes de merchandising e de loja.

A partir de dezembro de 2001, as margens brutas da cadeia varejista tinham melhorado significativamente e o preço da ação havia dobrado.

CONCLUA O QUE FOI PLANEJADO

Metas claras e simples não significam muito se ninguém as levar a sério. A falha em dar continuidade às ações é geral nas empresas e a principal causa da má execução. A quantas reuniões você já compareceu nas quais as pessoas vão embora sem conclusões firmes sobre quem ia fazer o quê e quando? Todos podem ter concordado que a ideia era boa, mas, como ninguém foi responsabilizado pelos resultados, nada aconteceu. Surgem outras coisas que parecem mais importantes ou as pessoas decidem que não era uma ideia tão boa assim (talvez elas até já pensassem isso durante a reunião, mas não falaram nada).

Por exemplo, uma empresa de alta tecnologia foi duramente afetada pela recessão de 2001, sofrendo um declínio de 20% em suas receitas. O CEO estava analisando o plano operacional revisado para uma de suas mais importantes divisões. Ele parabenizou o presidente da divisão por ter conseguido, junto com seu pessoal, reduzir sua estrutura de custos, mas notou que a unidade ainda estava aquém de sua meta de retorno sobre o investimento. E ofereceu uma possível solução. Ele havia recentemente aprendido sobre a importância da rapidez e sugeriu que a divisão poderia obter ganhos reais trabalhando com seus fornecedores para aumentar o giro do estoque. "O que você acha que pode fazer?", ele perguntou para o gerente de compras. O gerente respondeu que, com alguma ajuda da engenharia, achava que poderia fazer melhorias substanciais. "Eu precisaria de uns 20 engenheiros", o gerente acrescentou.

O CEO voltou-se para o vice-presidente da engenharia e perguntou se ele poderia ceder os engenheiros para realizar a tarefa. O vice-presidente pigarreou e tossiu por meio minuto. Então, disse num tom frio: "Os engenheiros não querem trabalhar para compras." O CEO olhou para o vice-presidente por alguns minutos. Finalmente, disse: "Estou *certo* de que você irá transferir 20 engenheiros para compras na segunda-feira." Então andou em direção à porta, virou-se, olhou para o executivo de compras e disse: "Quero que você agende uma videoconferência mensal entre você, a engenharia, o diretor financeiro, o gerente da manufatura e eu para analisarmos o progresso desta iniciativa tão importante."

O que o CEO fez nesse caso? Primeiramente, trouxe à tona um conflito que comprometia as metas. Em segundo lugar, criando um mecanismo de acompanhamento da iniciativa, assegurou que cada um fizesse o que deveria fazer. Isso incluía o presidente da divisão, que ficou passivamente na zona neutra até que o CEO deu um ultimato. E a ação do CEO mandou um sinal para toda a empresa de que os demais funcionários também poderiam ser cobrados de suas responsabilidades.

RECOMPENSE QUEM FAZ

Se você quer que as pessoas produzam resultados específicos, precisa recompensá-las à altura. Esse fato parece tão óbvio que não precisaria ser dito. Mas muitas organizações fazem um trabalho tão deficiente no sentido de atrelar os incentivos ao desempenho que não há quase nenhuma correlação entre os dois. Elas não fazem distinção entre aqueles que atingem resultados e aqueles que não atingem, tanto no salário-base quanto no bônus ou nas opções de ações.

LARRY: Quando vejo empresas que não executam, as chances são de que elas não avaliam o desempenho, não recompensam de acordo e não promovem as pessoas que sabem como fazer as coisas acontecerem. Os aumentos de salários em termos de porcentagem são muito próximos entre os que apresentam melhor desempenho e os que não apresentam. Não há quase nenhuma diferenciação no bônus, nas opções de ações ou na concessão de ações. Os líderes precisam de confiança para explicar para um subordinado direto por que ele obteve uma recompensa menor do que esperava.

Um bom líder se certifica de que a organização faz essas distinções e garante que elas se tornem parte da cultura de toda a organização. Caso contrário, as pessoas pensam que estão num regime socialista. Isso é o tipo de coisa que você não quer quando luta por uma cultura de execução. Você tem de deixar bem claro a todos que os incentivos e o respeito são baseados no desempenho.

No Capítulo 4, explicaremos por que tantas empresas não recompensam quem faz e como aqueles que executam fazem isso.

AMPLIE AS HABILIDADES DAS PESSOAS PELA ORIENTAÇÃO

Como líder, você adquiriu muito conhecimento e experiência – até mesmo sabedoria – ao longo do caminho. Uma das partes mais importantes de seu trabalho é passá-los para a próxima geração de líderes. É assim que você amplia as habilidades de todos na organização, individual e coletivamente. É assim que você obterá resultados hoje e deixará um legado do qual poderá orgulhar-se quando seguir em frente.

Orientar é a parte mais importante do trabalho de ampliar as habilidades das outras pessoas. Você certamente já ouviu o ditado: "Dê um peixe para um homem e estará alimentando-o por um dia; ensine-o a pescar e você estará alimentando-o pela vida inteira." Isso é dar orientação. É diferente de dar ordens e ensinar as pessoas como fazer as coisas. Bons líderes consideram cada encontro uma oportunidade para orientar.

RAM: A forma mais eficiente de orientar é observar uma pessoa em ação e então dar feedback específico. O feedback deve destacar exemplos de comportamento e desempenho que são bons ou que precisam ser mudados.

Quando o líder discute questões de negócio e organizacionais num contexto de grupo, todos aprendem. Lidar em equipe com questões desafiadoras, explorando os prós, os contras e as alternativas, e decidindo quais fazem sentido, aumenta a capacidade das pessoas, individual e coletivamente – se isso for feito com honestidade e confiança.

A habilidade de dar orientação é a arte de questionar. Fazer perguntas diretas força as pessoas a pensar, a descobrir e a buscar. Eis um exemplo que observei numa análise de planejamento em uma grande empresa multinacional americana. O chefe de uma das maiores unidades de negócios estava planejando sua estratégia para levar sua divisão do terceiro para o primeiro lugar no mercado europeu. Um plano ambicioso que dependia de ganhar participação de mercado agressiva e rapidamente na Alemanha. "Foi uma apresentação motivadora", disse o CEO depois que ela terminou. Mas ele notou que a Alemanha era a sede do concorrente global mais forte da unidade de negócios, o qual era quatro vezes maior. "Como vamos ganhar participação de mercado?", ele perguntou. "Quais clientes vamos conseguir? Quais produtos e que tipo de vantagem competitiva serão necessários para bater nosso concorrente alemão, ganhar e sustentar participação de mercado?"

O chefe da divisão não tinha as respostas para essas questões. O CEO então passou a avaliar as habilidades da organização. "Quantos vendedores você tem?", ele perguntou. "Dez", o líder respondeu. "Quantos vendedores seu principal concorrente tem?" Resposta – eu mal pude ouvir o homem, ele estava tão encabulado: "Duzentos." A última pergunta do CEO foi mais uma afirmação. "Quem é o gerente na Alemanha? Ele não estava em outra divisão até alguns meses atrás? Quantos níveis existem entre você e o gerente da Alemanha?"

Com perguntas simples, mas fundamentais, o CEO tinha exposto os pontos fracos da estratégia que resultariam certamente num fracasso em execução.

Muitos CEOs terminariam a conversa ali, deixando o chefe da divisão derrotado e se sentindo o último dos mortais. E, ao fazer isso, teriam perdido uma grande oportunidade de dar orientação para todos os líderes na reunião, ajudando-os com vistas ao seu crescimento pessoal e ao crescimento da empresa. Mas o objetivo desse CEO era educar a equipe sobre como planejar de forma realista.

"Deve existir alguma forma de fazer este plano funcionar", ele observou. "Em vez de tentar um ataque geral, por que não segmentar o mercado e identificar os pontos fracos do concorrente, ganhando na rapidez da execução? Quais são as lacunas na sua linha de produtos? Você pode fazer algum tipo de inovação para preencher essas lacunas? Você pode identificar e focar os clientes que provavelmente irão comprar os produtos?"

No final da reunião, o líder – energizado pelo desafio – concordou em repensar o plano e retornar em 90 dias com uma opção mais realista. E todos aprenderam uma importante lição sobre a anatomia de um processo estratégico.

⋆ ⋆ ⋆

Os mesmos princípios se aplicam à orientação dada a uma pessoa reservadamente. Qualquer que seja seu estilo – se você é gentil ou muito direto –, seu objetivo é fazer perguntas que façam vir à tona a realidade e dar às pessoas a ajuda de que precisam para corrigir os problemas.

LARRY: Vamos supor que você tenha uma pessoa que cumpre todas as metas financeiras, todos os compromissos assumidos, mas seu comportamento é horrível. Charlie faz as pessoas trabalharem sete dias por semana, ele é do tipo que grita, não quer contratar mulheres. Você o chama e diz: "Gosto de você, Charlie, mas as coisas que você está fazendo vão impedi-lo de cumprir suas metas financeiras mais para a frente. As pessoas não vão mais apoiar esse tipo de absurdo. Você tem algumas opções. Vou ser seu orientador. Vou falar pessoalmente com você. Quero que esse comportamento mude; do contrário, você não irá longe ou vai ter de sair."

Charlie pode argumentar que seu comportamento não é tão ruim. Você lhe mostra as evidências: "OK, eu tenho 10 pessoas aqui que dizem que *é* ruim. Todas estão erradas? Você não as faz vir trabalhar nos finais de semana? Tenho um livro com as datas que mostra que todo o seu pessoal vem aqui aos sábados e domingos. Eu já disse para todos aqui: 'Não quero vocês aqui todos os domingos.' Isso é mentira?" "Não." "Bom, então seu comportamento é ruim, certo?" "Certo." "Agora, vamos pensar como resolver isso. Isso não é o fim do mundo, mas precisamos dar um jeito."

Às vezes, pessoas como Charlie conseguem resolver o problema e às vezes não. Se falharem, você tem de se ver livre delas, pois, no final, isso afetará os resultados. Não é apenas uma questão de números; é de comportamento.

O treinamento é uma parte importante na ampliação das habilidades das pessoas – se for tratado de forma correta. Muitas empresas são quase promíscuas em relação a isso, oferecendo uma abundância de cursos genéricos em gerenciamento ou liderança e colocando pessoas demais neles.

Em uma empresa que conheço, todos os gerentes com direito a bônus passaram pelo programa de desenvolvimento de executivos. Era uma total perda de tempo para 50% deles. Você precisa analisar quais pessoas têm potencial para tirar alguma coisa de útil desse curso e que pontos específicos você quer atingir com o treinamento para ampliar as habilidades da organização.

Na Honeywell, nossa estratégia de aprendizado é baseada no tipo de habilidades organizacionais que as pessoas necessitam ter. Algumas delas incluem ferramentas que as pessoas precisam aprender a manejar – Seis Sigma, digitalização, gerenciamento do fluxo de materiais através de uma célula de trabalho por equipes autodirigidas. Algumas são mais gerais, relacionando-se ao desenvolvimento dos executivos. Nesse caso, o melhor aprendizado vem de lidar com problemas de negócios reais. Pedimos às pessoas para que identifiquem três ou quatro problemas que a empresa enfrenta e formamos equipes para trabalhar nas questões.

Tenha em mente que 80% do aprendizado acontece fora da sala de aula. Cada líder e supervisor precisa ser um professor; o aprendizado na sala de aula deve disponibilizar as ferramentas de que as pessoas precisam.

CONHEÇA A SI PRÓPRIO

Todos concordam da boca para fora com a ideia de que liderar uma organização requer força de caráter. Na execução, é absolutamente fundamental. Sem o que chamamos de firmeza emocional, você não pode ser honesto consigo próprio, lidar honestamente com a realidade do negócio e da organização ou fazer avaliações francas das pessoas. Você não consegue tolerar a diversidade de pontos de vista, mentalidades e *backgrounds* pessoais que as organizações necessitam para evitar crescer para dentro de si próprias. Se não consegue fazer isso, você não consegue executar.

É preciso firmeza emocional para estar aberto a qualquer informação que seja necessária, não importa se você goste ou não de ouvir. A firmeza emocional lhe dá a coragem para aceitar pontos de vista que são o oposto do seu e tratar dos conflitos, e a confiança para encorajar e aceitar os desafios num ambiente de grupo. Permite que você aceite e lide com seus próprios pontos fracos, seja firme com as pessoas que não estão desempenhando bem e lide com a ambiguidade inerente de uma organização que se move rapidamente e é complexa.

RAM: Você certamente percebeu que o melhor líder não é, em geral, a pessoa mais brilhante da turma ou aquela que sabe mais sobre o negócio. O que dá a essa pessoa mais confiança para ser líder em relação aos outros que são nitidamente melhores em uma dimensão ou em outra?

Aqui vai uma dica. Um certo executivo não tinha uma qualidade essencial para ser um líder forte. Ele era CEO de uma grande empresa com a qual trabalhei, que tinha dois vice-presidentes executivos, que se reportavam a ele. Um VP, responsável por cerca de 60% do negócio da empresa, era um antigo e confiável colega, completamente leal ao CEO. Mas ele era hesitante. Lá no fundo, o CEO sabia disso, mas era incapaz de tomar a difícil decisão de dispensá-lo (não era a primeira vez que o CEO tinha de lidar com esse assunto pendente; da vez anterior, outra pessoa "limpou a sujeira"). No final, o conselho ordenou que o CEO despedisse o VP. Com isso, o poder passou para o conselho, e a consequência inevitável foi que o próprio CEO foi embora pouco tempo depois.

Esse homem era inteligente e agradável às pessoas e conhecia o negócio. Mas não tinha firmeza emocional. Pelo contrário, tinha um bloqueio emocional que o impedia de lidar de forma honesta com a inadequação de seu vice-presidente executivo. Os psicólogos sabem que algumas pessoas são limitadas, até mesmo incapacitadas, por bloqueios emocionais que as impedem de fazer as coisas que a liderança exige. Tais bloqueios podem levá-las a evitar situações desagradáveis, esquivando-se de conflitos, procrastinando decisões ou delegando sem fazer o acompanhamento devido. Na pior das hipóteses, podem levar o líder a humilhar os outros, sugar a energia e plantar a desconfiança.

⋆ ⋆ ⋆

A firmeza emocional vem do descobrir-se a si próprio e do autodomínio. É a base das habilidades das pessoas. Bons líderes aprendem quais são seus pontos fortes e fracos específicos, principalmente no que diz respeito a lidar com pessoas. Então, melhoram ainda mais os pontos fortes e corrigem os fracos. Conseguem sua liderança quando seus seguidores veem sua força e sua confiança interiores, e a habilidade de ajudar os membros da equipe a produzir resultados ao mesmo tempo em que ampliam suas próprias habilidades.

Um líder firme, de longo prazo, tem um arcabouço ético de referência que lhe dá o poder e a energia de realizar até a tarefa mais difícil. Ele nunca se desvia daquilo que acha correto. Essa característica vai além da honestidade ou da integridade, vai além de tratar as pessoas com dignidade. É uma ética de liderança empresarial.

Os líderes em organizações contemporâneas podem conseguir esconder suas fraquezas emocionais por algum tempo, mas não para sempre. Eles encaram desafios à sua força emocional o tempo todo. Não conseguir enfrentar esses desafios compromete os resultados. Fazer acontecer depende, afinal, de uma série de comportamentos. Sem firmeza emocional, é difícil desenvolver esses comportamentos, em si mesmo e nos outros. Como sua organização pode enfrentar a realidade se as pessoas não falam honestamente e se seus líderes não têm confiança para trazer os conflitos à tona e resolvê-los ou fazer e receber críticas sinceras? Como um grupo corrige erros ou melhora se seus membros não têm a firmeza emocional para admitir que não possuem todas as respostas?

Colocar as pessoas certas nos cargos certos requer firmeza emocional. A falha em lidar com os que apresentam mau desempenho é um problema extremamente comum nas corporações e é, em geral, resultado de bloqueios emocionais do líder. Além disso, sem firmeza emocional, você terá dificuldades em contratar as melhores pessoas para trabalhar com você. Porque, se você tiver sorte, essas pessoas serão melhores do que você; trarão novas ideias e energia para a empresa. Um gerente que é emocionalmente fraco evitará tais pessoas com medo de que elas minem seu poder. Sua tendência será proteger sua frágil autoridade. Ele se cercará de pessoas com as quais possa contar ou que sejam leais e irá excluir aquelas que irão desafiá-lo com novas ideias. No final, tal fraqueza emocional irá destruir tanto o líder quanto a organização.

Durante todos esses anos trabalhando e observando empresas, identificamos quatro qualidades-chave que fazem a firmeza emocional:

AUTENTICIDADE: Um termo psicológico, a *autenticidade* significa muito mais do que você pode imaginar: você é real, não uma imitação. Sua pessoa exterior é a mesma que sua pessoa interior, não uma máscara que você usa. Você é o que faz ou diz. Somente a autenticidade cria confiança, pois mais cedo ou mais tarde as pessoas descobrem os dissimulados.

Não importa a ética de liderança que você defenda, as pessoas irão observar o que você faz. Se você fizer mal, os melhores irão perder a confiança em você. Os piores irão seguir seus passos. O restante vai fazer o que precisa ser feito para sobreviver num ambiente ético indefinido. Isso se torna uma barreira generalizada para fazer com que as coisas aconteçam.

CONSCIÊNCIA DE SI PRÓPRIO: "Conhece-te a ti mesmo" é um conselho tão antigo quanto as montanhas e é o cerne da autenticidade. Quando você se conhece, você se sente à vontade com seus pontos fortes e não derrotado pelas suas deficiências. Você conhece o lado obscuro de seu comportamento e bloqueios emocionais, e tem um *modus operandi* para tratar com eles – você conta com as pessoas que o cercam. A consciência de si próprio lhe dá a capacidade de aprender com seus erros e com seu sucesso. Permite que você continue crescendo.

O lugar em que a consciência de si próprio é mais importante é em uma cultura de execução que se utiliza de cada parte do cérebro e da constituição emocional. Poucos líderes têm o poder intelectual de ser bons juízes de pessoas, bons estrategistas e bons líderes operacionais e, ao mesmo tempo, conversar com os clientes e fazer todas as outras coisas que o trabalho exige. Mas, se você sabe onde estão suas deficiências, pelo menos pode reforçar essas áreas e obter alguma ajuda de sua empresa ou unidade. Você define mecanismos para auxiliá-lo na tarefa de executar. A pessoa que nem sequer reconhece onde é fraca nunca consegue fazer acontecer.

AUTOCONTROLE: Quando você se conhece, pode se controlar. Você pode manter seu ego sob controle, assumir a responsabilidade por seu comportamento, adaptar-se à mudança, aceitar novas ideias e aderir a padrões de integridade e honestidade sob todas as condições.

Autocontrole é fundamental para a verdadeira autoconfiança. Estamos falando sobre o tipo que é autêntico e positivo em oposição àquele que mascara os pontos fracos ou a insegurança – a postura estudada de confiança ou arrogância total.

As pessoas autoconfiantes contribuem mais para o diálogo. Sua segurança interna lhes dá uma metodologia para tratar com o desconhecido e para relacioná-lo às ações necessárias que precisam ser tomadas. Elas têm consciência de que não sabem tudo; são curiosas e encorajam o debate para produzir pontos de vista alternativos e criar o ambiente social para o aprendizado dos outros. Elas conseguem correr riscos e gostam quando pessoas que contratam são mais inteligentes do que elas. Por isso, quando se deparam com um problema, não precisam lamentar-se, esconder a vergonha ou se sentir vítimas. Elas sabem que serão capazes de resolvê-lo.

HUMILDADE: Quanto mais você puder conter seu ego, mais realista você será sobre seus problemas. Você aprende como ouvir e admitir que não sabe todas as respostas. Mostra que pode aprender com qualquer um, a qualquer momento. Seu orgulho não o prejudica quando você precisa obter informações para atingir melhores resultados. Não impede que você compartilhe o crédito que precisa ser compartilhado. A humildade permite que você reconheça seus erros. Cometer erros é inevitável, mas bons líderes admitem e aprendem com eles e criam ao longo do tempo um processo de tomada de decisão com base na experiência.

LARRY: Ninguém realiza o trabalho de líder sem falhas, acredite em mim. Você tem de cometer erros e aprender com eles. O gerente do Yankees foi demitido três vezes durante sua carreira. Agora é visto como um ícone do jogo. Ele aprendeu algumas coisas ao longo do caminho.

Em seu livro, *Jack: Definitivo*, Jack Welch admite francamente que cometeu erros de contratação nos primeiros anos. Ele tomou várias decisões por puro instinto. Mas, quando estava errado, dizia: "Foi minha culpa." Ele se perguntava por que estava errado, ouvia as pessoas, obtinha mais dados e descobria por quê. E continuava a melhorar cada vez mais. Ele também reconhecia que não é útil massacrar as outras pessoas quando cometem erros. Ao contrário, é o momento de orientá-las, encorajá-las e ajudá-las a reconquistar sua autoconfiança.

* * *

Como você desenvolve essas qualidades? Há, é claro, livros sobre o assunto, alguns deles úteis. Muitas empresas, incluindo a GE e a CitiCorp, incluem ferramentas de autoavaliação em seus programas de desenvolvimento de liderança.

Mas o aprendizado real vem de prestar atenção à experiência. À medida que as pessoas refletem sobre suas experiências ou à medida que são orientadas, os bloqueios caem por terra e a força emocional se desenvolve. Às vezes, os "ahs" também vêm da observação do comportamento dos outros: suas habilidades de observação fazem você perceber que também tem um bloqueio que precisa ser corrigido. De qualquer forma, à medida que você ganha experiência na autoavaliação, suas percepções se transformam em melhoria que amplia sua capacidade pessoal.

Tal aprendizado não é um exercício intelectual. Requer tenacidade, persistência e envolvimento diário. Requer reflexão e mudança do comportamento. Mas minha experiência é que, uma vez que a pessoa entra nos eixos, sua capacidade de crescer é quase ilimitada.

O comportamento de um líder de negócios é o comportamento da organização. Como tal, é a base da cultura. No próximo capítulo, apresentaremos um novo modelo para mudar a cultura da organização.

CAPÍTULO 4

Elemento 2: Criando o modelo para a mudança cultural

Quando um negócio não está indo bem, seus líderes, em geral, pensam em como mudar a cultura corporativa. Eles estão certos em reconhecer que o lado fácil – as crenças e os comportamentos das pessoas – é, pelo menos, tão importante quanto o lado difícil, como, por exemplo, a estrutura organizacional, se não for ainda mais importante. Fazer mudanças na estratégia ou na estrutura por si só leva a empresa apenas adiante. O hardware de um computador é inútil sem o software certo. Da mesma forma, numa organização, o hardware (estratégia e estrutura) é inerte sem o software (crenças e comportamentos).

A maioria das iniciativas de mudança cultural fracassa porque não está ligada à melhoria dos resultados dos negócios. As ideias e ferramentas sobre mudança cultural são vagas e desconectadas da realidade estratégica e operacional. Para mudar a cultura de um negócio, você precisa de um conjunto de processos – mecanismos operacionais sociais – que mude as crenças e o comportamento das pessoas de forma a torná-las mais diretamente ligadas aos resultados finais.

Neste capítulo, apresentamos um novo modelo baseado na realidade que cria e reforça a disciplina de execução. Essa abordagem é prática e totalmente atrelada a resultados mensuráveis do negócio.

A premissa básica é simples: a mudança cultural torna-se real quando seu objetivo é a execução. Você não precisa de uma teoria muito complexa ou de pesquisa com os funcionários para usar esse modelo. Você precisa mudar o comportamento das pessoas, de modo que elas produzam resultados. Primeiramente, você diz para as pessoas claramente quais resultados quer. Então, discute de que forma obter esses resultados como um elemento-chave do processo de orientação. Em seguida, você recompensa as pessoas por terem produzido os resultados. Se eles forem aquém do que esperava, você dá mais orientação, retira os incentivos, dá às pessoas outras tarefas ou as despede. Quando você faz essas coisas, cria uma cultura de execução.

RAM: Eu estava observando uma reunião numa divisão recentemente formada de uma empresa da *Fortune 20*. A divisão, com cerca de 20 mil funcionários, era produto de uma fusão de duas empresas do mesmo setor que ocorreu em 2001. Tinha uma nova equipe de liderança e essa era apenas a segunda reunião. A questão central para a equipe de liderança era como criar uma nova cultura para melhorar o desempenho, que era inaceitável. O retorno sobre o capital era menos do que 6%, e o valor para o acionista estava sendo destruído. O novo CEO da divisão e a equipe de liderança sabiam que as economias em termos de custos através das sinergias não seriam suficientes para que a divisão tivesse um desempenho excepcional.

A prática geral em ambas as empresas que se uniram era tornar as pessoas responsáveis pelos compromissos que assumiam individualmente. Sob a rubrica do assim chamado trabalho em grupo, cada equipe de liderança tinha um mau desempenho. Por exemplo, cada uma tinha perdido participação de mercado e apresentou um retorno sobre o investimento menor, pois seu pessoal não reduziu os custos de logística antes dos concorrentes. Esse é o tipo de tarefa que está claramente sob a responsabilidade da gerência, mas o líder encarregado da logística recebeu os mesmos incentivos que os outros membros da equipe gerencial.

A equipe havia contratado uma firma de consultoria em comportamento humano especializada em diagnóstico cultural. O consultor fez uma análise cultural padrão com base nas pesquisas feitas com os funcionários, contendo 50 ou 60 perguntas sobre os valores da divisão (integridade, honestidade e esse tipo de coisa), se a tomada de decisão era autocrática ou se todos participavam dela e como o poder era distribuído. Os resultados foram apresentados de uma forma impressionante, mas nada na pesquisa mostrava *como* a divisão poderia trabalhar de maneira diferente em termos de crenças e comportamentos para poder atingir resultados expressivos.

A discussão na reunião não estava chegando a lugar algum até que o CEO da divisão, em seu estilo investigativo característico, assumiu e começou por fazer a pergunta certa. "Se queremos mudar a cultura, qual deve ser nossa próxima pergunta?"

Um membro da equipe respondeu: "*Como* a cultura deve ser mudada?" Um outro membro da equipe disse: "Melhore-a." Então, alguém perguntou: "*Do que para quê?*" e a discussão continuou.

O CEO dividiu a equipe em grupos de seis e pediu para cada grupo encontrar 10 pares de "o que para quê". Os grupos escreveram alguns trechos grandes: "de uma cultura não baseada em desempenho para uma cultura de desempenho"; "de melhoria estática para melhoria contínua"; de "empresa orientada para o mercado interno para empresa orientada para o mercado externo". Mas faltava ser específico.

O CEO continuou e desafiou os grupos a fazerem uma lista mais específica e encontrarem uma mudança "do que para quê", que pudesse melhorar substancialmente o comportamento das pessoas-chave que direcionavam o comportamento dos demais. Como a maioria das pessoas tem dificuldade em ser específica, o CEO deu o passo seguinte: ele dividiu a equipe de liderança em subgrupos de duas pessoas e pediu que cada par identificasse uma ideia sobre como a cultura era e como deveria ser.

As equipes concordaram que melhorar a responsabilização pelos resultados seria a mudança mais importante. Então, o líder perguntou: "Por onde começamos?" E a resposta foi: "Com cada equipe." O líder continuou: "Cada um de vocês está disposto a ser responsável pelos resultados?" Houve um silêncio surpreendente. "Mas, se você não praticar o comportamento correto na sua equipe, alguém fará isso na organização?", ele perguntou. Não era necessária nenhuma resposta.

A questão final foi: "Depois que mudarmos o comportamento de nosso grupo, o que faremos em seguida?" O chefe de RH disse: "Comunicá-lo para 20 mil pessoas." O líder perguntou: "Como isso faria alguém mudar? Não vai funcionar por si só. O que *funcionará* é a prática da responsabilização pelos resultados começando aqui com esta equipe. Depois que nos tornarmos responsáveis pelos resultados, a fase seguinte é que esta equipe faça o mesmo em relação aos 300 gerentes desta divisão, sem os quais os 3 mil supervisores e 17 mil funcionários não irão vivenciar a cultura e a disciplina da execução." Então, eles discutiram ações específicas para incluir a responsabilização pelo desempenho na cultura da alta gerência da divisão e dos 300 gerentes que se reportavam a ela. Eles teriam de fazer um acompanhamento, dar feedback e incentivos atrelados ao desempenho e ao comportamento individual. O comportamento incluía cada equipe gerencial tornando cada um de seus subordinados diretos também responsável.

* * *

OPERACIONALIZANDO A CULTURA

Recentemente, ouvimos o seguinte ditado: não pensamos em nós mesmos agindo de outra forma, agimos a partir de uma nova forma de pensar.

Agir de acordo com uma nova forma de pensar começa com a desmistificação da palavra *cultura*. Reduzida à sua essência, a cultura de uma organização é a soma de valores, crenças e normas de comportamento compartilhados. As pessoas que estão iniciando uma mudança de cultura, em geral, falam primeiro sobre mudar o conjunto de valores. É um enfoque errado. Valores – princípios e padrões fundamentais, tais como integridade ou respeito pelo cliente ou, no caso da GE, a ausência de fronteiras – podem precisar de reforço, mas raramente precisam ser mudados. Quando as pessoas, especialmente aquelas que se encontram nos níveis mais altos, violam um dos valores básicos da empresa, o líder deve interferir para publicamente sancionar essas violações. Alguma coisa menos do que isso é interpretada como falta de firmeza emocional.

As crenças que influenciam comportamentos específicos provavelmente precisam de mudanças. Essas crenças são condicionadas pelo treinamento, experiência, o que as pessoas ouvem dentro ou fora sobre as perspectivas da empresa e percepções sobre o que os líderes estão fazendo e dizendo. As pessoas mudam as crenças apenas quando novas evidências mostram de forma convincente que elas são falsas. Por exemplo, se as pessoas numa organização acreditam que estão numa indústria madura, sem perspectivas de crescimento, não vão investir muito tempo e energia buscando oportunidades de crescimento. Se acreditarem que outros que fazem menos do que elas serão recompensados da mesma forma, essa crença irá drenar a energia delas.

Uma das primeiras prioridades de Dick Brown na EDS foi mudar a cultura, com enfoque nas crenças e comportamentos. Numa reunião da equipe de liderança sênior da EDS em janeiro de 2000, ele pediu que as pessoas identificassem as crenças mais importantes que haviam moldado a visão da empresa sobre si própria nos últimos cinco anos e as crenças mais necessárias para o futuro. Trabalhando em grupos, eles produziram as seguintes listas.

Antigas crenças da EDS

- *Estamos em um negócio* commodity. A EDS está numa indústria madura, de crescimento lento – terceirização de serviços de computação –, que tem muitos concorrentes, pouca diferenciação e inerentemente baixas margens.

- *Não conseguimos crescer segundo as taxas do mercado.* Como o maior *player* de um negócio *commodity*, a EDS tem dificuldade em atingir um crescimento rentável.
- *Os lucros seguem as receitas.* Se a EDS pode conseguir mais negócios, vai de alguma forma ganhar dinheiro com isso (essa crença é uma fórmula para alocar mal as receitas).
- *Cada líder tem todos os recursos – controlar é fundamental.* Cada divisão tem total autonomia e protege seu território (essa crença impossibilita a colaboração entre as unidades de negócios).
- *Meu colega é meu concorrente.* (Como a crença anterior, esta também é uma importante barreira ao sucesso. Um comportamento internamente competitivo é destrutivo. O concorrente está lá fora, no mercado, não na próxima unidade de negócios. Trabalhar em grupo, compartilhar o conhecimento e cooperação são absolutamente essenciais para vencer no mercado.)
- *As pessoas não são responsabilizadas pelo seu desempenho. ("Não é minha culpa.")*
- *Sabemos mais do que nossos clientes.*
- *Nosso pessoal dirá para o cliente de quais soluções ele precisa.* (Essa crença impediu que o pessoal da EDS ouvisse adequadamente os problemas e as necessidades dos clientes.)

Novas crenças da EDS

- *Podemos crescer mais rápido do que o mercado – de forma rentável e usando capital de maneira eficiente.*
- *Podemos aumentar a produtividade ano após ano.*
- *Estamos comprometidos com o sucesso de nossos clientes.*
- *Vamos atingir a excelência em termos de serviços.*
- *Colaboração é fundamental para nosso sucesso.*
- *Seremos responsáveis e comprometidos com o desempenho.*
- *Ouviremos mais nossos clientes.*

A segunda lista tornou-se uma agenda para a mudança de atitude, não apenas entre os altos executivos, mas para todos os líderes da EDS.

Os comportamentos e as crenças transformaram-se em ação. Os comportamentos produzem resultados. É aí que as coisas acontecem. Quando falamos em comportamento, estamos falando menos de comportamento individual do que a respeito de normas de comportamento: as formas aceitas e esperadas de comportamento de grupos de pessoas no ambiente corporativo – as "regras de envolvimento", como algumas pessoas as chamam. As normas são sobre como as pessoas trabalham juntas. Como tal, são fundamentais para a habilidade da empresa em criar vantagem competitiva.

ATRELANDO INCENTIVOS A DESEMPENHO

A base da mudança de comportamento é atrelar os incentivos ao desempenho e tornar isso transparente. A cultura da empresa define o que é apreciado e respeitado e, no final, recompensado. Diz às pessoas na organização o que é avaliado e reconhecido e, no interesse de tentar fazer suas carreiras mais bem-sucedidas, é onde elas devem se concentrar. Se uma empresa recompensa e promove as pessoas pela execução, sua cultura mudará.

Muitas empresas fazem um mau trabalho quando atrelam incentivos ao desempenho. Qual é o problema?

RAM: Embora alguns líderes em algumas empresas consigam estabelecer bem essa correlação, muitos mostram uma grande fraqueza. Vimos várias vezes que as pessoas adoram dar recompensas; elas adoram ser amadas. Mas não têm a firmeza emocional para dar feedback sincero, retirar um incentivo ou punir pessoas. Não se sentem à vontade recompensando o desempenho e o comportamento. Elas adiam, disfarçam e racionalizam. Os líderes, às vezes, até criam novos cargos para os que têm mau desempenho. Como resultado, a organização fica totalmente confusa.

Na EDS, Dick Brown foi rápido em garantir que os que têm bom desempenho terão recompensa maior do que aqueles que não atingem as metas. A falta de responsabilização havia sido um grande problema na empresa, como a liderança entendeu bem. "Não havia consequências negativas para o mau desempenho", relembra um executivo. "Não apenas consequências negativas, mas se você fizesse parte da 'panelinha' de colegas da mesma universidade, não haveria responsabilização por um comportamento negativo perante a empresa." Um outro executivo acrescentou: "Era sempre problema de alguma outra pessoa."

Brown instituiu um sistema que classificava todos os executivos em grupos de acordo com o desempenho deles em relação a seus colegas, para distribuir a recompensa de forma proporcional. É semelhante à "curva de vitalidade" que Jack Welch introduziu na GE para diferenciar os desempenhos "A", "B" e "C".

Classificar as pessoas dessa forma gera controvérsia quando os gerentes elaboram e executam o sistema de maneira descuidada – usando-o, por exemplo, para tirar arbitrariamente uma certa porcentagem de pessoas da organização. Mas, se o sistema for acompanhando de orientação para aqueles que estão abaixo do desempenho exigido, dá-lhes a oportunidade de melhorar, e o sistema pode ajudar a criar uma cultura voltada para resultados. O processo precisa ser íntegro: deve-se coletar e usar a informação certa com base no comportamento e nos critérios de desempenho. Os líderes devem dar feedback sincero para seu pessoal, especialmente aqueles que ficam no final da tabela de classificação.

Era isso que Brown fazia. Por exemplo, ele diz: "No primeiro ano, um funcionário veio a mim e disse: 'Seu sistema não funciona. No ano passado, eu fui muito bem classificado. Este ano, eu fiz o mesmo trabalho e atingi o mesmo nível de desempenho, mas fui mal classificado.' Eu disse: 'Bem, deixe-me lhe dar uma resposta para isso. É uma coisa ou outra, ou as duas. Número um: há chances de que você não tenha ido tão bem quanto no ano passado. Número dois: se você *foi* tão bem assim e fez o mesmo trabalho este ano, você foi mal classificado porque não melhorou, e todos os seus colegas melhoraram. Você tem de entender: a EDS está melhorando, e todos têm de melhorar seu trabalho e, se você estaciona, vai ficando realmente para trás.'"

A EDS também considera o comportamento da pessoa ao estabelecer os incentivos. A colaboração, por exemplo, era importante para o sucesso do novo modelo de negócios, mas na antiga EDS ela não fazia parte do comportamento dos funcionários. Por isso, na parcela relativa a incentivos de seus salários, os executivos são avaliados e recompensados pela sua capacidade de trabalhar em grupo. Suponha que Bob, em uma linha do negócio, consiga um cliente e então passe esse cliente para Linda em outra linha, pois sua unidade de negócios poderá atendê-lo melhor. Seu sacrifício será notado em sua avaliação, e o líder de sua organização levará isso em conta quando definir seu bônus. O pessoal de vendas recebe incentivos específicos para os negócios que passam para outras linhas de negócios.

Não importa a abordagem utilizada por você para determinar os incentivos e recompensas, o objetivo é sempre o mesmo: o sistema de remuneração precisa ter seus produtos finais corretos. Você deve recompensar não apenas com base nas metas atingidas ou superadas, mas também considerando os comportamentos desejáveis que a pessoa realmente adota. Você deve aumentar o número de pessoas com desempenho "A", definidas como aquelas que atingiram o máximo em comportamento e desempenho. Deve despedir os que têm mau desempenho. Ao longo do tempo, seu pessoal ficará mais forte e você obterá melhores resultados financeiros.

LARRY: Você obtém aquilo que avalia, e isso é um processo direto e simples. No começo do ano, eu escrevo uma carta para cada líder de negócios da Honeywell e líderes do staff e digo: "É com suas metas que nós concordamos." O primeiro componente são as metas financeiras – crescimento da receita, renda, fluxo de caixa, produtividade ou outras variáveis, dependendo da natureza do negócio e do que estamos tentando atingir num determinado prazo. As metas serão ponderadas de acordo com a natureza do negócio. Por exemplo, se um negócio precisa desenvolver quatro novos produtos, eu posso rebaixar as metas para crescimento em vendas e ampliar a meta para lançamento de produtos.

O segundo componente seriam as outras metas, focando o que estamos fazendo neste ano e no longo prazo. Essas metas podem ser qualquer coisa, desde criar uma infraestrutura Seis Sigma até a entrada num mercado específico. Avaliamos formalmente o desempenho e o potencial duas vezes por ano em nossas avaliações dos recursos gerenciais. E, então, atrelamos os resultados à remuneração.

O gerente-geral de cada unidade passa metas específicas para cada um de seus subordinados diretos. Eles podem ter todos as mesmas metas financeiras, mas suas metas não financeiras serão diferentes – criar uma organização mais forte, trabalhar sobre a diversidade ou qualquer que seja o assunto.

Você quer diferenciação entre as opções, entre os bônus e entre os aumentos de salários. A diferenciação é o segredo para desenvolver uma cultura de desempenho. Para as 250 pessoas de melhor desempenho, uso opções de ações. Ficamos competitivos em temos de salário-base, mas qualquer um que queira ganhar dinheiro na Honeywell terá de ganhá-lo com as opções. Mas elas não são um direito. Por exemplo, eu tenho um profissional que é bom no seu trabalho, mas não mostra potencial adicional. Vou pagar a ele um bônus em dinheiro considerável, mas poucas opções de ações e talvez nada em concessões de ações. Por outro lado, alguém parece ter muito potencial, mas, se não fizer um bom trabalho em um ano, vou dar a ele menos dinheiro, porém continuar a motivá-lo com opções, pois o considero um ativo para o futuro da empresa.

Fazemos tudo que está ao nosso alcance para recompensar as pessoas por terem feito o máximo. É assim que conseguimos uma cultura de desempenho. Eis um exemplo: em 2002, muitas empresas estarão dando bônus menores ou nenhum bônus devido à situação econômica. Nossa divisão aeroespacial foi mais atingida por causa do ataque terrorista de 11 de setembro, e poucos de seus negócios vão atingir os resultados do ano anterior. Mas estamos avaliando as pessoas em relação a como elas se saíram em comparação a seus concorrentes nesse tipo de conjuntura. Se elas se saíram melhor, vão receber bônus.

* * *

É necessário atrelar incentivos ao desempenho para criar uma cultura de execução, mas isso não é suficiente por si só. Um líder novo e exigente, empenhando-se para estabelecer uma cultura de desempenho, estabelecerá padrões rígidos de desempenho e depois recuará para observar como as coisas vão se desenrolar. "Nadem ou afundem" é a mensagem. Muitas pessoas afundam, e a organização pode afundar também, como aconteceu à Sunbeam com Al Dunlap.

Outros líderes estabelecem recompensas para novos comportamentos de execução, mas os implementam de forma agressiva. Eles não dão o importante passo de ajudar as pessoas a dominar os novos comportamentos necessários. Eles não dão orientação. Não ensinam as pessoas a dividir um conceito importante em tarefas essenciais menores que podem ser executadas em curto prazo, o que é difícil para algumas pessoas. Não conduzem o diálogo que evidencia a realidade, não ensinam as pessoas como pensar ou não concluem uma questão.

* * *

A parte que falta na equação está no que chamamos de software social de execução.

O SOFTWARE SOCIAL DA EXECUÇÃO

RAM: A quantas reuniões você já compareceu em que todos pareciam concordar no final sobre que ações seriam executadas, mas nada aconteceu realmente? São reuniões em que não existe um debate profundo e, portanto, ninguém expõe seus receios. Pelo contrário, todos deixam o projeto do qual não gostam sofrer uma morte bem lenta no decorrer do tempo.

Em minha carreira como consultor de grandes empresas e de seus líderes, testemunhei muitas ocasiões, até mesmo nos níveis mais altos da organização, em que o silêncio impera, e a falta de conclusão dos temas leva a falsas decisões. São "falsas" porque elas, no final, não são concretizadas por causa de fatores não declarados ou por inação. Esses exemplos de indecisão têm uma semelhança familiar – uma falha nas interações pessoais que se supõe produzam resultados. As pessoas encarregadas de chegar a uma decisão e agir não conseguem se relacionar e se envolver umas com as outras. Intimidadas pela dinâmica de grupo da hierarquia e limitadas pela formalidade e falta de confiança, manifestam-se de forma desajeitada e sem convicção. Sem comprometer-se emocionalmente, as pessoas que devem realizar o plano não agem com decisão.

Essas interações quase sempre não ocorrem isoladamente. Pelo contrário, em geral fazem parte da maneira como as decisões de pequena e média importâncias são tomadas – ou não são tomadas – em toda a empresa. A inabilidade de agir com decisão – que se traduz na inabilidade de executar – tem suas raízes na cultura corporativa e parece, para os funcionários, impenetrável à mudança.

A palavra-chave aqui é "parece", pois, na realidade, os líderes criam uma cultura de indecisão e podem mudá-la. O principal instrumento à disposição deles é o software social da organização.

Como um computador, uma empresa tem tanto hardware como software. Chamamos o software da corporação de "software social", pois qualquer organização de dois ou mais seres humanos é um sistema social.

O hardware inclui estrutura organizacional, definição de incentivos, salários e sanções, elaboração de relatórios financeiros e seu fluxo. Os sistemas de comunicação são parte do hardware, assim como a distribuição hierárquica do poder, em que coisas como distribuição de tarefas e aprovações em nível de orçamento são visíveis e formais. O software social inclui valores, crenças e normas de comportamento, juntamente com tudo o mais que não é hardware.

Como o software do computador, é o que dá vida ao hardware corporativo como um sistema em funcionamento.

A estrutura divide uma organização em unidades configuradas para desempenhar certas tarefas. A configuração da estrutura obviamente é importante, mas é o software que integra a organização num todo unificado e sincronizado. O hardware e o software combinados criam os relacionamentos sociais, as normas de comportamento, os relacionamentos de poder, os fluxos de informação e os fluxos de decisões.

Por exemplo, os sistemas básicos de incentivos são hardware, pois são quantitativos. Você atinge suas metas, o sistema o recompensa de acordo com uma fórmula e, parabéns, aqui está o cheque. Mas, se você quiser recompensar outros comportamentos – seu recorde com o Seis Sigma, a melhor diversidade da equipe de liderança ou a colaboração com os colegas –, o software entra em ação porque ele define as normas de comportamento que serão recompensadas. Os líderes que criam prêmios inigualáveis para aqueles com alto desempenho e pessoas de alto potencial estão criando um software social que direciona o comportamento: as pessoas trabalham mais para diferenciar-se.

* * *

Um componente-chave do software é o que chamamos de Mecanismos Operacionais Sociais. São reuniões, apresentações e até troca de memorandos ou e-mails formais ou informais – em qualquer lugar que o diálogo aconteça. Duas coisas os fazem mecanismos operacionais, não apenas reuniões. Primeiramente, são integradores, atingindo toda a organização e quebrando barreiras entre unidades, funções, disciplinas, processos de trabalho e hierarquias, e também entre a organização e o ambiente externo. Os Mecanismos Operacionais Sociais criam novos fluxos de informação e novos relacionamentos de trabalho. Propiciam que pessoas que normalmente não têm muito contato troquem seus pontos de vista, compartilhem informações e ideias, e aprendam a entender sua empresa como um todo. Eles conseguem transparência e ação simultânea.

Em segundo lugar, os Mecanismos Operacionais Sociais estão onde as crenças e os comportamentos do software social são praticados consistente e incansavelmente. Eles disseminam as crenças, o comportamento e a maneira de dialogar dos líderes por toda a organização. Outros líderes aprendem a passar essas crenças e comportamentos nas reuniões e interações formais e informais dos níveis mais baixos da organização que presidem, incluindo orientação e feedback. Eles se tornam *seus* Mecanismos Operacionais Sociais. E isso ocorre em toda a linha.

Ligados entre si e aos sistemas de avaliação e incentivos, os Mecanismos Operacionais Sociais coletivamente se tornam o que chamamos de Sistema Operacional Social da corporação. Como tal, eles direcionam sua cultura. Nos processos de pessoal, estratégia e operações, por exemplo, as reuniões de avaliação que reúnem os principais líderes da empresa são os Mecanismos Operacionais Sociais mais importantes; os processos combinados formam o Sistema Operacional Social.

O Sistema Operacional Social altamente desenvolvido da GE é fundamental para o sucesso da empresa. Seus principais Mecanismos Operacionais Sociais incluem o Conselho Executivo Corporativo (CEC), que se reúne trimestralmente; a Seção C – análises anuais da liderança e da organização; S-1 e S-2 – análises da estratégia e das operações; e Boca, um encontro anual em Boca Raton, Flórida, onde os gerentes operacionais se reúnem para planejar as iniciativas para o ano seguinte e relançar as iniciativas atuais.

Nas reuniões do CEC, que duram dois dias e meio, aproximadamente 35 dos principais líderes da GE analisam todos os aspectos de seus negócios e a conjuntura externa, identificam as maiores oportunidades e problemas da empresa e compartilham as melhores práticas. O CEO também utiliza o fórum para observar como seus líderes pensam, como trabalham juntos e para dar-lhes orientações.

Uma reunião da Seção C dura de 80 a 90 horas intensas em que o CEO e o líder de RH se encontram com os líderes de negócios e principais executivos de RH de cada unidade de negócios. Eles analisam o *pool* de potenciais talentos da unidade e suas prioridades organizacionais. A GE tem as pessoas certas nos cargos certos para pôr em prática suas estratégias? Quem precisa ser promovido ou incentivado, quem precisa de ajuda com desenvolvimento, quem não está se saindo bem? O CEO faz um *follow-up* de cada seção com uma nota por escrito, recapitulando os pontos principais da conversa e os itens que requerem ação. Através desse mecanismo, escolher e avaliar as pessoas é uma competência-chave na GE.

As reuniões de estratégia S-1 acontecem no final do segundo trimestre. Nelas, o CEO, o diretor financeiro e os membros do staff do CEO se reúnem com cada chefe de unidade e sua equipe para discutir a estratégia para os três anos seguintes, incluindo as iniciativas acordadas pelo CEC e a adequação entre a estratégia e as pessoas encarregadas de executá-la. O CEO também faz *follow-up* com uma carta para cada líder, destacando os itens que requerem ação com os quais concordaram na reunião. A S-2, realizada em novembro, é a reunião do plano operacional que foca mais os 12 a 15 meses subsequentes, ligando a estratégia às prioridades operacionais e à alocação de recursos.

Nesse meio-tempo, outros Mecanismos Operacionais Sociais estão em funcionamento. Em abril, a GE faz pesquisa on-line com 11 mil funcionários para obter feedback sobre como as iniciativas estão indo em toda a organização. Em outubro, os 150 principais executivos da corporação se reúnem no Crotonville Learning Center para analisar o progresso das iniciativas, lançar os planos operacionais para o ano seguinte e participar dos cursos de desenvolvimento de executivos. E, na reunião do CEC em dezembro, entre outras coisas, os executivos estabelecem a agenda para a reunião de Boca Ratton.

Esse sistema de Mecanismos Operacionais Sociais é a forma que os líderes da GE encontraram para interligar uma empresa com negócios tão diversificados que as pessoas, às vezes, a chamam de conglomerado. O Sistema Operacional Social interliga a estratégia geral da GE ao desempenho de cada unidade, incluindo seu desenvolvimento de liderança e planos operacionais. O diálogo, uma norma de comportamento criada pelo ex-CEO Jack Welch, é franco e baseado na realidade. O feedback é bastante sincero. E o CEO está presente e participa ativamente de cada reunião. É um sistema operacional para execução.

A corporação contemporânea é complexa, e cada uma de suas muitas partes está constantemente em movimento: estruturas, ideias, decisões, pessoas, tudo em movimento, tudo reagindo a um ambiente de negócios em mudança. O Sistema Operacional Social é a constante. Mais do que qualquer coisa, fornece o modelo consistente necessário para criar formas comuns de pensar, se comportar e executar. No decorrer do tempo, ele transcende até as culturas locais mais arraigadas.

LARRY: Nosso Sistema Operacional Social na Honeywell não é tão elaborado como o da GE, mas serve aos mesmos propósitos. Todos os nossos comportamentos estão evidentes no processo de pessoal, no processo de estratégia, no processo operacional e nas duas reuniões gerenciais às quais mais de 100 líderes comparecem. É nessas reuniões que as pessoas praticam seus comportamentos mais intensamente. A partir delas, eles se estendem para toda a organização.

Uma das coisas mais importantes que as pessoas aprendem com os processos é o entendimento de como trabalhar juntas num diálogo construtivo. Ninguém tem todas as ideias e todas as respostas. Se você tem um problema em um lugar, a reação das pessoas é unir-se e achar uma solução, e não sentar e reclamar que não sabem resolvê-lo ou envolver um consultor. Não esperamos que as pessoas saibam tudo, mas esperamos que elas consigam as melhores respostas que puderem, e isso vem através do trabalho conjunto. Praticar esse diálogo construtivo ao longo do tempo cria confiança nas pessoas para que ataquem problemas pouco comuns quando estes aparecerem.

A IMPORTÂNCIA DE UM DIÁLOGO CONSISTENTE

Você não pode ter uma cultura de execução sem um diálogo consistente, que evidencie a realidade através de abertura, franqueza e informalidade. Um diálogo consistente torna uma organização eficaz na tarefa de coletar informações, entendê-las e transformá-las para produzir decisões. Ele incentiva a criatividade – a maioria das inovações e invenções está latente em um diálogo consistente. No final, ele cria mais vantagem competitiva e valor para o acionista.

O diálogo consistente começa quando as pessoas participam com a mente aberta. Elas não caem na armadilha das ideias preconcebidas ou vão armadas com agendas próprias. Elas querem tomar conhecimento de novas informações e escolher as melhores opções, por isso ouvem todos os lados e fazem suas próprias contribuições.

Quando as pessoas falam abertamente, expressam suas verdadeiras opiniões, e não aquelas que agradarão aos poderosos ou manterão a harmonia. Na verdade, a harmonia – buscada por muitos líderes que não querem ofender ninguém – pode ser inimiga da verdade. Pode silenciar o pensamento crítico e levar a uma tomada de decisão não transparente. Quando prevalece a harmonia, é assim que as coisas são resolvidas: depois que os principais envolvidos deixam a reunião, os líderes vetam as decisões de que não gostam, mas não as discutem na hora. Um bom lema para seguir é: "A verdade acima da harmonia." A franqueza ajuda a varrer as mentiras silenciosas e a engavetar os vetos, e impede que sejam lançadas iniciativas que emperram e o retrabalho, que suga a energia das pessoas.

A informalidade é fundamental para que haja franqueza. Era uma das máximas de Jack Welch. A formalidade impede o diálogo; a informalidade encoraja-o. As conversas e apresentações formais abrem pouco espaço para o debate. Sugerem que tudo tem um *script* e é predeterminado. O diálogo informal é aberto. Convida a perguntas, encoraja a espontaneidade e o pensamento crítico. Numa reunião em um ambiente hierárquico formal, uma pessoa poderosa pode acabar matando uma boa ideia. Mas a informalidade encoraja as pessoas a testar seu modo de pensar, a experimentar e a checar a validade de suas ideias. Possibilita que elas corram riscos entre os colegas, chefes e subordinados. A informalidade traz a verdade à tona. Evidencia as ideias inovadoras, que podem parecer absurdas no início, mas que geram importantes descobertas.

Finalmente, o diálogo consistente leva a uma conclusão. No final, as pessoas concordam sobre o que cada uma tem de fazer e quando. Elas se comprometeram num fórum aberto; são responsáveis pelos seus resultados.

A razão pela qual a maioria das empresas não enfrenta a realidade muito bem é que o diálogo é ineficaz. E isso aparece nos seus resultados. Pense nas reuniões a que você compareceu – aquelas que foram uma perda de tempo e aquelas que geraram energia e grandes resultados. Qual é a diferença? Não é a agenda, se a reunião começou na hora ou se houve disciplina, e certamente não foram as apresentações formais. Não, a diferença foi a qualidade do diálogo.

Numa reunião típica de uma empresa – uma avaliação do negócio, por exemplo –, o diálogo é limitado e politizado. Algumas pessoas querem esconder e suavizar o que dizem para evitar confronto. Outras precisam colocar as pessoas no seu devido lugar. Em grupos que têm ambos os tipos de pessoas (o que é o caso de muitas reuniões), o diálogo torna-se uma luta para matadores e uma humilhação ou aborrecimento para os passivos. Nessas reuniões, pouco se expõe da realidade e as questões não avançam.

Agora pense em uma reunião que produziu grandes resultados – que se ateve à realidade e gerou um plano para resultados. Como isso aconteceu?

O diálogo altera a psicologia do grupo. Pode ampliar a capacidade do grupo ou diminuí-la. Pode ser energizante ou extenuante. Pode criar autoconfiança e otimismo ou produzir pessimismo. Pode criar unidade ou facções implacáveis.

Um diálogo consistente traz à tona a realidade, mesmo quando ela deixa as pessoas desconfortáveis, pois tem propósito e significado. É aberto, difícil, focado e informal. O objetivo é gerar vários pontos de vista, ver os prós e contras de cada um e tentar honesta e francamente construir novas perspectivas. Essa é a dinâmica que estimula novas perguntas, novas ideias e novas percepções, em vez da perda de energia ao defender a velha ordem.

Como você faz as pessoas dialogarem de maneira consistente quando estão acostumadas às evasivas do jogo corporativo clássico?

Ele começa no topo da organização, com o diálogo do líder. Se ele dialoga de forma consistente, os outros líderes entenderão o sinal. Alguns líderes podem não ter a firmeza emocional necessária para estimular a diferença de opinião sem ficar na defensiva. Outros podem precisar aprender algumas habilidades específicas para ajudar as pessoas a desafiar e dialogar construtivamente. Essas pessoas devem ser capazes de buscar ajuda.

Mas o fundamental é que as pessoas agem como pensam porque são voltadas para resultados. Se você recompensa com base no desempenho, o interesse no desempenho será suficientemente grande para encorajar o diálogo. Todos precisam obter a melhor resposta, e isso significa que todos devem ser francos em sua troca de ideias – ninguém tem todas as ideias. Se alguém diz alguma coisa da qual você discorda e você lhe diz de forma mal-educada que a conversa dela é vazia e cheia de empáfia, muitas outras pessoas não irão falar da próxima vez. Se, ao contrário, você diz "Ok, vamos falar sobre isso. Vamos ouvir a todos e, então, fazer nossa escolha", você vai obter respostas muito melhores.

OS LÍDERES CONSEGUEM O COMPORTAMENTO QUE MOSTRAM E TOLERAM

Uma vez que você tenha entendido o software social, torna-se claro que nenhum líder que não esteja envolvido no dia a dia da empresa pode mudar ou manter sua cultura. Como Dick Brown diz: "A cultura da empresa é o comportamento de seus líderes. Os líderes conseguem o comportamento que mostram e toleram. Você muda a cultura de uma empresa mudando o comportamento de seus líderes. Você mede a mudança avaliando a mudança no comportamento pessoal de seus líderes e o desempenho de seu negócio."

Para construir uma organização que executa, o líder tem de estar presente para criar e reforçar o software social com os comportamentos desejados e diálogo consistente. Ele tem de praticá-los e embuti-los incansavelmente nos mecanismos operacionais sociais.

Por exemplo, alguns líderes fazem *conference calls* regulares como um mecanismo operacional para direcionar a mudança na cultura e reforçar a franqueza e o realismo no diálogo e na tomada de decisão dos principais líderes da empresa. Os telefonemas mostram que a responsabilidade e o acompanhamento das ações são importantes. O próprio comportamento do líder, incluindo sua comunicação com as pessoas em todos os níveis, modelou e reforçou as crenças e comportamentos que seu pessoal precisa aprender.

O diálogo que o líder conduz nessas *conference calls* cria um quadro geral da empresa para que todos vejam. Todos vêm preparados para explicar o que será feito no mês seguinte, para cumprir os compromissos se os resultados estiverem aquém das expectativas. Discutindo todo o negócio e focando o ambiente externo, todos os que participam sabem mais sobre as tendências gerais, a concorrência, os problemas e as barreiras. Se estão fazendo sua parte para ajudar a construir uma cultura de execução, essa informação chegará a todos na empresa.

★ ★ ★

Você pode criar uma cultura de execução em seu próprio negócio se ele é parte de uma organização maior que não tem uma cultura? Se você tentar, se tornará um excluído social? As chances são de que você possa fazê-lo desde que comece a mostrar aumento de lucro e de receita.

LARRY: Como líder, você não quer enviar seu pessoal em missões suicidas, mas acho que pode fazer isso até se não for parte de um grande ataque corporativo. Eu sempre faço minhas avaliações com a ideia de obter a verdade. Quando me tornei auditor na empresa no final da década de 1960, visitei filiais da GE em todo o mundo e vi gerentes com vários estilos diferentes. Observando os bem-sucedidos e os que fracassaram, confirmei minha impressão de que, quanto mais você se envolve e quanto mais você se dedica a discutir os problemas, melhor saberá resolvê-los. Essas lições ficarão comigo para o resto da minha carreira.

Quando me tornei gerente de uma unidade da GE Capital em 1978, estava seguindo essas práticas. Mas, nesse ano, Jack Welch entrou na empresa como executivo do setor de consumo e intensificou esse processo significativamente. Ficou mais intenso, mais voltado para a ação, mais voltado para "o que faremos sobre isso". Ele pegou o que eu sabia e tornou mais intenso. Deu ao processo de pessoal uma profundidade e uma intensidade que nunca tinha visto antes.

Quanto mais experiência eu adquiri como líder, mais essa experiência foi incorporada aos processos. No processo de pessoal, por exemplo, quando comecei, minha primeira ideia foi sempre ver como a pessoa se saía em seu trabalho. Afinal, é isso que faz o negócio ir adiante. À medida que o tempo foi passando, eu ainda conversava sobre isso, mas também continuava pensando: *Qual é o potencial de crescimento dessa pessoa?* Comecei a fazer mais perguntas e consegui conversar sobre o potencial de longo prazo.

Eu também consegui que mais pessoas se envolvessem na discussão, pois, quando amplia sua audiência, você sabe mais. Costumávamos ter muitas reuniões a dois, pois não queríamos que alguma coisa dita francamente sobre alguém fosse divulgada ou se tornasse prejudicial. Mas encontramos uma maneira de resolver o problema. Chegamos à conclusão de que a pessoa que estava sendo analisada iria ouvir tudo o que foi dito naquela sala de qualquer forma e concordamos que seríamos francos, mas profissionais. As conversas ainda eram diretas, mas não eram prejudiciais. Tomávamos cuidado para não dizer nada sobre a pessoa que não falássemos na presença dela.

Sou uma pessoa prática por natureza e sempre fui entusiasmado em relação ao meu trabalho. Sou entusiasta, questionador e curioso sobre ele. E é isso que determina se você pode fazer essas mudanças em sua organização. Se achá-las problemáticas ou estressantes, não vai funcionar.

★ ★ ★

O sucesso na execução de uma mudança cultural depende primeira e principalmente de ter as pessoas certas. No próximo capítulo, trataremos do que os líderes mais importantes fazem: selecionar e avaliar pessoas.

CAPÍTULO 5

Elemento 3: O trabalho que nenhum líder deve delegar – ter as pessoas certas no lugar certo

Em função das muitas coisas que as empresas não conseguem controlar, desde a situação econômica incerta até as ações imprevisíveis dos concorrentes, você acharia que elas prestam muita atenção no que podem controlar – a qualidade de seu pessoal, principalmente aqueles da equipe de liderança. As pessoas de uma organização são o recurso mais confiável para gerar resultados excelentes ano após ano. Suas opiniões, experiências e habilidades são o que dita a diferença entre sucesso e fracasso.

Mas os mesmos líderes que proclamam que "as pessoas são nosso ativo mais importante" em geral não pensam muito quando escolhem as pessoas certas para o trabalho certo. Eles e suas organizações não têm ideias precisas sobre o que o trabalho requer – não apenas no presente, mas no futuro – e de que tipo de pessoas precisam para preencher os cargos. Como resultado, suas empresas não contratam, promovem ou desenvolvem os melhores candidatos para suas necessidades de liderança.

Muito frequentemente, esses líderes não prestam muita atenção às pessoas, pois estão muito ocupados pensando em como tornar suas empresas maiores ou mais globais do que as dos concorrentes.

Eles não estão considerando que a qualidade de seu pessoal é o fator de maior vantagem competitiva. É provável que os resultados não apareçam tão rapidamente como, digamos, uma grande aquisição. Mas, ao longo do tempo, a seleção das pessoas certas é o que cria essa difícil vantagem competitiva sustentável.

A Dell ultrapassou a Compaq, uma empresa muito maior, porque Michael Dell se esforçou muito para ter as pessoas certas nos cargos certos – pessoas que entendiam como executar seu modelo de negócios irrepreensivelmente. A Nokia, um *player* pouco expressivo no mercado de telefonia celular no começo da década de 1990, tornou-se líder global por causa de seu pessoal. Sob a liderança do CEO Jorma Ollila, que tinha vindo de um banco para comandar a empresa diversificada, a Nokia adotou a tecnologia digital antes da Motorola, que era a empresa dominante. A Nokia também viu que o telefone celular não era um dispositivo de comunicação, mas um item que estava na moda, e animou o mercado com lançamentos mensais de novos produtos.

Se você analisar uma empresa que apresenta sucesso consistente, verá que seus líderes se concentram intensa e incansavelmente na seleção de pessoal. Não importa se você é líder de uma corporação de bilhões de dólares ou encarregado de uma unidade de negócios, você não pode delegar o processo de seleção e desenvolvimento de líderes. É um trabalho que você tem de gostar de fazer.

LARRY: O problema mais sério que encontrei quando comecei a trabalhar na AlliedSignal foi uma gerência operacional fraca – não estava à altura de nossos concorrentes. E era improvável que produzíssemos futuros líderes, pois não tínhamos um banco de reservas forte. Quando saí da AlliedSignal em 1999, eu achava que o grande sinal de nossa força era a qualidade extraordinária de nossos líderes. Uma medida de sua qualidade era que vários de nossos funcionários excepcionais tinham sido recrutados para liderar outras organizações, entre eles Paul Norris (que se tornou CEO da W. R. Grace); Dan Burnham, contratado como CEO da Raytheon; Gregory L. Summe (CEO da PerkinElmer); e Frederic M. Poses (CEO da American Standard).

Mas não se atinge um nível de excelência por acaso. Eu dediquei o que algumas pessoas consideravam uma quantidade excessiva de tempo e de energia emocional para contratar, propiciar as experiências certas e desenvolver líderes – entre 30% e 40% do meu dia nos primeiros dois anos e 20% posteriormente. Em se tratando de um CEO, é uma quantidade considerável de tempo a ser dedicada a uma só tarefa, mas estou convencido de que isso contribuiu muito para o sucesso da AlliedSignal.

Uma das primeiras coisas que fiz foi visitar as fábricas da empresa, encontrar os gerentes e avaliar suas habilidades pessoais. E não apenas conversei com eles; conversei também com seu pessoal para verificar o que eles achavam de seu ambiente de trabalho e como se comportavam – o que reflete o tipo de trabalho que um líder faz. Era durante essas visitas que eu constatava que a falta de atenção da empresa ao desenvolvimento de líderes era um grande problema.

Embora eu estivesse impressionado com minha meia dúzia de subordinados diretos, não podia dizer o mesmo em relação aos chefes de nossas unidades operacionais e suas equipes. Alguns gerentes precisavam assumir mais alguns projetos em outros negócios. Muito frequentemente, faltava-lhes uma base completa em termos de negócios, portanto estabeleciam prioridades de um ponto de vista funcional. Eles não demonstravam as habilidades básicas tais como o entendimento da concorrência ou o desenvolvimento de seu pessoal. Não estou dizendo que não fossem inteligentes ou que não trabalhassem com afinco. Tinham boas ideias e sabiam como apresentá-las, mas não estavam preparados para executá-las. Portanto, tentamos oferecer a eles pacotes indenizatórios generosos e ajudá-los a aterrissar.

O passo seguinte foi recrutar incansavelmente pessoas mais capazes – não apenas para gerenciar os negócios, mas também para que pudessem desenvolver líderes talentosos no futuro. O desenvolvimento de executivos precisa ser uma habilidade-chave. Na GE, 85%

dos executivos promovidos pertencem à própria GE, o que prova como a empresa é boa no desenvolvimento dos líderes. E ficou muito boa porque Jack Welch – e agora seu sucessor Jeff Immelt – tornou o desenvolvimento de líderes prioridade máxima e exigiu que todos os seus executivos fizessem o mesmo. Na AlliedSignal, ao contrário, tivemos de buscar quase todas as pessoas no mercado, principalmente em empresas que tinham processos de desenvolvimento de pessoal como os da GE e da Emerson Electric.

No final, fomos capazes de preencher a maioria dos cargos com pessoal interno, o que sempre fora meu objetivo. Mas isso não aconteceu sem muito envolvimento pessoal na avaliação e desenvolvimento de líderes.

Avaliei não apenas meus subordinados diretos, mas também os subordinados diretos dos subordinados diretos e às vezes chegava até os níveis mais baixos da organização. Nos meus três primeiros anos na AlliedSignal, entrevistei pessoalmente muitos dos 300 novos funcionários com MBA que contratamos, os quais considero nossos futuros líderes.

Não consegui entrevistar todo mundo, mas sabia que o padrão que estabeleci seria seguido no restante da empresa: você contrata pessoas talentosas e elas, por sua vez, também contratarão pessoas talentosas.

POR QUE AS PESSOAS CERTAS NÃO ESTÃO NOS CARGOS CERTOS

O senso comum nos diz que as pessoas certas têm de estar nos cargos certos. Mas, em geral, não estão. Qual a causa da falta de adequação que vemos hoje? Os líderes podem não saber o suficiente sobre as pessoas que estão nomeando. Podem escolher pessoas com as quais se sintam à vontade, em vez de outras que têm mais habilidades para o trabalho. Podem não ter a coragem de estabelecer a diferença entre as que têm ótimo desempenho e aquelas que têm um desempenho fraco e tomar as medidas necessárias. Tudo isso reflete um defeito básico: os líderes não estão pessoalmente comprometidos com o processo de pessoal e profundamente envolvidos com ele.

Falta de conhecimento

Os líderes, em geral, baseiam-se nas opiniões de pessoas que focam os critérios errados. Ou aceitam uma recomendação vaga e sem sentido de alguém do qual o subordinado direto gosta. "Bob é um grande líder", o defensor do candidato afirma. "Ele sabe motivar as pessoas, fala muito bem. Ele se dá bem com as pessoas e é muito inteligente." O líder não pergunta sobre as qualidades específicas que faz de Bob a pessoa certa para o cargo. Na verdade, o líder não conhece muito bem quais são as exigências do cargo. Ele não definiu o cargo em termos de três ou quatro critérios inegociáveis – coisas que a pessoa *deve* ser capaz de fazer para ser bem-sucedida.

RAM: Em novembro de 2001, eu estava almoçando com o líder de uma empresa de bens de consumo e o vice-presidente do conselho. A empresa tinha perdido participação de mercado e, durante nossa conversa, acabamos identificando a causa do problema: executivos de marketing fracos. A empresa precisava claramente contratar um executivo de marketing – do tipo "ou vai ou racha" – para 2002. O CEO tinha alguém em mente. A pessoa fora recomendada por Mark, o vice-presidente do conselho, e o CEO mencionou as qualidades dela, dizendo: "Ela é fantástica." "De que maneira?", perguntei. Quando ele respondeu com generalidades, pressionei e mais uma vez perguntei *por que* ele a achava tão maravilhosa. Para meu espanto, ele não conseguiu ser específico e seu rosto ficou vermelho.

Perguntei ao CEO e ao vice-presidente do conselho quais os três critérios inegociáveis para o cargo. Depois de alguma discussão, eles citaram os seguintes critérios: ser excepcionalmente bom em selecionar o *mix* ideal de promoção, propaganda e merchandising; ter um conhecimento comprovado sobre qual propaganda é eficiente e como colocar melhor essa propaganda na televisão, no rádio e na imprensa escrita; ter habilidade para executar o programa de marketing no momento e na sequência corretos, de modo coordenado com o lançamento de novos produtos; e ser capaz de selecionar as pessoas certas para reestruturar o departamento de marketing.

Após eles terem mencionado esses critérios para o cargo, perguntei se a candidata atendia a eles. Houve um longo silêncio. Finalmente, o líder respondeu honestamente: "Agora eu percebo que realmente não a conheço."

Nem o CEO nem o vice-presidente do conselho nem ninguém mais na organização havia feito as perguntas certas. Para melhorar consistentemente seu *pool* de liderança, cada negócio precisa de uma disciplina que esteja embutida no processo de pessoal, com um diálogo franco sobre a adequação entre pessoas e cargos, e de um acompanhamento que assegure que as pessoas empreendam as ações apropriadas.

Falta de coragem

A maioria das pessoas conhece alguém na organização que não realiza bem suas funções, embora consiga manter seu emprego ano após ano. Descobrimos que a razão comum é que o líder dessa pessoa não tem firmeza emocional para confrontá-la e tomar uma atitude firme. Tais fraquezas podem prejudicar consideravelmente a empresa. Se aquele que tem mau desempenho ocupa um cargo suficientemente alto na organização, pode destruí-la.

RAM: Vários anos atrás, um fabricante de componentes industriais de precisão concluiu que não tinha um banco de talentos suficiente para seu plano de sucessão e, por isso, contratou dois candidatos a CEO externamente. A empresa era a número um na sua área em nível global, com um longo histórico de sucesso. Um candidato, Stan, foi contratado para liderar as operações na América do Norte, a joia da coroa do negócio, que gerava 80% dos lucros da empresa. Ele vinha de uma empresa de eletrônica global na mesma área geral, na qual gerenciara uma pequena unidade de negócios. Ele se apresentava bem, estabelecia relações com as pessoas rapidamente, trabalhava muito e fazia apresentações excelentes.

Mas Stan não se saiu tão bem como líder das operações na América do Norte. Ele não conseguiu atingir as metas financeiras em seu primeiro ano. Perdeu participação de mercado, e a estrutura de custos das operações não era competitiva. Na época, o setor tinha capacidade ociosa, mas Stan não fechou fábricas, cortou custos ou focou a execução. As margens da empresa e o fluxo de caixa declinaram, e o preço da ação caiu como uma pedra. Mas o CEO não tomou nenhuma atitude, achando que Stan era novo ainda e precisava de tempo para entrar na cultura da empresa e que sua orientação o colocaria no caminho certo.

Então, Stan não conseguiu atingir as metas financeiras no segundo ano. O fluxo de caixa caiu novamente, assim como o preço da ação. O conselho ficou muito preocupado. Após Stan ter feito seu próximo relatório trimestral, o conselho se reuniu em sessão executiva com o CEO e disse a ele para demitir Stan. Mas, quando a atitude foi tomada, já era tarde para salvar a empresa. Nesse momento, o preço da ação havia caído pela metade. A empresa tornou-se um produto desejado para os executivos dos bancos de investimento e um alvo para empresas que faziam aquisições. Em seis meses, o controle da empresa foi tomado.

O CEO era muito brilhante, um homem de grande integridade, sempre disposto a dar às pessoas o benefício da dúvida. Ele gostava de Stan de verdade. Mas faltava-lhe a coragem de entrar em confronto com aqueles que tinham mau desempenho ou forçá-los a fechar fábricas e dispensar pessoas. Ele falhou em fazer o líder de sua operação mais importante encarar a situação real que o setor estava atravessando e também falhou por não responsabilizá-lo pelos maus resultados.

O conforto psicológico

Muitos cargos estão preenchidos com as pessoas erradas porque os líderes que as promovem se sentem bem com elas. É natural que os executivos desenvolvam um senso de lealdade em relação àqueles com quem estão trabalhando ao longo do tempo, particularmente se conseguiram confiar em sua opiniões e julgamentos. Mas é um problema sério quando a lealdade é baseada nos fatores errados. Por exemplo, o líder pode se sentir à vontade com uma pessoa porque ela pensa como ele e não o desafia ou desenvolveu a habilidade de isolar seu chefe dos conflitos. Ou o líder pode favorecer as pessoas que fazem parte da mesma rede social construída ao longo dos anos na organização.

RAM: O recém-empossado CEO – vou chamá-lo de Howard – de uma empresa global de US$25 bilhões era arrojado, ambicioso e gostava de grande pressão. As expectativas em relação a ele eram tão altas que, antes de se aposentar em 10 anos, Howard levaria a empresa de número três para número um num setor altamente competitivo de 10 *players*.

Howard pediu a todos, exceto três dos 11 executivos do alto escalão e membros da equipe de liderança, para se aposentarem antes e substituiu-os por pessoas que eram leais a ele. Tudo correu bem nos primeiros dois anos graças aos esforços da equipe gerencial anterior. No terceiro ano, o negócio começou a ruir. Para ter sucesso no setor, era preciso fazer lançamentos frequentes de produtos, e a equipe de Howard não cumpria um prazo sequer em seis meses ou mais. A empresa perdeu participação de mercado nas suas linhas de produto de maior margem para concorrentes estrangeiros que traziam seus produtos no prazo, e os atrasos tiveram um enorme impacto na imagem da marca.

Os atrasos também aumentaram os custos de lançamento em 15%, um revés financeiro muito sério, pois o negócio era muito intensivo em termos de capital, com baixas margens. A posição do caixa da empresa deteriorou-se rapidamente, sua classificação da dívida foi rebaixada duas vezes e isso cortou seus dividendos. Dois dos subordinados de Howard, escolhidos a dedo, eram responsáveis pelos custos crescentes e não cumpriam os prazos. Um escravo de seu conforto psicológico e da lealdade cega, Howard não os substituiu. Antes de o ano terminar, o conselho despediu Howard e sua equipe.

O contraste mais gritante do qual tenho conhecimento aconteceu na GE, quando Reginald Jones escolheu Jack Welch para sucedê-lo como presidente do conselho e CEO. Jones, natural do Reino Unido, era cerebral, bem-falante e considerado um dos maiores homens de negócios de seu tempo. Welch era irreverente, franco, intuitivo e adorava o diálogo. Aparentemente, era o oposto de Jones. Mas Jones reconheceu que a GE tinha de mudar e que Welch – que era inteligente, tenaz e dedicado à excelência, como era Jones – tinha o tipo certo de inteligência e personalidade para o trabalho que vinha pela frente. O jeito informal e espalhafatoso de Welch escondia uma mente estudada e penetrante e um desejo inigualável de vencer.

Resultado: Falta de comprometimento pessoal

Quando as pessoas certas não estão no lugar certo, o problema é visível e transparente. Os líderes sabem intuitivamente que têm um problema e de imediato reconhecem isso. Mas muitos deles não fazem nada para resolvê-lo. Você não pode fazer com que esse processo aconteça apenas lançando uma diretiva para encontrar os melhores talentos. Como mencionado anteriormente, os líderes precisam investir 40% de seu tempo e energia emocional, de uma forma ou de outra, para selecionar, avaliar e desenvolver pessoas. Esse imenso comprometimento pessoal consome tempo e é estressante quando se tem de dar feedback, mediar o diálogo e expor suas opiniões aos outros.

Mas a base de uma grande empresa é a forma pela qual ela desenvolve pessoas – propiciando as experiências certas, tais como aprender em diferentes funções, aprender com outras pessoas, dar feedback honesto, orientação, instrução e treinamento. Se você investe tempo e energia desenvolvendo pessoas na mesma proporção que investe fazendo orçamento, planejamento estratégico e monitoramento financeiro, o retorno virá na forma de vantagem competitiva sustentável.

QUE TIPO DE PESSOA VOCÊ ESTÁ PROCURANDO?

Como mencionamos anteriormente, na maioria das empresas as pessoas consideram um bom líder aquele com visão, estratégia e habilidade para inspirar os outros. Elas supõem que, se o líder pode conduzir a visão e a estratégia corretamente e passar a mensagem para a frente, as pessoas na organização o seguirão. Por isso, os conselhos de administração, CEOs e executivos seniores, com frequência, são seduzidos pelas qualidades acadêmicas e intelectuais dos candidatos que eles entrevistam. Ele é conceitual e visionário? É articulado, um agente de mudança e um bom comunicador, principalmente com os públicos externos como Wall Street?

Eles não fazem as perguntas mais importantes: Ele sabe fazer as coisas acontecerem? Em nossa experiência, há pouca correlação entre aqueles que falam que fazem e aqueles que realmente fazem as coisas acontecerem, chova ou faça sol. Com muita frequência, não se perde tempo com eles. Mas, se você quer construir uma empresa que tem uma excelente disciplina de execução, tem de selecionar quem faz.

LARRY: A pessoa que é um pouco menos conceitual, mas absolutamente determinada a ser bem-sucedida, em geral encontrará as pessoas certas e as unirá para atingir os objetivos. Não estou desprezando uma educação privilegiada ou procurando pessoas néscias. Mas, se você tem de escolher entre alguém com um QI surpreendente e uma educação privilegiada, mas que se move devagar, e alguém com um QI menor, mas que é absolutamente determinado a ser bem-sucedido, você sempre se sairá melhor com o segundo tipo.

Eu nem sempre entendo isso. Também pensava que, quanto maior o nível educacional e a origem, mais inteligente a pessoa. Mas isso não é verdade. Você está procurando pessoas com grande motivação para vencer. Essas pessoas obtêm sua satisfação ao fazer que as coisas aconteçam. Quanto mais se saem bem fazendo isso, mais aumenta sua capacidade.

Você pode facilmente identificar quem faz, observando seus hábitos de trabalho. São os que motivam as pessoas, são determinados quando se deparam com questões difíceis, conseguem que as coisas sejam feitas através dos outros, e acompanhar tudo até o final faz parte de sua segunda natureza.

* * *

Vemos esse problema em particular quando funcionários ou consultores de alto nível intelectual querem mudar para cargos de linha no topo da organização. Eles frequentemente vêm das melhores faculdades de Administração, de empresas de consultoria e de departamentos internos de finanças, contabilidade e planejamento estratégico. O problema é que nunca foram testados no sentido de mobilizar o pessoal de linha a executar. Não tiveram a experiência que desenvolve o instinto do negócio.

Por exemplo, Joan era diretora financeira de uma divisão de alto crescimento de uma empresa de produtos industriais. Ela queria sair de sua função, na qual não tinha nenhuma chance de se tornar CEO, para um cargo de linha que a faria uma candidata à sucessão. Ela tornou-se líder da maior linha de produtos da divisão, com total responsabilidade pela participação de mercado, lucros e perdas, e itens do balanço como contas a receber e inventário. Ficou claro em um ano, tanto para o CEO como para o chefe da divisão, que ela não possuía importantes habilidades com pessoas para motivar e redirecionar seus subordinados diretos, o que incluía substituir algumas pessoas em cargos-chave. Ela também não demonstrava a coragem para segurar os preços quando os clientes pediam descontos enormes numa economia em recessão.

Não estamos dizendo que o pessoal administrativo não pode nunca mudar para cargos de linha. Na GE, por exemplo, Jack Welch reconheceu logo no início de seu mandato como CEO que precisava de fontes adicionais de talento para liderança. A GE recrutou nas melhores faculdades de Administração e empresas de consultoria para unidades de planejamento estratégico e consultoria de marketing. Os selecionados foram aí testados e tiveram a oportunidade de demonstrar se tinham as habilidades com pessoas necessárias para tornarem-se chefes da unidade. Jeff Immelt, o atual CEO da GE, foi selecionado através desse canal. Outros líderes importantes que saíram de empresas de consultoria ou cargos administrativos são Louis Gerstner, vice-presidente do Conselho e, até recentemente, CEO da IBM; Jim McNerny, CEO da 3M; e Art Collins, CEO da Medtronics. Cada um teve a chance de demonstrar suas habilidades gerenciais.

Eles energizam as pessoas

LARRY: Alguns líderes sugam a energia das pessoas, enquanto outros a geram. Suponha que você entreviste alguém que tem um grande potencial – ele teve uma educação privilegiada, tem boa experiência e um amplo histórico de realizações. Mas é dócil e reservado – simplesmente fica lá sentado. Às vezes, as pessoas não entrevistam bem e, se o candidato tem sido bem-sucedido, pode ser que eu tenha de ficar mais tempo analisando seu histórico de resultados para aprová-lo ou rejeitá-lo. Mas tenho receio de contratá-lo para um importante cargo de liderança. Provavelmente ele vai escolher pessoas parecidas com ele, e você terá de tocar um sino para acordá-las. Eu quero pessoas que cheguem de manhã com um sorriso no rosto, que sejam otimistas, estejam prontas para fazer as tarefas do dia, do mês ou do ano. Elas vão energizar as pessoas com as quais trabalham – e contratar pessoas energizadas.

★ ★ ★

Estamos falando de inspirar as pessoas através da retórica. Muitos líderes acham que podem energizar as pessoas fazendo discursos inflamados ou pintando um quadro edificante de onde o negócio pode estar daqui a alguns anos se todos derem seu máximo. Os líderes cujas visões se concretizam constroem e sustentam o momento. Inserem a visão na realidade, focando realizações de curto prazo – as metas que geram adrenalina e que fazem gols na trajetória para vencer o jogo.

Bob Nardelli, atual presidente do Conselho e CEO da Home Depot, é um exemplo de pessoa que sabe energizar os outros. No seu emprego anterior, como líder da Power Systems, uma divisão da GE, ele transformou de um negócio moribundo em uma das grandes divisões da empresa. Ele assumiu a Power Systems em 1995, depois de um período bem-sucedido na divisão de Sistemas de Transporte (que Jack Welch costumava usar como lugar para testar executivos que pareciam ter potencial para subir mais). Anteriormente, Nardelli havia também gerenciado os negócios de bens de consumo. A Power Systems detinha 50% do mercado mundial de equipamento pesado para geração de energia, mas o negócio estava em colapso – as empresas de serviços de utilidade pública cortaram abruptamente o investimento de capital e não havia sinal de retomada. Nardelli tinha uma visão de crescimento através da ampliação de suas ofertas, de modo a incluir equipamento menor de geração, entrada em novos segmentos da indústria e fornecimento não apenas de equipamento, mas também de serviços aos clientes. No começo, ele caiu em descrédito e houve resistência de uma cultura burocrática, cujos gerentes estavam convencidos de que não havia jeito de retomar o crescimento sem recorrer ao corte nos preços.

Em parte, Nardelli venceu e energizou os gerentes com seu estilo pessoal de liderança. Profundamente envolvido em todos os aspectos do negócio, ele era curioso e incansável – a personificação do envolvimento. Ele nunca termina uma conversa sem fazer um resumo das ações que devem ser realizadas.

Ele também deu credibilidade à sua visão, desmembrando-a em pequenas ações bem-sucedidas. Fez que os gerentes indiferentes se reunissem com os tomadores de decisões nas empresas de serviços de utilidade pública e outros clientes para aprender em primeira mão como podiam aumentar a participação da Power Systems nos gastos do consumidor. Ele os orientou para que desenvolvessem novas propostas de valor, cliente por cliente e conta por conta, e começaram a ver possibilidades que nunca haviam imaginado. Os gerentes que costumavam odiar reuniões passaram a esperar ansiosamente por elas, pois tinham se tornado fóruns de ação e crescimento pessoal.

Eles são determinados em relação a decisões difíceis

Determinação é a habilidade de tomar decisões difíceis rápida e eficientemente e agir sobre elas. As organizações estão repletas de pessoas que protelam decisões. Alguns líderes não têm firmeza emocional para encarar decisões difíceis. Quando não as enfrentam, todos na empresa sabem que estão se esquivando, procrastinando e fugindo da realidade.

Suponha, por exemplo, que alguém solicite uma verba para construir uma nova fábrica, em um negócio em que você está se saindo bem. Mas a economia vai entrar em recessão. Você tem de perguntar por que este é o momento apropriado para construir a fábrica ou se faz mais sentido terceirizar. Optar pela terceirização vai incomodar os bons gerentes e torná-lo impopular – seu pessoal preferiria ter a própria fábrica e, nesse caso, eles têm uma boa justificativa de longo prazo. Mas você sabe que construir nesse momento seria um erro, portanto tem de tomar a difícil decisão.

Ou suponha que alguém de quem você realmente goste não esteja de acordo com o desempenho esperado. Algumas decisões difíceis são mais desafiadoras para líderes indecisos do que ter de tratar com pessoas que eles promoveram e que não estão se saindo bem.

Eles conseguem que as coisas aconteçam por meio de outras pessoas

Conseguir que as coisas sejam feitas por meio dos outros é uma habilidade fundamental de liderança. Na verdade, se você não consegue fazer isso, não está liderando. Mas quantos líderes você conhece que não conseguem fazer isso? Alguns reprimem seus subordinados, tirando sua iniciativa e criatividade. Eles são gerentes de detalhes, líderes inseguros que não conseguem acreditar que os outros farão a coisa certa porque não sabem avaliá-los e monitorar seu desempenho. Eles acabam tomando todas as decisões-chave sobre os detalhes, por isso não têm tempo para lidar com as questões mais importantes que deveriam estar focando ou reagindo às surpresas que inevitavelmente aparecem. Outros líderes abandonam seu pessoal. Acreditam, do fundo do coração, que podem delegar: deixar que as pessoas se desenvolvam por conta própria, nadem ou afundem, se deem autonomia. Eles explicam o desafio (às vezes, num nível tão alto de abstração que chega à superficialidade) e passam totalmente a bola para seus subordinados. Não estabelecem marcos e não acompanham o que está sendo feito. Então, quando as coisas não saem como o esperado, ficam frustrados. Ambos os tipos enfraquecem as habilidades de sua organização.

Algumas pessoas são incapazes, por temperamento, de trabalhar bem com os outros.

LARRY: Acho que tenho um bom histórico no que se refere a contratar pessoas, mas cometi alguns erros. Por exemplo, contratamos um homem chamado Jim como vice-presidente num papel de conselheiro. Todos nós ficamos muito impressionados com ele. Era inteligente, articulado e extremamente agradável na forma como trabalhava com seus superiores. Depois de um ano, nós o colocamos como encarregado de uma grande unidade de negócios. Mas, um ano depois, a unidade estava passando por problemas. Não conseguia lançar produtos no prazo, estava perdendo participação de mercado e a produtividade estava caindo.

Quando avaliamos seu desempenho, descobrimos que as pessoas que trabalhavam para ele não o suportavam. Ele era extremamente rígido – "quase um sargento durão", nas palavras de um executivo que trabalhava com ele. Não incluía as outras pessoas na tomada de decisão. Ao longo do tempo, uma imensa lacuna se formou entre ele e seu pessoal, até o ponto em que Jim não tinha mais nenhuma ascendência sobre seus funcionários. Tivemos de dispensá-lo, e seu sucessor levou um ano para colocar a unidade de volta nos trilhos.

Os líderes que não conseguem trabalhar através dos outros em geral acabam utilizando horas incontáveis a mais e levando todos a fazer o mesmo. São como Charlie, que mencionei no Capítulo 3. Eu sempre pergunto para tais pessoas: "O que você conseguiu fazer, e as outras pessoas estavam incluídas nisso?" Nas avaliações de desempenho, tinha com frequência de dizer a algumas pessoas muito inteligentes, que trabalhavam 80 horas por semana, que precisavam mudar seus hábitos, e 80 horas são, na verdade, um grande ponto fraco. Pessoas assim, em geral, forçam seus subordinados a ficar no escritório ou na fábrica com elas nos sábados, domingos e feriados. Elas deixam seus subordinados exaustos e sugam a energia de todos em sua volta. Eu digo para elas: "Vocês têm de vir aqui com menos frequência, mas seu desempenho não pode cair – tem de ser tão bom como é agora. Aprendam como fazer as coisas através dos outros. Porque, se vocês não conseguirem fazer as coisas através dos outros, no final vocês vão afundar ou ficar totalmente exaustos." Se essas pessoas promovem os outros com base na quantidade de horas trabalhadas – o que certamente farão, pois é isso que as impressiona –, os promovidos também terão o mesmo problema.

As pessoas que não conseguem trabalhar com os outros diminuem a capacidade de suas empresas. Não conseguem extrair todas as vantagens do talento de seus funcionários e desperdiçam o tempo de todos, incluindo o seu próprio.

Eles acompanham tudo até o fim

O acompanhamento é a pedra fundamental da execução. Todos os líderes que são bons em execução acompanham tudo até o final religiosamente. Isso garante que as pessoas estão fazendo as coisas com as quais se comprometeram, de acordo com o cronograma estabelecido. Isso expõe qualquer falta de disciplina e conexão entre ideias e ações e conduz à especificidade, que é essencial para sincronizar as partes de uma organização. Se as pessoas não conseguem executar o plano por causa de circunstâncias que mudaram, se você acompanhar tudo até sua realização final, terá certeza de que as pessoas vão saber lidar rapidamente e de forma criativa com os envolvidos. Os líderes seniores da GE, por exemplo, fazem *follow-up* de cada Sessão C depois de 90 dias – antes que a Sessão S comece –, com uma teleconferência de 45 minutos entre os envolvidos nos projetos que levam muito tempo para serem completados.

Os líderes podem também fazer o acompanhamento individualmente (por exemplo, as reuniões de Dick Brown, que eram chamadas de "depois da aula", discutidas no Capítulo 3) ou num contexto de grupo como um método de feedback. No grupo, todos aprendem alguma coisa. A variedade de pontos de vista ajuda as pessoas a verem com mais clareza os critérios das decisões, os julgamentos que são feitos e os *trade-offs* que são realizados. Essa exposição ajusta a opinião das pessoas e alinha a equipe.

Nunca termine uma reunião sem deixar claro qual será o produto final, quem irá fazê-lo, quando e como será feito, quais recursos serão usados, e como e quando a próxima avaliação acontecerá e com quem. E nunca lance uma iniciativa a menos que você esteja pessoalmente comprometido com ela e preparado para acompanhá-la até que esteja embutida no DNA da organização.

LARRY: Uma vez que me comprometo com uma iniciativa, me certifico de que ela será implementada. Se eu deixá-la perder a força depois de seis meses, desperdiçando dinheiro e o tempo das pessoas, isso irá reduzir minha eficácia futura quando quiser lançar outras iniciativas. As pessoas pensarão: "Isso vai durar três meses, e o velho Larry então já vai estar em outra"; e sua linguagem corporal mostrará que elas estão céticas. Portanto, deixo bem claro que estou comprometido e que vamos fazer o que foi proposto. Podemos fazer com ou sem o apoio de todos, mas vamos fazer. Então, as pessoas rapidamente captam a mensagem de que não se trata de uma experiência.

COMO COLOCAR AS PESSOAS CERTAS NOS CARGOS CERTOS

As entrevistas tradicionais não são úteis para identificar as qualidades dos líderes que executam. Muito frequentemente, elas focam a cronologia do desenvolvimento da carreira de um indivíduo e suas atribuições específicas. Os entrevistadores, em geral, não conseguem aprofundar-se muito no histórico da carreira da pessoa para ver como, na verdade, ela se saiu nos empregos anteriores. Como, por exemplo, ela estabelecia prioridades? Incluía as pessoas na tomada de decisão? Pode justificadamente ter o crédito pelos bons resultados financeiros ou mudou de cargo para cargo, a um passo à frente da calamidade? Há vários exemplos de pessoas que construíram um histórico admirável demonstrado pelos números à custa de pessoas e, então, deixaram para trás uma empresa enfraquecida. Elas pularam do navio na hora certa, e seus sucessores tiveram de limpar a sujeira. Mesmo quando checam as referências, os entrevistadores, com frequência, falham em chegar ao cerne da questão.

Quando você entrevista, precisa ter uma visão geral da pessoa com base nas coisas que pode apreender fazendo-lhe perguntas. Então, você precisa descobrir as realizações dela, passadas e presentes, como pensa e o que impulsiona suas ambições.

LARRY: O desenvolvimento de líderes começa pela entrevista e pela avaliação dos candidatos. Não estou falando em supervisionar o departamento de RH e entrevistar os finalistas; estou falando de colocar a mão na massa. A maioria dos processos de entrevista, é totalmente falha. Algumas pessoas vão bem na entrevista e outras, não. Uma pessoa que não vai bem na entrevista pode, no entanto, ser a melhor opção para o emprego. É por isso que é muito importante investigar profundamente, saber o que ouvir e obter dados complementares. Leva tempo e esforço para aprofundar-se, mas sempre compensa.

As primeiras coisas que procuro são energia e entusiasmo para executar. O candidato fica entusiasmado ao fazer as coisas em comparação a falar sobre elas? Ele coloca energia em tudo que faz, começando pela escola? Não importa se ele foi para Princeton ou Podunk State; como ele se saiu lá? Sua vida é repleta de realizações?

Sobre o que essa pessoa quer falar? Ela fala sobre o entusiasmo de fazer as coisas acontecerem ou fica mudando de assunto para estratégia ou filosofia? Ela detalha os obstáculos que precisou superar? Explica os papéis desempenhados pelas pessoas que se subordinavam a ela? Parece ter habilidade para convencer e engajar os outros em uma missão?

Quando estou avaliando um candidato externo, quero investigar o passado. É essencial falar diretamente com suas referências. Quando cheguei à AlliedSignal, chequei pessoalmente as referências de dezenas de candidatos. Lembro de colegas CEOs perguntando: "Por que *você* está ligando?" Eu respondia que era uma preocupação pessoal minha. Se vou contratar alguém, não quero que apenas o pessoal de Recursos Humanos cheque o candidato; eu próprio quero checá-lo. Não quero verificar apenas uma referência e deixar que o RH verifique as outras; tento falar com duas ou três, mesmo se isso levar muito tempo. Você não pode passar muito tempo conseguindo e desenvolvendo os melhores talentos.

Muitos CEOs disseram-me que meus telefonemas para checar referências foram diferentes da maioria porque eu me concentrei na energia, na implementação e nas realizações do candidato. Eu pergunto: "Como ele estabelece prioridades? Ele é conhecido por ter quais qualidades? Inclui as pessoas no processo de tomada de decisão? Qual sua ética de trabalho e seu nível de energia?" Esse tipo de pergunta atinge o potencial real da pessoa.

Quando telefono pessoalmente, sei que provavelmente vou obter uma resposta franca. Se conheço a referência, tenho certeza de que não vou obter uma resposta filtrada. Se não consigo de imediato obter uma referência de alguém que conheço, não quero contratar o candidato. No entanto, se você for um pouco mais fundo, acaba sempre encontrando alguém no processo de avaliação com uma relação com o candidato.

Aprendi essa lição com um erro muito desagradável que cometi logo no início na AlliedSignal. Dispensei um executivo sênior de marketing logo depois que o contratei. Ele era um verdadeiro moinho de vento que passava seu tempo falando pomposamente sem fazer nada. Como parte de meu *follow-up* depois de dispensá-lo, chequei suas referências.

Uma delas – alguém que não conhecia pessoalmente – disse: "Bom, ele sempre teve esse problema." A referência não havia me informado sobre os problemas do candidato antes, pois tinha medo da responsabilidade de dizer isso.

A conclusão é que você tem de ser persistente ao checar as referências e chegar no cerne da questão.

A VERDADE NUA E CRUA

Na maioria das empresas, avaliar os candidatos internos apresenta os mesmos problemas gerais da avaliação dos candidatos externos. O processo é, em geral, mal estruturado – em alguns casos, burocrático e mecânico. Um executivo que está se preparando para avaliar um candidato busca orientação nos *binders* preparados pelo pessoal administrativo, que estabelece os critérios de liderança.

Ao analisar o histórico de uma pessoa, você tem de chegar ao essencial que a torna eficiente em seu trabalho. Qual seu histórico de realizações e qual o grau de dificuldade para conseguir concretizá-las? Qual seu grau de eficácia em galvanizar os esforços de outros e estimulá-los a fazer as coisas acontecerem?

Uma das muitas coisas que as avaliações mecânicas perdem é *como* o candidato conseguiu cumprir os compromissos – se ele conseguiu fazer isso de forma a fortalecer a organização e a capacidade das pessoas como um todo ou a enfraqueceu. *Como* os líderes cumprem seus compromissos é, pelo menos, tão importante como *se* conseguiram cumpri-los e, em geral, é até mais importante. Atingir os objetivos de forma errada pode significar um enorme prejuízo para uma organização.

Numa avaliação mecânica, é simples determinar se um candidato cumpre seus compromissos: eis as metas que ele tem de atingir e eis os números que mostram se ele atingiu ou não. Mas que outras circunstâncias afetaram sua habilidade de atingi-las? Ele fez um ótimo trabalho diante da adversidade ou colocou o futuro de seu negócio em risco para ser bem-sucedido no curto prazo? Ao atingir os objetivos, ele também fortaleceu a organização, atribuindo tarefas que desenvolvessem o potencial de liderança das pessoas, e lhes deu espaço para crescimento pessoal? Ou ele deixou atrás de si uma destruição total e uma equipe que não funciona? Você não vai encontrar respostas a tais perguntas em uma lista.

Atingir as metas da forma errada pode às vezes ter consequências extremas. A Lucent e outros fornecedores de serviços de telecomunicação tiveram problemas quando os executivos que tentaram atingir metas ambiciosas de aumento de receita deram muito crédito para alguns clientes e concordaram em receber o equipamento de volta caso o cliente não o vendesse.

Eis uma situação mais comum. Vamos dizer que Dave e Mike atingiram as metas no ano passado, mas Sue não conseguiu. Uma avaliação mecânica – alguns diriam objetiva – indicaria um bônus para Dave e Mike e nenhum para Sue. Mas, se você examinar mais de perto as circunstâncias, terá um resultado diferente.

Dave chegou ao sucesso sem muito esforço num mercado mais forte do que o esperado. Se ele estivesse fazendo bem seu trabalho, teria superado as projeções em 20%. Na unidade de Sue, porém, os lucros despencaram porque a escassez de matéria-prima elevou inesperadamente os custos em 20%. Os resultados teriam sido bem piores se Sue não tivesse implementado rapidamente algumas melhorias em termos de produtividade. Seus concorrentes no setor não cumpriram as metas numa proporção muito maior.

Quanto a Mike, ele conseguiu os ganhos que prometeu, embora o negócio tenha sido atingido tão duramente quanto o de Sue. Mas fez isso parando por algum tempo o desenvolvimento de dois novos produtos e forçando muitos produtos no *pipeline* de distribuição – uma situação que prejudicaria o negócio, acumulando um excesso de estoque no trimestre seguinte. Em outras palavras, ele pediu emprestado ao futuro para atingir as metas no presente.

Se alguém deveria ganhar um bônus, na verdade seria Sue. Mas as pessoas são avaliadas estritamente com base nos números ou presumidamente em critérios objetivos e são classificadas de acordo com eles. Quando a pessoa errada recebe recompensa financeira, toda a organização perde. Os problemas não são resolvidos, os que não têm bom desempenho seguem em frente e os que têm começam a procurar emprego em lugares onde suas contribuições serão reconhecidas.

Numa boa avaliação, o líder analisa em detalhes como as pessoas atingiram seus objetivos. As pessoas tiveram um bom desempenho consistentemente? Quais delas são desembaraçadas, empreendedoras e criativas diante da adversidade? Quem conseguiu ganhos rápidos e não buscou melhores resultados? E quem atingiu as metas à custa do moral da organização e do desempenho de longo prazo?

Em nenhum lugar, o diálogo franco é mais importante do que no processo de pessoal. Se as pessoas não conseguem falar francamente ao avaliar os outros, então a avaliação é inútil – para a organização e para a pessoa que precisa de feedback.

A maioria das pessoas, pelo que vemos, *nunca* recebeu uma avaliação honesta. Aqueles que avaliam precisam ter coragem e firmeza emocional para fazer avaliações francas. É mais frequente um gerente pensar: *Se eu sentar e disser para a pessoa que ela tem um problema de comportamento, vai ser uma discussão em que haverá confronto, e eu não quero isto*. Além do mais, sem orientação, prática e apoio, muitos gerentes não têm confiança suficiente nos seus julgamentos objetivos para serem críticos.

Don Redlinger era diretor de RH da AlliedSignal até a fusão com a Honeywell em 2001. Antes de Bossidy ter entrado na AlliedSignal, ele relembra: "As avaliações de desempenho eram, em geral, experiências agradáveis. Eu sentava com alguém que trabalhava comigo e dizia: 'Nossa, Harry, você foi ótimo nestas seis coisas.' E, então, de forma evasiva, eu diria: 'Pense apenas em como você se comunica com seu pessoal' e 'Não seria bom se você pudesse melhorar esta habilidade?' Tudo era vago e positivo, só o doce, sem o amargo."

"O avaliador *deveria* estar pensando no seguinte: *Eu posso tornar esta pessoa melhor se lhe disser que ela tem um problema e ela resolvê-lo.* Se você sentar com seu chefe e este não lhe diz nada sobre seus pontos fracos, vá embora! Caso contrário, você não vai aprender nada."

LARRY: Digo para meus líderes que eles têm de fazer as avaliações usando sua linguagem normal do dia a dia e em suas palavras – não a linguagem do profissional de Recursos Humanos. Eles podem trocar ideias com o pessoal de RH. Eu mesmo faço isso. Eu direi: "Aqui está minha avaliação. Você conhece esta pessoa. Tem um ponto de vista diferente?" Considero qualquer boa ideia que eles tenham e as incluo na avaliação. Mas, basicamente, é minha responsabilidade. A pessoa avaliada precisa perceber que sou eu, não outra pessoa, quem decide e quem se importa.

Uma avaliação útil e franca mostra as coisas que o candidato faz bem e outras que deve fazer melhor. É simples assim. Não usa palavras sem significado. É muito direta. É específica. Vai direto ao ponto. Tem utilidade.

Por exemplo, se você estiver fazendo uma avaliação, deve dizer para a pessoa: "Você é ambiciosa, entusiasta e trabalha bem com as pessoas. Você é conceitual, analítica e se sai bem trabalhando em grupo. Mas o que você poderia fazer melhor? Primeiro, não é arrojada o suficiente. Não desenvolve sua organização como pedimos – não promoveu pessoas o suficiente no ano passado." Você ilustra esses pontos com observações específicas que fez.

As avaliações também têm de ser feitas no contexto do trabalho da pessoa. Na Honeywell, por exemplo, nossos líderes devem constantemente interligar as pessoas, as operações e a estratégia, portanto eles analisam o desempenho das pessoas nessas três áreas. Se uma pessoa de operações é fraca em estratégia, digamos, fica registrado que é um ponto no qual ela tem de melhorar.

O líder que faz a avaliação também tem de indicar como pode ajudar a pessoa a eliminar seus pontos fracos, caso a conversa não seja suficiente: "Vamos dar orientação para esta pessoa." Ou: "Ela precisa de uma outra tarefa para tentar eliminar essa deficiência." O líder se compromete a ajudar.

Então, ele senta com a pessoa e discute a avaliação. Se eu estiver fazendo a avaliação, no final, direi: "Agora vou lhe dar a última palavra. Você ouviu o que eu acho – o que você gostaria de acrescentar?" Ela irá responder e então eu direi: "Bem, então, concordamos que esses são os problemas nos quais você tem de trabalhar. Agora, alguns problemas podem estar no seu DNA e você não poderá mudá-los. Mas pode modificá-los, melhorá-los." Finalmente, a pessoa que está sendo avaliada coloca suas iniciais no documento, dizendo: "Ok, você me fez alguns elogios, gostei muito disso. Aceito o fato de que há coisas que preciso aprender e vou fazer de tudo para melhorar no futuro."

Tais avaliações continuam sem parar, com milhares de pessoas em toda a Honeywell. Quando vou a alguma unidade, olho as avaliações de todos os principais líderes e de seus subordinados diretos – talvez 50 ou 55 deles. Analiso todas as pessoas de alto potencial que foram antes transferidas para lá por causa de seu progresso e desempenho. Identifico aquelas que não estão tendo um bom desempenho e decido o que fazer com elas. Dou seguimento ao assunto, escrevendo um memorando de cinco ou seis páginas para cada uma delas. Então, volto dentro de seis meses e avalio se as medidas propostas foram tomadas.

Se essa abordagem permear toda a sua organização, de cima a baixo, como se presume, ela mudará toda a sua força de trabalho.

★ ★ ★

As pessoas que não estão acostumadas a fazer avaliações francas vão se opor ao processo no início. "Elas irão resistir", diz Redlinger. "Como você as faz entender? Quando começamos, foi controvertido e difícil. Às vezes, você tem de tomar uma atitude extrema para chamar a atenção das pessoas. Alguém diria: 'O velho Harry está fazendo coisas maravilhosas', e a reação poderia ser: 'Você está louco. Ele é um inútil. Ele nunca apresenta resultados. Ele fala muito e faz pouco.' Discutiríamos sobre essas pessoas, mas, no final, todos sabiam mais sobre a pessoa que foi avaliada."

"As avaliações francas ensinaram os gerentes-gerais a se concentrarem na qualidade de seu talento como uma vantagem fundamental, competitiva. À medida que melhoravam suas organizações ao longo do tempo, eles percebiam que os negócios progrediam e enfrentavam a concorrência de forma muito mais eficiente com supertalentos. E a natureza das conversas mudou. Em vez de debater a qualidade e o desempenho das pessoas, eles passaram a se concentrar mais em como podemos ajudar Fulano a preencher esta lacuna de conhecimento ou experiência ou capacidade, ou para onde devemos transferi-lo."

Não há nada de sofisticado no processo de colocar as pessoas certas nos cargos certos. É uma questão de ser sistemático e consistente ao entrevistar e avaliar as pessoas e desenvolvê-las através de feedback honesto.

Os três elementos que descrevemos na Parte 2 são a base dos três processos-chave da execução. Se você tem líderes com o comportamento certo, uma cultura que recompensa a execução e um sistema coerente para colocar as pessoas certas nos cargos certos, já existe a base necessária para operar e gerenciar cada um dos processos de forma eficiente.

PARTE III

OS TRÊS PROCESSOS-CHAVE DA EXECUÇÃO

CAPÍTULO 6

O processo de pessoal: Unindo estratégia e operações

O processo de pessoal é mais importante do que os processos de estratégia e operações. Afinal, são as pessoas de uma organização que fazem os julgamentos sobre como o mercado está mudando, criam estratégias com base nesses julgamentos e as traduzem em realidade operacional. Colocando de maneira simples e completa: se o processo de pessoal não funcionar perfeitamente, você nunca realizará o potencial de seu negócio.

Um processo de pessoal sólido faz três coisas. Avalia as pessoas de forma precisa e profunda. Fornece um modelo para identificar e desenvolver os talentos em termos de liderança – em todos os níveis e de todos os tipos – que a organização irá precisar para executar suas estratégias no futuro. E preenche o *pipeline* de liderança, que é a base de um plano de sucessão sólido.

Pouquíssimas empresas atingem bem todos esses objetivos. Uma das maiores falhas do processo de pessoal tradicional é que olhar para trás e não para a frente e focar a avaliação do trabalho que as pessoas estão fazendo hoje. Muito mais importante é se as pessoas podem fazer o trabalho de *amanhã*. Vimos muitas pessoas que gerenciam bem as unidades de negócios, às vezes até excepcionalmente bem, mas que não tinham a capacidade para levar o negócio para o nível seguinte. Muito frequentemente, as empresas esperam até que os resultados financeiros apareçam antes de fazerem as correções nas posições-chave de liderança. Aí, o mal já está feito. Os resultados estão aquém dos indicadores; eles registram o passado e com uma defasagem de tempo a ser alcançada.

RAM: Tais falhas nos processos de pessoal custam à empresa incontáveis bilhões de dólares. Eis um exemplo bastante claro. Alguns anos atrás, o CEO de uma empresa de produtos químicos de US$4 bilhões investiu US$250 milhões para construir uma fábrica na Indonésia. Era parte de uma estratégia para transferir os recursos do mercado de lento crescimento dos Estados Unidos para países em desenvolvimento, e fazia sentido. Ele colocou o projeto nas mãos de um gerente de fábrica brasileiro que havia feito um excelente trabalho no Brasil. No começo de 2001, o CEO me telefonou e disse: "Você iria para a Indonésia? Este investimento é um peso muito grande sobre minhas costas. Vá lá e dê uma olhada no que está acontecendo." Fui para Jacarta, onde descobri que a situação não tinha remédio. O cronograma para a abertura da fábrica não estava sendo cumprido devido a atrasos nas obras. O gerente não conseguia lidar com as empreiteiras, obter os alvarás, tratar com os sindicatos e recrutar as pessoas de que precisava. Quando a fábrica estava finalmente funcionando, ele não foi capaz de vender o que produzia.

Esse gerente não tinha a capacidade necessária para gerenciar todo um negócio. Isso já era claro no Brasil e ficou mais evidente ainda na Indonésia, sobre a qual ele sabia muito pouco, principalmente como se fazia negócios lá. Sim, o homem havia gerenciado uma fábrica no Brasil com muita eficiência, mas ele era um profissional técnico, não um gerente-geral. Ele não entendia os meandros dos relacionamentos com clientes, com os mercados, os preços e as relações que você tem de estabelecer e manter com várias autoridades governamentais num país como a Indonésia. Ele não tinha a habilidade de se movimentar em círculos políticos – um pré-requisito para fazer negócios lá. Não viu o quadro geral e não tinha uma visão completa de como um negócio gera dinheiro, o que é o cerne da habilidade conhecida como perspicácia nos negócios. Ele era ingênuo como homem de negócios e não sabia como escolher as pessoas certas. E não havia um contato real entre ele e a matriz – onde também ninguém sabia nada sobre a Indonésia. Nenhum dos 20 executivos tinha estado lá, nem sequer de férias. Eles receberam alguma informação sobre o país de uma empresa de consultoria americana, que não fez nada para prepará-los para a realidade de como fazer negócios na Indonésia.

Como a empresa pôde despejar um quarto de bilhão de dólares na Indonésia sem se certificar de que seu pessoal sabia como gerenciar um negócio lá? O CEO escolheu o gerente supondo que eles precisavam de alguém com fortes habilidades técnicas e que alguém de um país em desenvolvimento seria capaz de se sair bem em um país similar. Ele não tinha um processo de pessoal que passasse informações sobre as qualidades de liderança do gerente ou de sua perspicácia nos negócios.

Esse tipo de decisão – colocar as pessoas erradas para executar uma parte-chave da estratégia do negócio – é comum. Não importa se estejam se expandindo internacionalmente ou lançando um novo plano no mercado interno, muitos líderes não se fazem as perguntas mais básicas: Quem são as pessoas que vão executar a estratégia, e elas podem fazer isso?

A estratégia era boa em si, mas a empresa não tinha esperança de executá-la. Quando voltei para os Estados Unidos, disse ao CEO que ele tinha de depreciar o investimento. No final, ele desistiu da Indonésia e trocou essa fábrica por outra em outro país.

Compare esse exemplo com a escolha de pessoal em uma outra empresa dos Estados Unidos com operações internacionais. A empresa, a terceira maior em sua área, havia criado valor para seus acionistas; na última década, a ação conseguiu um ágio de 25% sobre o índice S&P 500. Não é coincidência que ela também capta informações sobre talentos num banco de dados global.

Em 1997, ela enfrentou uma questão crucial relacionada com a seleção de pessoal. Seu desempenho na Europa tinha sido desapontador. Cada país era um distrito por si só, e a estratégia da empresa na Europa era uma soma malsucedida das estratégias de cada país. O então CEO da Europa estava para sair depois de não ter conseguido as sinergias entre os distritos.

A Europa claramente precisava de um líder que pudesse reunir os negócios sob uma estratégia pan-europeia e executá-la com energia. Aquele que fosse bem-sucedido seria um candidato em potencial para ser líder de toda a empresa. Por isso, os critérios para selecionar a pessoa certa eram rigorosos: ela precisaria ter profundidade e amplitude, e a habilidade de enxergar as mudanças externas e ligá-las às atividades do negócio, criar uma nova gerência rapidamente e conceber e executar uma estratégia sólida.

Tradicionalmente, o *pool* de candidatos para esse cargo vinha dos Estados Unidos ou – em menor grau – da Europa. Não havia ninguém nesse *pool* que atendesse aos critérios. Mas, à medida que a discussão evoluía, o banco de dados global revelou-se uma possibilidade remota. Um líder numa empresa em desenvolvimento – nascido e criado lá – conseguiu liderar as operações do país e havia sido bem-sucedido nos três anos anteriores antes das previsões de qualquer um. Em muitas, senão na maioria das empresas, esse homem não teria estado nem sequer na tela do radar – elas teriam saído em busca de um candidato externo. Mas, depois de considerar o assunto, ele foi escolhido para o cargo na Europa. Foi bem-sucedido lá também, e a partir do começo de 2002 tornou-se um forte candidato a CEO da empresa.

* * *

Identificar a pessoa certa para o trabalho certo não é sempre tão simples no caso que citamos anteriormente. Às vezes, significa substituir uma pessoa de excelente desempenho por uma pessoa que está mais bem preparada para levar o negócio para um nível acima.

RAM: Por exemplo, o gerente de uma importante divisão numa grande empresa levou o negócio do terceiro para o primeiro lugar no setor, em nível mundial, entre o final da década de 1980 e o final da de 1990. Ele o globalizou, acrescentou serviços à sua linha de produtos e aumentou a produtividade substancialmente. Poucas pessoas na empresa haviam sido tão boas em execução.

Mas, numa reunião sobre estratégia, a liderança sênior da empresa concluiu que o futuro crescimento da receita dependeria de uma redefinição imaginativa e mais ampla das necessidades do mercado e de um desenvolvimento mais rápido de produtos que usassem novas tecnologias para conseguir um preço especial. Ligando as necessidades estratégicas ao diálogo do processo de pessoal, o CEO chegou à conclusão de que, apesar das realizações sem paralelo do gerente, a divisão não podia chegar ao próximo nível sem um novo líder e uma nova equipe gerencial.

A decisão foi um golpe para o gerente. Mas a empresa fez a transição no decorrer de vários meses, dando a ele tempo e apoio enquanto procurava um novo emprego. Ele conseguiu um excelente emprego numa empresa antes de pedir demissão, o qual se adequava às suas habilidades. E analisando a decisão do CEO três anos mais tarde, ela foi correta. A nova equipe produziu um crescimento anual de 15% nas receitas e 18% nos lucros.

Às vezes, o problema é claro, mas deveria ter sido evitado com medidas tomadas com antecedência. Como salientamos anteriormente, um líder que atinge suas metas à custa da organização pode lhe causar um grande mal. Sabemos de executivos que tiveram de ser dispensados porque seu comportamento negativo impediu sua equipe de trabalhar em conjunto e sugou a energia de toda a organização. Não é difícil identificar a pessoa inadequada para o trabalho observando seu comportamento. Mas é melhor ter certeza de que uma pessoa não serve para um trabalho importante logo de início. Um feedback imediato sobre o comportamento da pessoa pode ter um grande impacto em sua competitividade.

Em muitas organizações, para criar a disciplina de execução, são necessárias mudanças até nos níveis mais altos. Alguns anos atrás, eu estava trabalhando numa grande companhia ferroviária na qual o comportamento do vice-presidente executivo tinha um impacto totalmente negativo na corporação. Socialmente, o homem – vou chamá-lo de Jones – era agradável. No escritório, no entanto, era um terror, um autocrata rígido que xingava as pessoas no intercomunicador que estava ligado a diversos escritórios, em diferentes localidades, em diversos estados. Todos sabiam que ele violava um valor recentemente afirmado: respeito pelas pessoas. Como ele controlava 80% do orçamento e dos funcionários, seu poder era imenso, e ele tinha a capacidade de acabar com carreiras.

Não eram apenas seus subordinados que Jones maltratava. Ele era mal-educado com seus colegas e com o CEO. O CEO havia deixado a empresa durante um tempo no começo de sua carreira, retornando antes de ser nomeado para o cargo. Jones achava que era ele quem deveria ter assumido o cargo e, por isso, tinha pouco respeito pelo CEO. Por sua vez, o CEO era brilhante, correto, uma pessoa de maneiras gentis que tentava mudar o comportamento de Jones, mas não conseguia chegar a lugar algum. Ele basicamente o tolerava por causa de seu histórico de contribuições.

Um dia, assisti a uma reunião do comitê executivo da empresa. O CEO, com sua maneira agradável e educada, estava explicando que o comitê executivo precisava atingir algumas metas de desempenho que exigiam uma grande reestruturação em termos de custos, principalmente na área sob responsabilidade de Jones. Jones respondeu – para minha surpresa – com uma linguagem vulgar e um comportamento condescendente, dizendo ao CEO em termos claros que isso não poderia ser feito de jeito algum. Jones não tinha medo de ser demitido por causa do caráter e da gentileza do CEO e porque achava que o conselho não apoiaria o CEO se este se voltasse contra ele. Além disso, Jones achava que a empresa pararia se ele fosse forçado a sair. Mas o CEO recompôs-se e tratou do problema, conseguindo a adesão do conselho e, em um mês, Jones estava fora. Houve um grande suspiro de alívio na empresa.

O subordinado direto de Jones assumiu o controle e, como resultado da mudança de comportamento e da reestruturação dos custos, o preço da ação dobrou em quatro anos.

Executivos como Jones sugam a energia de uma organização e impedem que as pessoas se desenvolvam. Os líderes que não conseguem controlá-los não estão fazendo seu trabalho.

★ ★ ★

Um processo de pessoal sólido fornece um modelo consistente para determinar as necessidades da organização em termos de talento ao longo do tempo e para planejar ações que atenderão a essas necessidades. É baseado nos seguintes elementos:

- Ligar o processo de pessoal ao plano estratégico e seus marcos de curto, médio e longo prazos e à meta do plano operacional, incluindo metas financeiras específicas.
- Desenvolver um *pool* de liderança através da melhoria contínua, profundidade na sucessão e redução do risco de retenção.
- Decidir o que fazer com os que têm mau desempenho.
- Mudar a missão e as operações de RH.

ELEMENTO 1: LIGAR AS PESSOAS À ESTRATÉGIA E ÀS OPERAÇÕES

O primeiro elemento do processo de pessoal é ligá-lo aos marcos estratégicos de curto prazo (0-2 anos), médio prazo (2-5 anos) e longo prazo (mais de 5 anos), e às metas do plano operacional. Os líderes criam essa conexão certificando-se de que têm o tipo e o número certo de pessoas para executar a estratégia.

Considere a Empresa XYZ, que produz componentes para fabricantes de aviões. Sua nova estratégia exige que se forneçam não apenas produtos, mas soluções, incluindo serviços pós-vendas que ajudarão a reter clientes e gerar contratos para pagamento anual. A estratégia também propõe ganhar clientes que não sejam do setor aéreo. O diálogo no processo de pessoal se concentra na mudança do *mix* de habilidades que serão necessárias para a nova proposta de venda de soluções. A empresa tem muitas pessoas que são boas no que fazem. Mas, para executar a nova estratégia, será necessário reavaliar sua equipe de liderança e contratar novos talentos. Quais habilidades se tornarão obsoletas? Quanto *lead time* será necessário para treinar engenheiros para a nova missão de desenho de soluções e quem será responsável?

Determinar que alguns dos que têm melhor desempenho na organização não são capazes de enfrentar os desafios de um novo futuro estratégico é um processo social difícil – quem quer dizer a boas pessoas que elas não são capazes de ir para o próximo nível? Mas tem de ser feito, e o tipo de processo de pessoal que estamos descrevendo força os líderes a trazerem essas questões à tona.

Ligar pessoal, estratégia e operações também ajuda a deixar mais claro quais são os desafios organizacionais para o ano seguinte. A XYZ precisa melhorar a gestão da cadeia de suprimentos, uma habilidade crucial na venda de serviços para uma base instalada. Além dos novos talentos, isso irá requerer elevar o mercado secundário ao status de um centro de P&L,* reportando-se diretamente ao presidente, de modo que tenha o foco e a responsabilidade necessários.

Estratégia

Tornar-se um provedor global de primeira linha dos sistemas XYZ para vários tipos de clientes.

**Nota da Tradutora*: P&L significa *profit and loss*, ou seja, lucros e prejuízos.

Marcos da estratégia

CURTO PRAZO (0-2 ANOS)	MÉDIO PRAZO (2-5 ANOS)	LONGO PRAZO (MAIS DE 5 ANOS)
• Ir além da linha de produtos atual rumo à venda de soluções	• Expandir a penetração no segmentos atuais de clientes	• Tornar-se pioneira de um tecnologia que avança aos saltos
• Lançar uma nova iniciativa para expandir os serviços a base instalada	• Desenvolver abordagens intermediárias para vender soluções para novos segmentos de clientes	• Formar alianças mais úteis
• Garantir novo know-how em tecnologia	• Avaliar e envolver parceiros	• Desenvolver ideias para fornecimento de custo baixo

ELEMENTO 2: DESENVOLVER O *POOL* DE LIDERANÇA POR MEIO DE MELHORIA CONTÍNUA, PROFUNDIDADE NA SUCESSÃO E REDUÇÃO DO RISCO DE RETENÇÃO

Atingir marcos de médio e longo prazos depende basicamente de um *pool* de líderes promissores, capazes de serem promovidos. Você precisa avaliá-los hoje e decidir o que cada líder precisa fazer para estar pronto para assumir maiores responsabilidades. O diálogo resultante dessa avaliação revelará a adequação do *pool* de liderança em termos de qualidade e quantidade. Nada é mais importante para a vantagem competitiva de uma organização.

RESUMO DA AVALIAÇÃO DA LIDERANÇA: Uma ferramenta útil no desenvolvimento de uma visão geral sobre o *pool* é o Resumo da Avaliação da Liderança (Figura 1). O resumo compara tanto o desempenho quanto o comportamento para um grupo de pessoas.

Na empresa XYZ, por exemplo, ele mostra não apenas que os executivos de vendas ganham grandes contratos (desempenho), mas quais colaboram com seus colegas e quais são lobos solitários (comportamento). A venda de soluções requer uma abordagem de equipe, portanto os executivos de vendas que se descrevem como individualistas heroicos precisarão desenvolver novos padrões de comportamento para serem bem-sucedidos no novo ambiente.

O Resumo de Avaliação da Liderança dá uma visão geral daqueles no grupo que têm alto potencial e dos que podem ser promovidos; os que têm ambas as qualidades são colocados no quadrante superior direito. Da mesma forma, mostra quem excede os padrões em termos de desempenho, mas precisa melhorar o comportamento, como também aqueles que estão abaixo dos padrões em ambas as áreas. O Resumo de Avaliação da Liderança é o resultado final de várias informações-chave e *back-up,* incluindo o Resumo de Melhoria Contínua, a Análise da Profundidade na Sucessão e a Análise do Risco da Retenção.

RESUMO DE MELHORIA CONTÍNUA: O Resumo de Melhoria Contínua (Figura 2) parece uma avaliação de desempenho tradicional. Ele é diferente porque não mostra apenas os principais pontos do desempenho da pessoa – tanto as realizações quanto as metas não atingidas –, mas inclui também informações claras, específicas e úteis sobre as necessidades de desenvolvimento. O Resumo de Melhoria Contínua ajuda o indivíduo a melhorar seu desempenho.

A título de exemplo, vamos analisar Susan James, vice-presidente de marketing, considerada uma pessoa com alto potencial no Resumo de Melhoria Contínua. Seus destaques de desempenho de 2001 incluíram o desenvolvimento tanto da estratégia do mercado secundário para o novo ambiente de venda de soluções como da estratégia de melhoria da lucratividade para o mercado europeu. Seus desafios para 2002 incluem execução contínua da estratégia do mercado secundário, principalmente gestão da cadeia de suprimentos. Embora seu foco esteja voltado para o cliente e ela conheça o setor e seus produtos, ainda tem necessidades de desenvolvimento

Figura 1: Resumo da avaliação da liderança

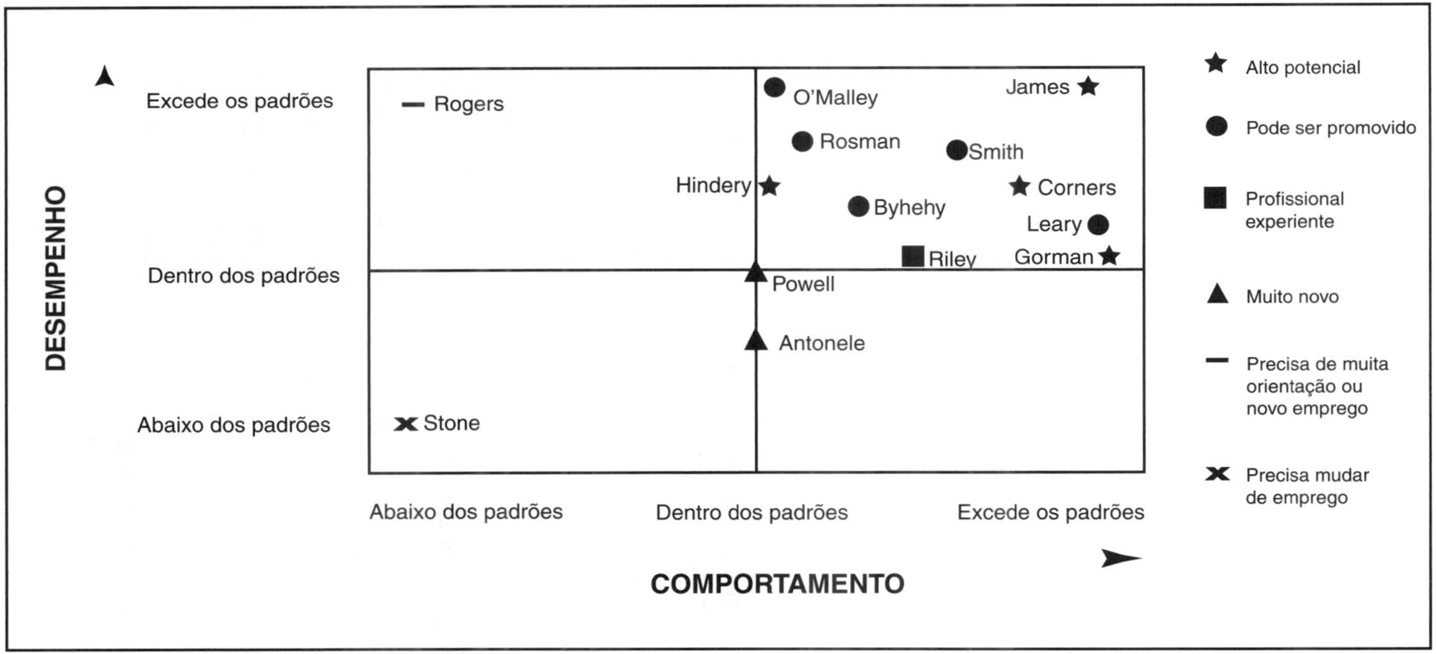

Figura 2: Resumo da melhoria contínua

Nome do funcionário: Susan James, VP de Marketing — SUCESSO, ATRIBUTOS E COMPORTAMENTOS

HABILIDADES	EXCELENTE	DENTRO DOS PADRÕES	ABAIXO DOS PADRÕES
Perspicácia/discernimento nos negócios	•		
Foco no cliente		•	
Percepção estratégica	•		
Visão e propósito	•		
Valores e ética	•		
Ação	•		
Comprometimento	•		
Trabalho em grupo		•	
Inovação		•	
Alocação de pessoal		•	
Desenvolvimento de pessoal		•	
Desempenho	•		

VISÃO GERAL DOS RESULTADOS

PONTOS ALTOS DE DESEMPENHO EM 2001 (RESUMO DOS PONTOS FORTES)

- Desenvolveu uma estratégia para o mercado secundário para um ambiente de venda de soluções
- Desenvolveu uma estratégia de marketing e de melhoria da rentabilidade para o mercado europeu

METAS NÃO ATINGIDAS EM 2002

- Perdeu o atendimento a duas grandes contas globais em Hong Kong e na França
- Não selecionou um executivo de marketing chinês para o grande mercado da China

DESAFIOS PARA 2003

- Continuou a execução da estratégia do mercado secundário

PLANO DE DESENVOLVIMENTO

- Extraordinária percepção sobre negócios. Mantém os mais altos padrões e dá o exemplo certo

NECESSIDADES DE DESENVOLVIMENTO

- Precisa melhorar na questão do recrutamento
- Deve dedicar energia para desenvolver seu pessoal
- Andar mais rápido para melhorar as habilidades dos que têm mau desempenho

PLANO DE DESENVOLVIMENTO

- Deve trabalhar com um orientador ou mentor na área de habilidades de pessoas

PRÓXIMAS AÇÕES POSSÍVEIS (CURTO PRAZO 0-2 ANOS)

- Permanecer no papel atual

PRÓXIMAS AÇÕES POSSÍVEIS (LONGO PRAZO MAIS DE 5 ANOS)

- Com melhoria significativa, ela poderá gerenciar uma unidade de negócios significativas. Ela precisa trabalhar no desenvolvimento de equipes por meio de orientação e melhorar as habilidades dos que têm desempenho fraco, principalmente aqueles que atendem o mercado europeu. Como haverá um esforço muito grande de contratação para o programa de venda de soluções, ela tem de se certificar de que vai integrar as novas pessoas de forma eficiente.

O Resumo de Melhoria Contínua forma a base para a sucessão, o talento na organização que pode assumir um nível maior de responsabilidade. Susan James ficará no seu cargo atual por até dois anos; ela definitivamente é considerada "um potencial sucesso", que será presidente de divisão num futuro próximo.

PROFUNDIDADE NA SUCESSÃO E ANÁLISE DE RISCO DA RETENÇÃO: Analisar a profundidade da sucessão e o risco da retenção é a essência do planejamento e do desenvolvimento de um *pool* de liderança de pessoas de alto desempenho. Consideradas juntas, elas dão significado ao slogan "as pessoas são nosso ativo mais importante" e são a base para a discussão das necessidades individuais e mudanças laterais ou para cima. Elas também focam o que precisa ser feito para reter as pessoas-chave e substituir aquelas que deixam a empresa inesperadamente, são promovidas ou fracassam.

A Análise de Risco da Retenção foca a empregabilidade da pessoa, seu potencial de mobilidade e o risco que o negócio corre se provavelmente se sentir impedida de obter promoções, ficando, assim, suscetível aos telefonemas dos *headhunters*. Susan James, por exemplo, é fundamental para o futuro do negócio e seu sucesso na execução da nova tarefa de venda de soluções e para o mercado secundário. A empresa XYZ tomará diversas medidas para retê-la. Ela lhe dará reconhecimento imediato, incentivos pelas suas realizações e lhe informará sobre os futuros planos da empresa. Também irá considerar seriamente deixar seu caminho livre para uma promoção a um cargo mais alto, de modo que ela possa continuar a crescer.

A Análise da Profundidade da Sucessão determina se a empresa tem uma quantidade suficiente de pessoas de alto potencial para preencher as posições-chave. Também analisa se há funcionários de alto potencial nas funções erradas e se as pessoas-chave sairão se tiverem oportunidades de promoção bloqueadas.

O processo de pessoal em empresas como GE, Colgate e Honeywell é que cria um banco de talentos. Em meados da década de 1990, quando ficou claro que a GE era quem mais produzia talentos de liderança no mundo, seus presidentes de divisão representavam todos os riscos de retenção. Seus nomes apareciam no relatório anual e, por isso, eram constantemente assediados pelos *headhunters*. O processo de pessoal da GE propiciou um fórum sobre como retê-los, tanto coletando dados quanto dando recompensas financeiras tais como concessões de ações que poderiam ser descontadas até a aposentadoria. No entanto, quando uma pessoa-chave realmente sai, o processo quase sempre permite uma substituição em 24 horas. Por exemplo, quando Larry Johnson, presidente da divisão de aparelhos da GE, anunciou na primavera de 2001 que estava saindo para se tornar CEO da cadeia Albertson's, a GE nomeou seu sucessor no mesmo dia. Foi também capaz de anunciar – no mesmo dia – quem ocuparia todos os cargos criados pelo efeito dominó das promoções relacionadas.

Identificar pessoas de alto potencial e que possam ser promovidas pode evitar dois riscos. Um é a inércia organizacional – manter as pessoas no mesmo trabalho por muito tempo (uma prática comum em alguns setores). A outra é promover as pessoas rapidamente (como aproximadamente as 20 pessoas nas empresas pontocom que não tinham experiência para estar em cargos gerenciais de alto nível).

RAM: Os *trade-offs* entre a necessidade de profundidade na sucessão, retenção de futuros líderes e adequação à realidade econômica imediata podem levar a muitos problemas se uma empresa não tiver um *pool* de liderança com base em boas informações. Um exemplo disso aconteceu recentemente numa grande empresa diversificada.

A segunda maior divisão da empresa em termos de lucro estava num caminho de expansão. Mas as condições do negócio tinham se deteriorado – o crescimento do setor havia sido negativo, com pouca probabilidade de uma virada por dois ou mais anos. Estava previsto que o presidente da divisão se aposentaria em um ano, e seu sucessor enfrentaria desafios complexos. Juntamente com medidas para cortar custos, ele precisaria reorganizar a divisão a partir dos centros de P&L de cada linha de produto, cada uma com seu próprio pessoal de marketing, do departamento jurídico, RH, finanças e engenharia, em uma organização funcional com pessoal central.

Havia dois candidatos para o trabalho. Paul, 40 anos, um homem de marketing extremamente bem-sucedido que era popular com os clientes e colegas, veio de dentro da divisão e foi considerado um candidato com alto potencial para ser o CEO em sete ou oito anos. Roger, com seus cinquenta e poucos anos, era um gerente muito experiente, com um histórico de sucesso em duas outras divisões. Faltando seis anos para se aposentar, não era candidato a CEO.

O CEO claramente favorecia Paul. Mas o presidente da divisão tinha dúvidas sobre o homem quando as condições de mercado se tornassem mais difíceis. Paul, ele salientou, nunca havia assumido uma responsabilidade sobre P&L, e suas avaliações aumentaram as dúvidas sobre se ele seria firme o suficiente para lidar com uma situação que requer corte de custos, redimensionamento, negociação com fornecedores e até mesmo reposicionamento do negócio. O CEO achava que era provável que Roger conseguisse se sair bem – ele já havia assumido várias responsabilidades sobre P&L e demonstrado sua habilidade para tomar decisões difíceis.

Mas o CEO estava preocupado com a possibilidade de a empresa bloquear o fluxo de sucessão se Roger assumisse o cargo. Paul provavelmente sairia, e outras pessoas talentosas tentando subir na empresa pensariam duas vezes sobre seu futuro lá. Além disso, ele acrescentou, os líderes poderiam achar que a empresa é deveras avessa ao risco se não escolhesse Roger. "Vamos testar Paul", disse o CEO. "Ele é tão bom que acho que vai crescer no cargo." O presidente da divisão mostrou relutância. "Se ele *não* se desenvolver no cargo, poderá acontecer um desastre", ele respondeu. "Esta divisão é fundamental para o desempenho da empresa, e Wall Street não perdoa. E, honestamente, eu não acho que ele deva estar no *pool* de sucessão de qualquer forma."

O CEO e os executivos do grupo decidiram que precisavam de mais opiniões. Incluíram o diretor financeiro e o chefe do RH. Os quatro conversaram – em alguns momentos, o debate ficou acalorado – durante quatro horas. No final, concordaram que Paul não era a pessoa para o cargo. As longas discussões revelaram a falha em seu histórico de sucesso. Ele era preciso, mas Paul nunca havia enfrentado condições adversas e, ao explorar seus traços de personalidade, o grupo concluiu que a adversidade era um teste no qual ele podia falhar. E ainda mais: eles se convenceram de que Paul não era mais um potencial candidato a CEO.

O time sênior de liderança aprendeu uma lição importante com a experiência. Tendo percebido que havia superestimado as habilidades de alguém considerado um candidato de alto potencial a CEO, continuou a estabelecer critérios rigorosos para o *pool* de liderança.

AVALIAÇÃO DE TALENTOS NA HONEYWELL

A avaliação de talentos é o principal Mecanismo Operacional Social do processo de pessoal. Na Honeywell, essas revisões são chamadas de Avaliação de Recursos Gerenciais (ARGs). Acontecem na primavera e no outono por dois dias, entre as sessões de estratégia e de operações. São realizadas em toda a organização, começando nos níveis mais altos feita pelo CEO, e nas unidades de negócios, pelos gerentes-gerais. Elas avaliam as pessoas nos cargos atuais e as que estão disponíveis para sucedê-las. Identificam pessoas que devem ser transferidas no ano seguinte por causa de seu potencial. A avaliação de talentos também analisa pessoas que não estão se saindo bem e debate alternativas. Será que a orientação irá ajudá-las ou estão na função errada? Os líderes têm de mostrar que existem candidatos de reserva para substituir os que vão ser transferidos ou sair da empresa. Além de analisar o desempenho individual, a avaliação de talentos também analisa a estrutura da organização, o desenvolvimento geral dos talentos e as lacunas de desempenho que a organização precisa preencher para executar sua estratégia.

Os líderes da Honeywell investem bastante tempo para preparar as reuniões de ARG. São responsáveis também pelos subordinados diretos dessas pessoas. Precisam estar prontos não apenas para apresentar seus pontos de vista, mas para discuti-los – e defender sua opinião se outras pessoas discordarem dela. São questionados sobre o que estão fazendo para desenvolver seu pessoal. Essas pessoas estão crescendo e amadurecendo? Por que os que têm mau desempenho estão nesta situação, e o que os líderes estão fazendo a respeito disso? O que eles estão fazendo para cada pessoa que recebeu a promessa de ajuda com suas necessidades de desenvolvimento – essa pessoa foi orientada ou recebeu uma outra tarefa na qual pudesse eliminar suas deficiências?

Aqueles que assistem às reuniões de avaliação de talentos precisam apresentar suas avaliações por escrito uma semana antes da reunião. As avaliações que não estão à altura são devolvidas para serem refeitas; manter a honestidade do processo é uma obrigação.

LARRY: Por que uma avaliação seria enviada de volta? Talvez as palavras sejam imprecisas. O assessor diz que uma pessoa está se saindo "maravilhosamente" e, no campo destinado a necessidades de melhoria, ele coloca "nenhuma". Com quem este gerente está brincando? Até Deus tinha algumas necessidades de desenvolvimento. Como pode um líder ajudar uma pessoa quando diz que ela não tem necessidades de desenvolvimento? Eu digo a essas pessoas: "Vá e faça a avaliação que lhe pediram." Ou uma avaliação pode ser totalmente honesta, mas o executivo não a discutiu com a pessoa que está sendo avaliada. Isso tampouco é aceitável.

Às vezes, questões importantes são omitidas na avaliação e, então, trazidas para a reunião. Vamos supor que na avaliação de uma pessoa constasse como necessidade de desenvolvimento: "Indecisa, impetuosa, não quer ouvir". Então, durante a reunião, a pessoa que apresentou a avaliação acrescenta: "Há também outros problemas de comportamento." Por que não foram mencionados no formulário? Como o gerente sabe sobre elas? Eu digo à pessoa: "Não me conte coisas sobre as quais não conversou com o avaliado. Se ele tem um problema de comportamento, coloque isso no formulário e deixe que ele tome conhecimento."

Um objetivo extremamente importante dessas reuniões é apresentar múltiplos pontos de vista e opiniões. Até mesmo os melhores líderes não conseguem confiar sempre em suas próprias impressões. As pessoas se esforçam honestamente em relação à avaliação sem se preocupar que seus pontos de vista podem ser subjetivos até um certo ponto. Mas a dinâmica de julgamento muda significativamente em um grupo. Quando várias pessoas que acompanham o mesmo indivíduo ao longo do tempo reúnem suas observações num diálogo sólido, os pontos de vista subjetivos tornam-se objetivos.

RAM: Quando se trata de avaliações de talentos, você ficaria surpreso como um grupo pode identificar os problemas críticos de forma precisa, completa e rápida. Em uma empresa à qual prestei assessoria, o executivo sênior estava fazendo uma reunião com um grupo para considerar Walt, vice-presidente de marketing, 34 anos, para um cargo em operações. Walt era inteligente, agradável, com alto astral e honesto. Ele falava eloquentemente. O conselho o adorava, e ele estava numa lista bem restrita de candidatos a serem treinados para a sucessão do CEO. O próprio CEO achava que Walt estava provavelmente no topo da lista. O cargo operacional seria um passo importante nessa progressão.

Vários membros do grupo estavam observando Walt no decorrer do tempo e tinham avaliações feitas por outras pessoas que haviam sido subordinadas dele. Quando discutiram sobre Walt, apareceram três comportamentos que não tinham sido revelados nas avaliações de Walt – e nas quais o CEO não havia se concentrado. Primeiramente, ficou evidente que Walt tinha muitas ideias, mas não seguia de perto sua execução; deixava o trabalho de execução para os outros. Em segundo lugar, era tão ansioso para ganhar grandes contratos que sempre ignorava as implicações em termos de investimento de capital, e as outras pessoas tinham de apontar isso para ele – um grave erro em uma empresa que era intensiva em capital, com grande endividamento e margens baixas. Finalmente, ele adorava conseguir megaprojetos, mas evitava os projetos menores, que seriam mais lucrativos e consumiriam menos capital.

Eram comportamentos muito específicos, observados por gerentes de linha que trabalhavam próximo a Walt – não "meras palavras" ou itens abstratos de uma lista. Em menos de 20 minutos, os executivos – incluindo o CEO – chegaram à conclusão de que Walt precisava de mais desenvolvimento e não estava apto nem para o cargo operacional nem para ser candidato a CEO.

Reúna cinco pessoas que conheçam o avaliado numa sala. Faça-as se abrir, compartilhar ideias, discutir suas observações e chegar a uma conclusão. O diagnóstico virá da convergência de seus pontos de vista diversos. Esse é o cerne de seu processo de pessoal.

LARRY: Quando estou fazendo uma avaliação, posso não ser capaz de expressar meus pensamentos tão claramente quanto quero. Se os exponho aos outros membros do grupo de liderança, há chances de que eles irão refiná-los de maneira mais precisa.

Por exemplo, num grupo de avaliação de talentos, quatro de nós estávamos avaliando Will, um engenheiro que havíamos contratado três anos antes. Era o chefe de uma unidade de negócios. A partir dos dados fornecidos pelo líder, constatamos que tinha muitos pontos positivos: tinha conhecimento técnico, entendia de satisfação do cliente, era aberto a sugestões, criativo, as pessoas gostavam do ambiente que ele criava, entre outras coisas. Os negativos: primeiro, ele não tinha muita familiaridade com números e em geral não cumpria as metas financeiras. Segundo, não estava maduro em termos de negócios. Ele era maduro, mas não em assuntos de negócios. Terceiro, continuava precisando de muita orientação. Conclusão: Will tinha muito bom potencial, mas precisava de desenvolvimento.

Bem, todos nós concordamos, exceto um homem, que disse: "Will está se saindo melhor em seus resultados financeiros do que vocês estão sugerindo. Se vocês analisarem a situação, verão que ele teve de superar problemas técnicos com um produto e um problema de qualidade no campo também." Nós discutimos isso por alguns minutos. Eu disse: "Ele não cumpriu seus compromissos. Agora, você disse que há razões para isso e talvez esteja certo, mas o fato é que ele não atingiu as metas. Vamos trabalhar em cima desse problema com ele e ver se podemos ajudá-lo a melhorar." Três de nós concordamos que as circunstâncias não mudariam nossa opinião: todos acabam se deparando com eventos imprevistos, e as pessoas que no final se revelam bem-sucedidas são aquelas que superam as dificuldades.

O homem que havia levantado essa questão não mudou de ideia, mas tudo bem. Nós concordamos em discordar dele. Nem sempre chegamos a um acordo, mas, quanto mais pessoas você ouve, melhor o quadro que você obtém.

Depois de uma dessas reuniões de avaliação de talentos, escrevo uma carta para cada um dos participantes, especificando o que eles combinaram fazer em relação a seu pessoal. Essas cartas são feedback essencial para o planejamento e desenvolvimento do *pool* de liderança. Eis exemplos do tipo de comentário que fiz, tirados de antigas cartas (os nomes e cargos foram modificados). Fiz de tudo para ser o mais específico possível e, então, fazer o *follow-up* durante o ano.

- "Você tem mil engenheiros e identificou apenas sete deles com alto potencial no Nível 5 [uma posição de liderança]. Isso não é suficiente! Você deve fazer alguma coisa acontecer aqui com seu mapa de desenvolvimento combinado com um plano de aprendizado e contratações externas."
- "John X – se ele continuar a melhorar como você descreve, vamos pensar no Nível 6 [uma posição ainda mais alta de liderança] no final do ano, depois que a versão beta do produto for lançada. Seu pessoal acha que ele joga com as cartas perto demais do colete. Não é inteligente liderar dessa forma. Ajude-o a melhorar sua autoconfiança e ser mais aberto. Por

favor, fique perto de John. Continue a trabalhar no relacionamento. Queremos que ele seja bem-sucedido."

- "Brad X – está enroscado. Deve melhorar sua estrutura e não assumiu papéis fundamentais em operações rápido o suficiente e, consequentemente, está falhando. Reduza seu escopo. Ache uma forma de ajudá-lo e obtenha o apoio de que ele precisa ao mesmo tempo em que deve mantê-lo motivado."
- "Não consigo ver seu sucessor em sua unidade. Você tem de desenvolver seu sucessor. Esse negócio é global, complicado e motivador, e precisamos dos melhores talentos. À medida que sua unidade crescer, alguns de seus talentos serão preteridos. Você deve preencher seu *pool* de talentos com mais pessoas de alto potencial e criar oportunidades para elas. Trabalhe nas questões identificadas na eficácia da equipe e, como ação, estabeleça um processo de desenvolvimento de equipe contínuo."
- "Pete X – reage, mas não proativamente. Dê a ele feedback franco. Ele não mostra o entusiasmo pelo cargo como precisamos."
- "Julie X – está perto da exaustão. Ela está fazendo um trabalho difícil. Você deve achar seu sucessor e identificar a melhor forma de usar seus talentos."
- "Greg X – é mais voltado para o processo do que para resultados. Não conseguimos ver sua habilidade em extrair resultados. Ele sabe mais do que os outros, mas não executa. Seus padrões de pessoal não são altos o suficiente e ele não é exigente. Suas habilidades de liderança estão mal desenvolvidas. Faça com que ele receba alguma ajuda."
- "Mark X – seus resultados são impressionantes, mas ele precisa controlar o ego. Seja muito direto sobre o que ele precisa fazer para melhorar."
- "Todd X – tem boas habilidades de liderança. A transição para o Grupo Z não foi muito fácil. Estou preocupado porque você acha que temos de conseguir retê-lo. Ele precisa saber que gostaríamos de promovê-lo para um cargo no qual assuma responsabilidades por P&L."

ELEMENTO 3: LIDANDO COM AQUELES QUE TÊM MAU DESEMPENHO

Até mesmo o melhor processo de pessoal nem sempre consegue as pessoas certas para os cargos certos e não é capaz de fazer com que todos tenham um bom desempenho. Alguns gerentes foram promovidos além de suas capacidades e precisam ser colocados em cargos menos exigentes. Outros precisam ser dispensados. O teste final do processo de pessoal se constitui na eficácia com que distingue esses dois tipos e como os líderes lidam com as medidas difíceis que precisam tomar.

LARRY: Há uma coisa que o acorda no meio da noite depois que você seleciona pessoas. Você discutiu sobre a pessoa criteriosamente, ouviu todos os pontos de vista e chegou a uma conclusão com a qual todos se sentiram confortáveis. Mas não importa o quanto a pessoa foi bem-sucedida até o momento, cada promoção é uma nova decisão. Você não pode tomar como certo que ela vai se sair bem no próximo cargo.

As pessoas com mau desempenho são essencialmente aquelas que não estão atingindo as metas estabelecidas. Regularmente são incapazes de realizar aquilo pelo qual são responsáveis. Ou talvez falhem em exercitar a liderança esperada delas numa situação, ou várias outras coisas. Suponha que um líder tenha um problema trabalhista e os funcionários queiram se sindicalizar. Não é necessariamente problema do líder que isso tenha acontecido, mas ele tem de assumir um papel de liderança para tentar manter sua empresa longe do sindicato. Se ele falhar em permanecer firme e fizer isso de forma convincente, articulada e persistente, e a fábrica entrar para o sindicato, isso é mau desempenho.

O fracasso não significa que são más pessoas. Apenas significa que não estão tendo um desempenho à altura do que é essencial para o sucesso da empresa. E você lida com elas de maneira rápida e justa. Por exemplo, Rob era um bom homem da manufatura e nós o promovemos a gerente de fábrica. Mas, depois de um ano, ficou claro que ele não estava à altura da tarefa. Ele não deu jeito em uma estrutura de custos inchada e não preencheu cargos essenciais na área de operações com a agilidade necessária. Tivemos de decidir o que fazer com ele.

Não queríamos dispensar Rob – ele era tecnicamente bom e uma boa pessoa. Então, concordamos em dar a ele um cargo diferente no qual pensávamos que ele pudesse se sair bem e ver qual seria seu próximo passo. Fizemos isso, e ele ainda está lá.

Um outro homem, Sid, fazia um ótimo trabalho. Nós sabíamos que precisaríamos de um novo gerente-geral lá em algum momento, mas não seria ele. Ele era ótimo em vendas, mas não como líder de pessoas. Portanto, fomos francos com ele. Dissemos que seu ponto forte eram relações com clientes, não estratégia, pessoas ou operações. Ele sabe que nunca dirigirá o negócio, mas ainda está lá fazendo um bom trabalho.

Às vezes, não há jeito – você tem de dispensar a pessoa. Mas você faz isso da forma mais construtiva possível. Vamos supor que eu tenha cometido um erro contratando Doug – ele não tinha capacidade para um bom desempenho. Posso chegar para ele e dizer: "Doug, você está despedido. Os resultados não foram bons. Saia daqui." Mas, se eu tivesse feito isso, ele sairia com um gosto amargo na boca. Ele interagiria com a Honeywell em algum momento, em outro emprego e com pessoas que são nossos clientes ou potenciais clientes. Não seria bom para nós se ele não tivesse nada para dizer sobre a Honeywell, exceto coisas ruins.

Ou eu poderia chamá-lo e dizer: "Olhe, Doug. Nós dois cometemos um erro. Eu aparentemente não expliquei o trabalho para você como deveria. Você não o tem feito direito. Vamos ter de fazer uma mudança e teremos de fazê-la de uma forma que você saia disso bem. Primeiramente, vou lhe dar um ano de salário, pois isso é mais culpa minha do que sua. Em segundo lugar, não vou mentir quando alguém me pedir para recomendar você; vou dizer que você fez algumas coisas erradas. Mas certamente não vou afundar você. E, em terceiro lugar, vou achar formas de você sair com a cabeça erguida."

Então, ele provavelmente dirá: "Larry, quero pedir demissão. Quero dizer que preferi fazer alguma outra coisa." Eu diria: "Saberemos que você não pediu demissão, mas, se você preferir assim, ótimo." Preservar a dignidade das pessoas que deixam a empresa é uma parte importante no que diz respeito a reforçar a natureza positiva da cultura de desempenho.

Às vezes, as pessoas reconhecem antes de você que não estão aptas para o trabalho. Depois que retornei para a Honeywell, não perdi nenhum tempo aumentando o ritmo em que a empresa estava operando. As consequências de 11 de setembro tornaram muito acentuada a necessidade de rapidez. Um dos gerentes chegou para um dos líderes em outubro. Ele tinha cinquenta e tantos anos, era uma boa pessoa e estava fazendo um bom trabalho. Mas não era intenso. Ele disse: "Eu não gosto desse ritmo rápido ou do grau da interferência corporativa. Quero sair no final do ano." Quando fui informado sobre a situação, admirei sua honestidade. Prefiro que uma pessoa diga isso a sentar lá e deixar os resultados decaírem e aí nós termos de dizer a ela para sair. Eu disse a ele: "Teremos um ano difícil pela frente, e não será previsível. Vamos ter de tomar algumas medidas rigorosas. Você está tomando a decisão certa, e seremos muito justos com você." E fomos.

ELEMENTO 4: LIGANDO RECURSOS HUMANOS AOS RESULTADOS DO NEGÓCIO

Se você estiver começando a pensar que recursos humanos é menos importante na cultura de execução, vamos corrigir essa impressão. É mais importante do que nunca, mas seu papel precisa mudar radicalmente. O RH precisa estar integrado aos processos do negócio. Precisa estar ligado à estratégia e às operações e às avaliações que o pessoal de linha faz dos funcionários. Nesse novo papel, o RH coloca ênfase no recrutamento e tem mais poder para fazer a organização progredir do que tinha antes.

Don Redlinger, vice-presidente sênior de RH da Honeywell International, explica: "O paradoxo em trabalhar para alguém como Bossidy é que ele é o diretor financeiro, o diretor de recursos humanos e o principal estrategista, mas tem tamanha visão sistêmica de como você faz uma organização executar que o pessoal de recursos humanos acaba se desenvolvendo nesse ambiente. Ele exige que a organização use toda sua habilidade para ganhar dinheiro. Ele diz todas as coisas para nós no RH que diria para o pessoal de marketing: 'Quero margens maiores e para conseguir isso precisamos ter pessoas altamente competentes e treiná-las melhor e mais rápido do que os outros. Precisamos ter programas de treinamento que estejam focados nas principais questões e problemas do negócio, as coisas que importam. O papel do RH é me ajudar a resolver esses problemas.'

"Uma das primeiras coisas que Larry fez quando chegou na Allied-Signal foi se concentrar muito nos talentos de RH. A função de RH foi uma das primeiras áreas da organização que realmente recebeu um *upgrade*. E ela nos deu uma alavancagem em todas as áreas."

"As coisas eram diferentes no começo da minha carreira. Os gerentes designavam o pessoal de RH para fazer seleção ou executar elementos de um plano. Por exemplo, quando eles queriam fechar uma fábrica, você negociava com o sindicato. A natureza do RH é diferente hoje em dia. Espera-se que tenhamos um ponto de vista sobre como atingir um objetivo de negócio ou um plano estratégico, e temos um papel que é muito parecido com o papel de um diretor financeiro ou qualquer outro participante no processo de gestão. A pessoa de RH não apenas precisa estar bem treinada no seu ofício – como ensinar as pessoas, desenvolvê-las, fazer com que queiram ficar conosco e saber o que é importante para manter o momento e o moral numa organização, todas essas habilidades fundamentais –, mas também deve ter as mesmas características de um líder de negócios. Isso inclui perspicácia nos negócios, habilidade para entender como uma empresa ganha dinheiro, capacidade de pensar de forma crítica, paixão pelos resultados e habilidade para ligar estratégia e execução."

O número de empresas que têm staffs de RH fortes, voltados para resultados, é ainda muito pequeno, mas está crescendo. Na Baxter International, por exemplo, RH é fundamental tanto para um processo rigoroso de avaliação, desenvolvimento e promoção de pessoal quanto para o planejamento estratégico.

A Baxter é uma empresa de serviços de saúde global especializada em terapias críticas para pessoas em condições de risco de vida. A empresa objetiva dobrar sua receita de US$7 bilhões na próxima década alavancando e expandindo seu portfólio de produtos biológicos, farmacêuticos, aparelhos médicos, informação e serviços. Ter as pessoas certas nos cargos certos é fundamental para sua estratégia. O CEO Harry M. Jansen Kraemer Jr. passou o final da década de 1990 (quando era diretor financeiro) reestruturando a empresa através da venda de seus negócios de baixo crescimento e colocando as finanças em ordem. Quando ele se tornou CEO em 1999, colocou o processo de pessoal como uma de suas três principais prioridades (as outras duas eram o foco nos clientes e pacientes, e retornos excelentes para os investidores). Kraemer e seus subordinados diretos, que fazem parte da Equipe de Gestão de Executivos (EGE), estão profundamente envolvidos na seleção e desenvolvimento de pessoal, e os processos estratégicos, operacionais e de pessoal da empresa estão totalmente ligados.

Os estrategistas de crescimento da Baxter, executivos de linha e pessoal de RH trabalham juntos para identificar as habilidades específicas de que a empresa precisará para executar suas estratégias nos próximos anos. Por exemplo, diz Mike Tucker, vice-presidente sênior de RH: "Através de nosso processo de planejamento estratégico de crescimento durante 2001, identificamos que know-how em assuntos de regulamentação, reembolso e marketing clínico estratégico era uma habilidade da organização que precisávamos melhorar e desenvolver. Então, formamos equipes para detalhar melhor o que era necessário, quais habilidades tínhamos e o que precisávamos fazer para preencher as lacunas."

O pessoal de linha liderou as equipes: o chefe do departamento de qualidade da Baxter liderou a iniciativa sobre reembolso, o chefe de assuntos governamentais foi responsável pela iniciativa de regulamentação, e o vice-presidente de marketing, pela iniciativa de marketing. Não por acaso, a liderança deu aos executivos uma experiência valiosa no gerenciamento de equipes formadas por pessoas de várias unidades e diversos locais.

Identificar e preencher os cargos-chave é uma parte fundamental do processo de estratégia da Baxter. Numa reunião de avaliação anual com duração de meio dia, os executivos de linha, seus vice-presidentes de RH, Kraemer e Tucker, identificam posições estrategicamente fundamentais nas unidades de negócios, regiões e funções, e se certificam de que as pessoas certas estão nos cargos certos. Mas a avaliação é apenas parte do processo; sobre esse e outros assuntos importantes, Kraemer e Tucker conversam informal e frequentemente entre si e com os líderes dos negócios, líderes funcionais e seus chefes de RH.

Os cargos críticos não são necessariamente os de alto nível. "Eles podem estar quatro níveis abaixo", diz Tucker. "Por exemplo, pode ser alguém que lidera um experimento clínico de um produto cuja aprovação é fundamental para sua estratégia nos próximos três anos. Nós diremos: 'Ok, baseado no lugar em que a especialidade renal estiver nos próximos três anos, quais as principais coisas que a estratégia precisa produzir e quais cargos são cruciais para executá-las?' Então, avaliamos a pessoa que está no cargo e o conjunto de habilidades necessário. A lógica aqui é que, se você tem cargos que são fundamentais para a execução da estratégia nos próximos três a cinco anos, precisamos das melhores pessoas para ocupá-los. Elas devem ser identificadas agora, já que os cargos são tão importantes para nós que não podemos esperar e desenvolver alguém para ocupá-los."

"Isso força os executivos a analisar profundamente e identificar quais são os cargos-chave. No primeiro ano em que pedimos aos gerentes para fazer isso, todos citaram seus subordinados diretos. Tivemos de dizer: 'Um minuto. Sim, sua vice-presidente de vendas é muito importante, mas ela pode não ser crucial para a execução de nossa estratégia.'

"Quando consideramos se uma pessoa é adequada para o cargo, nós a colocamos em uma das três categorias: um bom encaixe, um encaixe que precisa de algum ajuste ou uma pessoa que requer algum tipo de ação. Se uma pessoa é um bom encaixe, a gente só monitora seu progresso. Se a pessoa é um encaixe que precisa de algum ajuste, isso significa que estamos confiantes que ela vai conseguir, mas podemos precisar dar um reforço: talvez ela não seja boa em finanças, por isso vamos colocar um bom *controller* com ela e lhe dar o apoio organizacional necessário. Se a pessoa requer ação, isso significa que precisa deixar a empresa ou estar num cargo diferente no qual possa se sair bem. O executivo de linha encarregado fica responsável por abordar o assunto em seis meses."

Formar uma lista de "candidatos seniores" – escolher os melhores candidatos para aproximadamente 325 cargos de vice-presidência – é a vitrine do novo processo de pessoal da Baxter. "Como é visível, realmente ajudou a mudar a cultura", diz Tucker. Todas as quintas-feiras, Tucker envia um *voice-mail* para cada uma das 150 pessoas mais importantes da empresa, informando-as quem saiu, quais vagas de vice-presidente estão abertas e quais pessoas preencheram as vagas que antes estavam disponíveis. Ele deixa claro o perfil do cargo e do candidato para as vagas, por isso os líderes podem indicar nomes para a lista de candidatos seniores (eles podem se incluir na lista, se quiserem).

Os executivos seniores de RH discutem sobre os candidatos na *conference call* semanal na segunda-feira seguinte e compilam uma lista inicial. "Podemos ter 15 nomes", diz Tucker, "e eles irão analisar os nomes e reduzir a lista até que consigam chegar aos nomes que consideram mais apropriados. Defendemos o que é melhor para a empresa nessas reuniões. Alguém dirá, por exemplo: 'Bem, nós concordamos que Steve é um forte candidato, mas seu gerente de linha está relutante em disponibilizá-lo porque ele realmente é necessário onde está.' Temos de dizer: 'Mas este cargo é mais importante do ponto de vista da empresa e ele precisa estar disponível.' Por outro lado, poderíamos ter de dizer: 'Sei que vocês pensam que esta pessoa deveria substituí-lo, mas não podemos nos dar o luxo de transferi-la.'"

Os vice-presidentes com posições em aberto trabalham a partir dessa lista nos próximos dois ou três dias, obtendo informação e feedback para fazer as avaliações antes das recomendações. Tucker, então, leva a lista final para a próxima reunião semanal da EGE, na qual é o primeiro item da agenda.

"O processo realmente agilizou a formação da lista", diz Tucker. "Antes de começarmos, em 1999, levava aproximadamente 16 semanas para preencher os cargos de vice-presidência. Depois do segundo trimestre do ano, baixamos para sete, pois estávamos muito mais eficientes. Estávamos disciplinados. Fazíamos *follow-up* semanalmente. E a qualidade e a amplitude dos candidatos são muito maiores. Costumavam ser sempre os mesmos cinco nomes para cada posição.

Também nos ajudou de outras formas. A equipe de Gestão de Executivos tem um conhecimento muito maior das 150 a 300 pessoas mais importantes da empresa, pois são nomes que estão aparecendo como candidatos. E isso me ajudou a abrir minhas próprias linhas de comunicação. Os *voice-mails* que deixo são enviados para toda a organização. Eu viajo e visito alguma fábrica ou escritório e me apresento. E alguém diz: 'Ah, sim, você é o homem que deixa os *voice-mails*.' Portanto, isso ajudou a criar um estilo de comunicação aberta que estamos tentando incentivar."

DIÁLOGO FRANCO: A "MUNIÇÃO VIVA"

Não há um sistema para criar e manter um processo de pessoal sólido, mas certas regras são necessárias: integridade, honestidade, uma abordagem comum, uma linguagem comum e frequência. Acima de tudo, um diálogo franco é fundamental. É o que o vice-presidente de recursos humanos da Duke Energy, Chris Rolfe, chama de "munição viva" no processo de pessoal. É fundamentalmente o software social do processo de pessoal.

A Duke é uma empresa de US$49 bilhões que produz, transporta e gerencia diversas fontes de energia. Como a Baxter, a Duke teve de enveredar por um novo caminho estratégico depois que a desregulamentação do setor de energia na década de 1990 deixou seu modelo de empresa de utilidade pública obsoleto. Apenas a partir da geração e comercialização de energia, a Duke gradualmente desenvolveu uma estratégia que inclui um *mix* de ativos fixos como usinas e dutos, compra e venda de gás natural e eletricidade no mercado, e operações financeiras como, por exemplo, gestão de risco.

Para esse novo modelo, era necessário um novo *mix* de pessoas. Rolfe diz: "Quando nosso presidente do conselho, Rick Priory, pediu para fazermos nossa primeira avaliação em toda a empresa no começo de 1998, pudemos ver que não tínhamos todos os talentos necessários para executar a estratégia – e talvez nem para ultrapassar nossos concorrentes mais fortes. Em geral, o DNA das pessoas que podem executar o novo modelo é fundamentalmente diferente do DNA das pessoas que gerenciam um monopólio regulamentado. Certamente, há um componente operacional, mas há também componentes financeiros, de mercado, análise de risco e componentes de marketing."

Em 1999, a Duke começou a desenvolver um novo processo de pessoal. "Uma das primeiras perguntas foi: como deveria ser o processo?", diz Rolfe. "Passamos por um processo bastante rigoroso de definição de habilidades. Começamos conversando com um pequeno grupo de executivos para criar um modelo de avaliação. Então, demos um teste de validação para nossos 500 principais executivos e obtivemos a correlação sobre essas habilidades, basicamente tão alta quanto a empresa que nos dava consultoria teria visto – isto é, eram indicadores exatos do sucesso de uma empresa no novo modelo de negócios. Chamamos esse modelo de desenvolvimento e avaliação de pessoas de "o executivo bem-sucedido na Duke".

A equipe da Duke identificou quatro grupos básicos de competências: habilidades funcionais, habilidades de negócios, habilidades de gestão e habilidades de liderança. Por exemplo, diz Rolfe (que era engenheiro antes de mudar para RH): "Vamos dizer que a Duke está pensando em contratar-me como executivo de RH. Preciso ter um *background* técnico em RH – saber ERISA,* alocação de pessoal, remuneração e outras coisas. Essas são as habilidades inerentes à função. Preciso ter também habilidades de negócios, como entender o modelo de negócios da Duke e como ele gera receita. Em terceiro lugar, devo ser capaz de administrar. Habilidades de gestão são um importante critério na Duke, pois o lado operacional de nosso modelo significa trabalho de gestão, planejamento, organização, direcionamento e controle. Finalmente, temos as habilidades de liderança: a Duke perguntaria: 'Chris tem as habilidades-chave de liderança para ser um executivo sênior nesta empresa?'"

"Levou um ano para avaliar nosso pessoal em relação a esse grupo de habilidades. O que produzimos, além de ferramentas de avaliação e esse tipo de coisa, é o que eu chamo de uma linguagem comum, uma forma comum de conversar sobre as pessoas. Portanto, não dizemos apenas 'Ele é um cara legal' ou 'Ela é realmente inteligente', mas também: 'Não vemos nesta pessoa a habilidade de operacionalizar' ou 'Aquela pessoa é boa em operações, mas não parece ter uma perspectiva estratégica'."

Como a Duke é principalmente descentralizada, Rolfe centralizou apenas três componentes do processo de recursos humanos – remuneração para aproximadamente os 200 funcionários mais importantes, benefícios domésticos e um sistema de dados de RH com base na Web. "Tentamos ter um pouco do rigor, por exemplo, da Sessão C da GE, mas com uma abordagem menos sistemática, padronizada e comum devido ao nosso modelo de governança. O sistema de dados é fundamental para o rigor, e investimos muito tempo e dinheiro nele. Pouquíssimas empresas possuem um sistema para toda a empresa, particularmente aquelas que têm feito uma série de fusões e aquisições. Mas, quando conversei com empresas como a GE, elas me disseram: 'Acima

***Nota da Tradutora:* ERISA é abreviação de Employee Retirement Income Security Act, ou seja, Lei de Garantia de Renda ao Trabalhador Aposentado.

de tudo, é melhor ter esse elemento funcionando, pois a questão crucial é: quem trabalha aqui? E sem um sistema global, você não consegue responder a essa pergunta.'"

Um benefício do sistema é sua utilidade no planejamento da sucessão. "Começamos a alimentar um banco de dados globais dos CVs de executivos. Era um sistema comum que se ligava a nossos sistemas de folha de pagamento, ações e segurança, portanto podíamos produzir o que eu chamo carinhosamente de cartões de beisebol – um 8, 5 × 11, com foto, salário, informações pessoais e avaliações para cada executivo sênior. Agora, quando falamos sobre alguém, os dados estão bem na nossa frente e conversamos com base na mesma folha de dados, não apenas com nomes, mas também formação acadêmica, interesses na carreira, planos de desenvolvimento, associações, avaliações de terceiros, se tivermos essas coisas, qual é seu salário atual e o que ele foi."

"Os gerentes também fazem o que nós chamamos de avaliação de retenção, que seria uma matriz 3 × 3 da criticalidade de um determinado cargo e a avaliação da probabilidade de a pessoa ficar no cargo nos próximos cinco anos – baixa, média ou alta. Portanto, se você fosse um executivo letárgico de recursos humanos, por exemplo, que provavelmente não fosse a lugar algum e estivesse agregando pouco valor à empresa, seria classificado como baixo risco de *turnover.* Mas, se você fosse uma pessoa com MBA em finanças, com destaque na empresa, capaz de dirigir um negócio e pudesse ser interessante para outras empresas, você seria classificado como alto risco de *turnover.*"

"Portanto, em todos os lugares do mundo, temos uma abordagem, um sistema computadorizado, com um único banco de dados. Chamo isso de livrar-se da torre de Babel. Estamos todos numa única página."

"O hardware do sistema é apenas a base do processo de pessoal. O software crítico – a munição viva – está no diálogo da organização, no processo de observação a critérios comuns, culminando numa avaliação e feedback francos."

"O RH pode desenvolver todos esses sistemas sofisticados, mas cabe ao líder torná-los reais – em nosso caso, isso se soma à situação de mercado e à falta estrutural de pessoas com as habilidades necessárias. Rick Priory ensinou à empresa como ser totalmente honesta e começou padronizando o entendimento – segundo suas próprias palavras – de 'como é o bem'. Suponhamos que meu chefe tenha entregado uma avaliação sobre mim, e tenha dito 'Chris é o máximo' sobre cada uma dessas habilidades. O presidente do conselho diria: 'Eu conheço Chris. Ele não é o máximo em nenhuma delas, pelo amor de Deus. De fato, ele mal domina duas habilidades. Ele está na média em oito delas e é muito bom em quatro.'"

"Rick adota padrões de desempenho que são os mais agressivos e os que mais exigem prestação de contas que eu conheço. Comparados com os de nossos colegas, temos algumas das melhores métricas que existem – retorno sobre patrimônio líquido, retorno sobre ativos, aumento dos lucros, e assim por diante. Mas, se você analisar nosso pagamento de bônus, classificamos abaixo da média. Como pode ser isso? A resposta é que temos uma cultura de prestação de contas. Rick é tão rígido sobre atingir as metas financeiras – no bom sentido, é claro – que todos sabem que, sem as pessoas certas, você não vai chegar a lugar algum. Por isso, continuo falando sobre 'munição viva' no mercado. Há tanta pressão sobre as pessoas para que tenham um bom desempenho que meras palavras bonitas são um luxo que não podemos mais nos dar."

O principal mecanismo operacional social para a Duke Energy é o comitê de políticas de Priory do qual fazem parte ele, os chefes dos três principais segmentos de negócios e os chefes das quatro principais funções administrativas – jurídica, financeira, administração e risco. O grupo se reúne duas vezes por semana por um dia inteiro e conversa formalmente sobre pessoas e talentos três ou quatro vezes por ano. Mas grande parte do trabalho é feita nas reuniões bissemanais.

"É contínuo e em tempo real", diz Rolfe. "Nós estamos atualizando os planos todos os dias, pois nossa organização é muito dinâmica. E como temos um sistema computadorizado, ele fornece as informações para a nova avaliação da sucessão e de talento de imediato."

"O estilo de gestão colegial de Rick inclui pessoas no comitê que se responsabilizam mutuamente. Sem política, a opinião de todos é importante. Não é uma democracia, mas elas discutem as questões. E há, em geral, uma ou duas pessoas que, não importa qual seja a questão – uma aquisição, um desinvestimento, uma decisão de negócios –, falam franca e abertamente, sem rodeios. Essa é nossa cultura aqui."

Esse é o software social que faz o sistema funcionar na Duke Energy. Rolfe resume os quatro elementos: "Primeiro, uma cultura de prestação de contas para o alto desempenho, que exige os melhores talentos na organização. Segundo, um líder que não está apenas disposto, mas também pronto para questionar uma avaliação. Terceiro, uma cultura de colegiado entre os executivos do alto escalão da empresa, na qual eles se comprometem a ser justos e responsáveis e a pôr pressão uns nos outros. E quarto, permitir-me, como chefe do RH, o direito de pôr pressão também, pois tenho uma perspectiva fundamentalmente diferente por causa do trabalho que faço. Eu não sou um simples executivo da empresa, mas certamente não sou colega dessas pessoas. Mas, quando eu faço uma observação, todos me ouvem, pois não se trata de posição na empresa. Trata-se de credibilidade e da perspectiva do indivíduo."

★ ★ ★

As pessoas certas estão nos cargos certos quando a informação sobre os indivíduos é coletada constantemente, e os líderes conhecem as pessoas, como elas trabalham juntas e se elas produzem resultados ou não. É a coerência da prática que cria o conhecimento na avaliação e seleção das pessoas certas. O processo de pessoal começa com avaliações individuais, mas, quando desenvolvido e praticado como um processo total, torna-se incrivelmente eficaz como uma ferramenta de execução. Agora, voltaremos nossa atenção para o processo de estratégia. Acima de tudo, é relacionado ao processo de pessoal, pois a estratégia vem da mente das pessoas. Se uma empresa tem as pessoas certas, com toda a probabilidade suas estratégias estarão sincronizadas com a realidade do mercado, da economia e da concorrência.

CAPÍTULO 7

O processo da estratégia: Unindo pessoas e operações

O objetivo básico de qualquer estratégia é simples: ganhar a preferência do consumidor e criar uma vantagem competitiva sustentável, ao mesmo tempo em que deixa dinheiro suficiente para os acionistas. Define uma direção para o negócio e o posiciona para seguir nessa direção. Por que, então, muitas estratégias fracassam?

Poucos entendem que um bom processo de planejamento estratégico também requer o foco nos *comos* da execução da estratégia. Uma estratégia consistente não é uma compilação de números ou o que equivale a uma previsão astrológica quando as empresas extrapolam os números ano após ano nos próximos 10 anos. Seu cerne e detalhes devem se originar na mente das pessoas que estão mais próximas da ação e que entendem seus mercados, seus recursos e seus pontos fortes e fracos.

Um plano estratégico moderno deve ser um plano de ação no qual os líderes da empresa podem basear-se para atingir seus objetivos. Ao criá-lo, você, como líder, tem de perguntar se e como sua organização pode fazer as coisas necessárias para atingir seus objetivos. O desenvolvimento de tal plano começa com a identificação e definição das questões-chave que estão por trás da estratégia. Como sua empresa está posicionada no contexto do ambiente empresarial, incluindo suas oportunidades e ameaças do mercado, e suas vantagens e desvantagens competitivas? Uma vez que você tenha elaborado o plano, precisa perguntar: Qual a qualidade das premissas das quais o plano depende? Quais são os pontos positivos e negativos das alternativas? A empresa tem as habilidades para executar o plano? O que você precisa fazer a curto e médio prazos para o plano funcionar a longo prazo? Você pode adaptar o plano às mudanças rápidas no ambiente empresarial?

Para ter realismo em sua estratégia, você deve ligá-la ao processo de pessoal: você tem as pessoas certas para executar a estratégia? Em caso negativo, como vai consegui-las? Você tem de atrelar os pontos específicos de seu plano estratégico ao plano operacional, de modo que as múltiplas partes móveis da organização estejam alinhadas para levá-lo aonde você quer chegar.

A IMPORTÂNCIA DOS "COMOS"

Se uma estratégia não abordar os "comos", é candidata ao fracasso. Esse é um erro do qual a AT&T foi vítima. Quando Michael Armstrong assumiu como CEO em 1997, a maior fonte de lucro da empresa era voz e dados de longa distância e, num grau menor, mas cada vez mais intenso, voz e dados sem fio. O balanço da AT&T estava sem problemas, seu endividamento era baixo e o preço da ação estava por volta de US$44. Mas as condições externas estavam mudando. As tarifas de longa distância estavam caindo à medida que novos rivais entravam no negócio. Wall Street estava concedendo índices preços/lucro mais altos para as pontocom e empresas de cabo, na crença de que elas estavam posicionadas para atingir um crescimento maior.

Armstrong deu início à criação de uma estratégia que colocaria sua empresa nos novos mercados de crescimento. A oportunidade da AT&T, ele concluiu, estava na oferta aos clientes de um único local para serviços de transmissão de informação: voz e dados locais de longa distância e serviços de multimídia que necessitassem de banda larga. Oferecer esses serviços, no entanto, demandaria que a AT&T tivesse acesso direto ao cliente; mas esse acesso estava nas mãos das companhias telefônicas regionais que haviam sido desinvestidas da AT&T, na quebra do antigo monopólio na área de telefonia em 1984. A empresa ponderou várias opções, desde construir sua própria infraestrutura local nas principais áreas metropolitanas até a compra de empresas de cabo.

A estratégia que Armstrong formou tinha quatro elementos: (1) comprar empresas de cabo, ganhar acesso direto e físico aos consumidores; (2) oferecer aos consumidores pacotes de serviços, o que permitiria que a AT&T tivesse maior participação nos seus gastos do que suas concorrentes; (3) executar as ações rápido o suficiente para gerar um aumento de receitas que pudesse compensar a queda das receitas em longa distância; e (4) confiar na implementação da Lei de Telecomunicações de 1996, que impedia que as empresas de telecomunicações locais competissem em longa distância até que abrissem suas redes completamente às operadoras de longa distância.

Era uma estratégia altamente interessante. Os analistas de valores mobiliários compraram a ideia, e a reação inicial do mercado foi positiva. Mas a estratégia foi um fracasso total. Em dezembro de 2001, a empresa vendeu seus negócios de cabo, pelos quais havia pago US$100 bilhões, para a Comcast por US$44 bilhões em ações e sua aceitação de US$25 milhões em dívidas. Essa ação deixou a empresa essencialmente onde ela estava quando começou, e a ação da AT&T foi comercializada a US$18.

O que saiu errado? Para que a estratégia seja um sucesso, todos os quatros elementos tinham de ser sólidos. Mas revelaram estar baseados em premissas falhas. A AT&T Broadband era composta de duas empresas de cabo de alta exposição, a TCI e a Media One, e algumas linhas de negócios existentes. As aquisições de empresas de cabo foram caras: a AT&T pagou um alto preço por elas. Ao mesmo tempo, os preços de longa distância caíram mais rápido do que se presumia e, à medida que isso acontecia, o preço da ação da empresa também caía. Isso tornou as aquisições ainda mais caras e aumentou a dívida do balanço. Os consumidores não estavam tão interessados em pacotes de serviços como a AT&T esperava, e a empresa não passou bem a proposta para o mercado ou rápido o suficiente. A AT&T levou mais tempo para executar seu plano do que havia previsto. Finalmente, os órgãos reguladores não fizeram cumprir a Lei de Telecomunicações tão bem quanto a AT&T havia esperado, o que significou que a empresa levou um duplo golpe: as empresas de telefonia locais entraram para o mercado de longa distância e as operadoras de longa distância obtiveram menos acesso local do que o plano previu.

A AT&T também fez algumas escolhas de pessoal erradas. Três grupos de executivos dirigiram os negócios de cabo durante um período de três anos, nenhum deles de forma muito eficiente. O preço da ação sofreu um novo golpe quando os principais investidores, tais como a CalPERS (o sistema de aposentadoria dos funcionários públicos da Califórnia) e a TIAA-CREF (o sistema de aposentadoria dos professores), expressaram sua insatisfação com a execução na Broadband.

A estratégia da AT&T estava desligada tanto da realidade interna como da realidade externa. Não testou suas principais premissas para ver se faziam sentido e não tinha nenhum plano alternativo sobre o que fazer se uma ou mais delas provassem estar erradas. A empresa não levou em consideração sua falta de habilidade organizacional para concorrer com suas rivais num mercado que muda rápido. Sua cultura, que não havia mudado muito desde o tempo do antigo monopólio, não conseguiu executar bem e rápido o suficiente para fazer o plano funcionar logo.

OS ELEMENTOS DE UMA ESTRATÉGIA

O cerne de qualquer estratégia está resumido em seus elementos: meia dúzia de poucos conceitos-chave e ações que a definem. Destacar os elementos força os líderes a serem claros quando discutem a estratégia. Isso os ajuda a julgar se a estratégia é boa ou ruim e por quê. Isso fornece a base para explorar alternativas, se necessário.

Se os elementos são claramente definidos, até a essência da estratégia mais complexa pode ser expressa em uma página. Por exemplo, em 1991, uma unidade de negócios de um grupo industrial de US$500 milhões, fornecedor das mais importantes montadoras, mal estava conseguindo atingir seu *break-even*.* Seu produto era considerado uma *commodity* e estava sob contínua pressão dos preços por parte dos clientes. A unidade desenvolveu uma nova estratégia baseada em três elementos. O primeiro era baixar os custos, transferindo a produção dos Estados Unidos para uma rede de fábricas bem posicionadas para atender tanto os clientes globais como os mercados locais. O segundo era redesenhar continuamente o produto para conseguir uma diferenciação tecnológica que agregaria valor e ditaria preços mais altos. O terceiro era criar uma nova estrutura organizacional, com equipes gerenciais cuidadosamente escolhidas. O marketing permaneceu local, mas o desenvolvimento de produto, a tecnologia, a manufatura e as finanças foram transformados em organizações globais.

A unidade executou todos os três elementos simultaneamente e conseguiu excelentes margens e retornos. Hoje, é o fornecedor preferido dos 10 principais clientes do setor automobilístico mundial.

Durante o processo, os líderes da unidade mantiveram-se em contato com a realidade. Por exemplo, o plano original exigia que se mudasse o programa de tecnologia dos Estados Unidos para um país de menor custo. Mas, quando os engenheiros americanos hesitaram em fazer a transferência, abandonou-se essa ideia. Os líderes também mantiveram a estratégia atualizada, revendo o plano três vezes em um ano e o aperfeiçoando à medida que as condições mudavam.

**Nota da Tradutora:* O volume quando a receita total iguala o custo total, onde não há lucro nem prejuízo; ponto de equilíbrio.

* * *

O foco deste capítulo é a estratégia da unidade de negócios, mas é importante entender a distinção entre estratégia no nível da unidade de negócios e estratégia no nível corporativo.

A estratégia no nível corporativo é o veículo para alocar recursos entre todas as unidades de negócios. Mas não deve apenas ser a soma entre todas essas partes. Se for, então as unidades de negócios poderiam se sair bem sendo independentes (ou melhor, não iriam onerar os custos indiretos da corporação). Os líderes corporativos devem agregar valor às estratégias criadas no nível de unidade de negócios. Na GE, por exemplo, a organização sem fronteiras que Jack Welch introduziu garante uma constante troca de ideias e das melhores práticas entre os diversos gerentes das unidades de negócios, multiplicando significativamente o capital intelectual da empresa.

Uma estratégia corporativa também define os limites da empresa – os negócios em que quer atuar e a arena onde vai competir. A Honeywell, por exemplo, é uma empresa industrial; bens de consumo não vão competir bem nessa arena, não importa quão interessantes eles sejam.

A estratégia no nível corporativo analisa o *mix* de negócios e toma decisões sobre se ele deve mudar para obter o melhor retorno sustentável sobre o capital da empresa. Por exemplo, a GE saiu do negócio aeroespacial quando o governo do presidente Reagan acabou, antecipando o declínio relativo nos gastos com defesa e uma rápida consolidação do setor. Jack Welch achava que os recursos financeiros e administrativos dariam mais retorno em qualquer outro setor. Agrega-se valor estratégico também através de iniciativas para melhoria do desempenho em toda a empresa, como Seis Sigma, digitalização e implementação de um bom processo de pessoal. O celebrado processo de pessoal da GE começou com uma iniciativa de Jack Welch para os recursos humanos encontrarem uma forma sistemática de avaliar talentos que ajudassem a desenvolver futuros líderes. Mais recentemente, a GE formalizou a busca pelos seus "diamantes brutos", pessoas que podem não ter o brilho de alguns de seus colegas e que podem estar negligenciadas em outras empresas. Podem estar lutando em suas atuais funções por causa de circunstâncias que fogem de seu controle, tais como trabalhar para um mau chefe. A iniciativa ajudará a colocar essas pessoas em um ambiente melhor, no qual possam crescer e estar prontas para assumir maior responsabilidade no futuro.

DESENVOLVENDO O PLANO ESTRATÉGICO

Quando uma unidade de negócios cria sua estratégia, ela claramente coloca em termos específicos a direção que a unidade deve tomar: onde ela está agora, onde estará no futuro e como chegará lá. Ela olha para os custos dos resultados estratégicos que quer atingir em termos de recursos de capital de que precisa, analisa os riscos envolvidos e dá flexibilidade no caso de novas oportunidades que surjam ou se o plano der errado. A declaração da estratégia deixa claro o posicionamento do negócio no contexto de seu segmento de mercado e analisa os pontos fortes e fracos dos concorrentes.

A estratégia de uma unidade de negócios deve ter menos de 50 páginas e ser fácil de entender. Sua essência deve ser descrita em uma página em termos de elementos, como vimos no caso da AT&T e do fabricante de partes e peças automotivas. Se não conseguir descrever sua estratégia em 20 minutos, de forma simples e em linguagem direta, você não tem um plano. "Mas", as pessoas podem dizer, "eu tenho uma estratégia complexa. Não pode ser resumida em uma página." Isso não faz sentido. Não é uma estratégia complexa. É um pensamento complexo sobre a estratégia. A estratégia por si só não é complexa. Cada estratégia, no final, se resume a alguns elementos simples.

LARRY: Um bom plano estratégico é um conjunto de direções que você quer tomar. É um roteiro, não totalmente preenchido, de modo que lhe dê bastante espaço de manobra. Você se torna específico quando está decidindo a parte das ações do plano, ao qual você associa os processos de pessoal e de operações.

Quem desenvolve o plano?

Para ser eficaz, uma estratégia tem de ser elaborada e pertencer àqueles que vão executá-la, quer dizer, ao pessoal de linha. O pessoal administrativo pode ajudar, coletando os dados e usando ferramentas analíticas, mas os líderes de negócios devem ser encarregados de desenvolver o cerne do plano estratégico.

Eles conhecem o ambiente empresarial e as habilidades da organização, pois vivem dentro dela. Estão na melhor posição para lançar ideias; para saber quais ideias irão funcionar; para entender quais novas habilidades serão necessárias; pesar os riscos; avaliar as alternativas; e solucionar as questões críticas que o planejamento deve resolver, mas frequentemente não o faz. Nem todos conseguem aprender a ser um estrategista, é claro. Mas, trabalhando em grupo, guiados por um líder que tenha uma compreensão abrangente do negócio e de seu ambiente, e usando o diálogo, que é vital para a cultura da execução, todos podem contribuir com alguma coisa – e todos irão se beneficiar por tomar parte do diálogo.

Um bom processo estratégico é uma das melhores formas de ensinar as pessoas sobre execução. Torna sua mente mais alerta para detectar a mudança: folhas de papel não fazem isso. As pessoas aprendem sobre o negócio e o ambiente externo – não apenas sobre dados e fatos, mas como analisar e usar seu bom senso. Como o plano foi montado? Como ele está sincronizado? Elas descobrem pontos de vista e desenvolvem seu discernimento e intuição. Elas aprendem com os erros: "Por que, quando formulamos nossas hipóteses, não vimos as mudanças que nos surpreenderam?" Discutir essas coisas cria entusiasmo e alinhamento. Por sua vez, a energia que essas discussões geram fortalece o processo.

LARRY: O líder de um negócio tem de ser o "dono" do desenvolvimento da estratégia. Ele não tem uma pessoa de planejamento estratégico para fazer todo o trabalho, então chega e toma conhecimento do assunto no dia em que está sendo apresentado. Ele assume a responsabilidade pelo desenvolvimento do plano e consegue algum suporte e, então – uma vez que todos tiverem concordado com a estratégia –, ele assume a responsabilidade pela criação dos planos de ação.

Para dar início ao processo de planejamento na Honeywell, telefono para o chefe de cada unidade juntamente com a pessoa responsável pelo planejamento estratégico e talvez um dos funcionários da corporação, e chegamos a um acordo sobre as questões críticas que confrontam o plano. Depois que o plano for criado, mas antes de avaliá-lo em nível corporativo, cada líder terá analisado esse plano com seus subordinados e recebido seus *inputs*. Afinal de contas, essas são as pessoas que terão de implementar o plano.

QUESTÕES PARA UM PLANO ESTRATÉGICO

LARRY: Os planos estratégicos para o negócio da Honeywell dedicam especial atenção ao ambiente, à concorrência e ao motivo pelo qual algumas empresas num determinado negócio são mais bem-sucedidas do que outras. Um plano começa com um banco de dados que mostra a solidez do ambiente do negócio – é um mercado de crescimento ou não? Se o negócio está num ambiente que está crescendo, digamos, a uma taxa anual de 2%, não crescerá acima disso, a menos que tenha um novo produto ou estratégia que seja realmente diferenciada. A área automotiva da Honeywell, por exemplo, é um mercado de baixo crescimento, portanto estamos cautelosos sobre nossas expectativas com relação a ela e à quantidade de recursos que iremos alocar.

O plano estratégico, então, estabelece a participação de mercado para esse negócio, indicando se é uma posição de liderança ou uma posição fraca. A participação de mercado é o *scorecard* final e obviamente influenciará a estratégia. Se a participação do negócio é pequena e for um mercado de alto crescimento, o plano traçará o que pode ser feito para melhorar a participação de mercado. Também detalhará se o negócio ganhou ou perdeu participação no ano passado.

O plano estratégico contém também uma sinopse dos pontos fortes e fracos de cada grande concorrente do negócio. As pessoas têm de entender que o mundo não observa e acena positivamente enquanto elas fazem alguma coisa – os concorrentes também irão fazer alguma coisa. No negócio de aeronáutica da Honeywell, a análise da concorrência foca empresas como a Rockwell Collins e a Thalen da França.

O plano, então, explora que tipos de empresas são bem-sucedidos no ambiente desse negócio. São empresas de baixo custo? Possuem tecnologias inovadoras, sistemas de distribuição que podem se expandir, um alcance global? Em outras palavras, o que separa as empresas de sucesso das outras no mesmo setor?

Nós não apenas fazemos um plano e, então, recuamos e olhamos se ele pode ser útil para nós. Decidimos sobre os objetivos no início: "O que queremos fazer? Quais são as questões-chave que precisamos entender melhor? Por que, no final, ele será útil para nós?" À medida que você forma o plano em torno desses objetivos, tem uma chance de realizar alguma coisa.

* * *

Um sólido plano estratégico aborda as seguintes questões:

- Qual é a avaliação do ambiente externo?
- Qual é seu grau de entendimento sobre os clientes e mercados existentes?
- Qual a melhor forma de fazer o negócio crescer de maneira rentável e quais são os obstáculos ao crescimento?
- Quem são os concorrentes?
- A empresa pode executar a estratégia?
- O curto prazo e o longo prazo estão equilibrados?
- Quais são os marcos importantes para executar o plano?
- Quais os principais problemas que a empresa enfrenta?
- Como o negócio gerará lucro numa base sustentável?

Qual é a avaliação do ambiente externo?

Cada negócio opera dentro de um contexto político, social e macroeconômico que muda, e o plano estratégico deve explicitamente mostrar as hipóteses externas que a gerência está formulando. Os líderes de uma unidade de negócios têm de analisar minuciosamente seu ambiente e entendê-lo bem. Eles devem analisar tudo, desde as tendências econômicas e demográficas, e mudanças na regulamentação, até novas tecnologias, alianças entre concorrentes, as alavancas de aumento ou queda da demanda para seus produtos, e assim por diante. A avaliação da AT&T do ambiente externo não conseguiu prever que os órgãos reguladores poderiam não se comportar como ela esperava e que o *boom* do mercado de capitais nas pontocom, telecomunicações e mídia poderia não permanecer forte.

O ambiente geral é o mesmo para cada participante do mercado. O que diferencia as empresas de sucesso são suas percepções e habilidades para detectar padrões de mudança e relacioná-los a seu panorama, setores, concorrência e negócio. Por exemplo, quando a epidemia asiática atacou em 1997, a maioria das empresas falhou em detectar a mudança até março de 1998. A GE e a AlliedSignal viram isso antes do final de 1997 e mudaram seus planos operacionais de 1998 para poder gerar os resultados que haviam prometido apesar das novas circunstâncias. Pouquíssimas outras empresas reagiram adequadamente à crise.

Qual é o seu grau de entendimento sobre os clientes e os mercados existentes?

Talvez não tão alto quanto você pensa. Quando se trata de clientes industriais, por exemplo, a decisão de compra é mais complexa do que apenas o gerente de compras do cliente que negocia preços. O gerente de divisão de uma grande empresa industrial recentemente propôs uma estratégia de crescimento que requeria um investimento de capital de US$300 milhões. A estratégia adaptaria uma tecnologia existente a um novo produto que seria vendido para um novo grupo de clientes. O plano que ele propôs era perfeito no sentido de que respondia às perguntas usuais sobre estratégia com dados acerca da concorrência, do setor e do ambiente externo. O CEO ouviu pacientemente por 20 minutos, um período de tempo estranhamente longo para ele. No entanto, não pôde esperar mais para fazer as seguintes perguntas. Primeiro, quem compra esse produto? O gerente da divisão respondeu que eram os gerentes de compra das empresas-cliente. O CEO disse: "Verdade? Deixe-me fazer a pergunta de outra forma. Quem especifica que esse produto deve ser comprado?" O gerente da divisão replicou que obviamente eram os engenheiros. A pergunta final do CEO, feita num tom severo, foi: "Com quantos engenheiros você conversou?" O silêncio mortal significou que o projeto havia sido rejeitado.

As pessoas costumam olhar para seus negócios de dentro para fora – isto é, ficam tão concentradas em fabricar e vender novos produtos que perdem a noção das necessidades e comportamento de compra de seus clientes.

A questão é entender as pessoas específicas que tomam as decisões de compra e seu comportamento de compra. Em grandes empresas industriais, por exemplo, os engenheiros e compradores, em geral, fazem a compra. Mas, em pequenas empresas, o diretor financeiro e até mesmo o CEO estarão envolvidos, pois precisam prestar muita atenção ao fluxo de caixa. Isso requer abordar o cliente de forma bem diferente.

Qual é a melhor forma de fazer o negócio crescer de maneira rentável e quais são os obstáculos ao crescimento?

Sua empresa precisa desenvolver novos produtos? Precisa levar os produtos existentes para novos canais e para novos clientes? Precisa adquirir novos negócios? Como são seus custos em comparação com os dos concorrentes – e quais programas de produtividade existem para melhorar seus custos?

No começo da década de 1990, a GE Medical, a unidade de negócios de sistemas médicos da GE, chegou a um beco sem saída nos Estados Unidos. Não cresceu porque a política de reembolso estava desestimulando os hospitais a comprar novos equipamentos. O gerente da unidade de negócios, John Trani, e sua equipe desenvolveram um plano de crescimento para mudar para segmentos adjacentes e fornecer manutenção e outros serviços para proprietários de equipamentos médicos, vendidos pela GE ou pelos concorrentes. Havia obstáculos: alguns dos equipamentos médicos não fabricados pela GE Medical foram removidos havia muito tempo do próprio maquinário de diagnóstico de alta tecnologia da GE Medical, e a unidade teria de convencer os potenciais clientes de que sua proposta tinha valor. A unidade superou o primeiro obstáculo, adquirindo uma empresa especializada no equipamento de tecnologia inferior que a GE não fabricava e se concentrando na melhoria do processo para aumentar a produtividade de seu próprio pessoal. Ela superou o segundo obstáculo, fazendo uma aposta empreendedora num pequeno hospital em Ohio: fechou contrato para fazer a manutenção de todo o equipamento e garantiu para o hospital que ele economizaria dinheiro. Uma vez que foi bem-sucedida, a GE Medical foi capaz de ir para os potenciais clientes com um histórico. Essa iniciativa de crescimento original deslocou uma parcela cada vez maior da receita da GE Medical para serviços de alta margem, com níveis maiores de fluxo de caixa.

Uma ferramenta útil para definir as oportunidades de crescimento é o mapeamento dos segmentos de mercado. A ferramenta é simples; qualquer negócio pode ser segmentado. Muitas empresas de bens de consumo usam a ferramenta com grande vantagem. Mas muitas outras não usam, e nem todas fazem uso dessa ferramenta, exceto algumas empresas industriais. O pessoal de planejamento conversa sobre os segmentos de mercado, mas menos de 5% dos planos que vimos contêm qualquer mapeamento que seja útil.

Para entender como isso funciona, vamos analisar a segmentação da A. T. Cross do mercado de canetas de luxo. Um simples mapeamento dos segmentos de mercado da Cross identifica três diferentes consumidores. O primeiro é o indivíduo que quer comprar uma caneta para si próprio; o segundo é a pessoa que compra como um presente para alguém; e o terceiro é a empresa que compra milhares com seu logotipo nelas e as usa como brinde institucional. Para cada segmento do mercado, o produto é essencialmente o mesmo, mas a demanda é diferente e também a estratégia. Cada um requer que a Cross trate com diferentes concorrentes, canais, estrutura de rentabilidade e preço.

Um novo segmento de mercado na indústria de aviação mudou recentemente a dinâmica dos fabricantes e fornecedores. Nos últimos sete ou oito anos, à medida que o serviço e a disponibilidade de voos na aviação comercial pioraram e os preços aumentaram, o negócio de jatos corporativos decolou. Em 1996, a Executive Jets foi pioneira na venda compartilhada de aeronaves com seu programa NetJet. O novo segmento que ela criou tornou-se rapidamente o de crescimento mais rápido no negócio. Entre os fabricantes, a grande vencedora foi a Bombardier do Canadá, pois ela construiu aviões que eram perfeitos para o mercado – maiores do que os fabricados por concorrentes como Beech Aviation e Cessna, e menores do que os da Boeing ou McDonnell Douglas e concorrentes estrangeiros.

Quem são os concorrentes?

Às vezes, as empresas não veem o surgimento de novos concorrentes que têm propostas de valor mais interessantes para os clientes. Por exemplo, enquanto a Staples, Office Depot e OfficeMax estavam competindo entre si, não viram as incursões que a Wal-Mart estava fazendo no mercado de suprimentos de escritório. As três têm, desde então, perdido participação e, como resultado, o preço de suas ações caiu.

RAM: Muito frequentemente, as empresas subestimam as reações de seus concorrentes. Em dezembro, recebi um telefonema de um CEO de uma empresa de US$5 bilhões. Ele disse: "Eu anunciei nove meses atrás que apresentaríamos um lucro de US$5 por ação para o ano que vem. Mas, da forma como as coisas estão agora, não conseguiremos mais do que US$3,50. É um bom mercado, e a demanda não está caindo. Estou desconcertado."

Passamos um dia juntos, e eis o que aprendi. Uma divisão-chave era responsável pelo fracasso da empresa em atingir sua previsão de receita.

A pessoa que estava administrando o negócio era brilhante e com muitas habilidades interpessoais, um dos melhores estudantes da Harvard Business School, que havia trabalhado para uma importante empresa de consultoria. Ele estava na empresa há cinco anos. Embora não tivesse sido anunciado, era, em geral, visto como o sucessor do CEO.

Sua estratégia era ganhar participação de mercado, diminuindo os preços. Ele havia adicionado capacidade nos últimos três anos, o que consumiu muito dinheiro, já que o setor é muito intensivo em termos de capital e tem margens muito estreitas. Ele calculou que o maior volume proveniente da diminuição dos preços faria cair os custos significativamente. Quando o CEO analisou isso, a estratégia fazia sentido para ele.

Analisamos tudo isso e finalmente perguntei: "Então, o que você não viu?" O CEO já havia percebido. "Eu não perguntei para ele qual seria a reação de nossos concorrentes", disse. Nosso maior concorrente igualou o preço quase imediatamente e os outros o seguiram. Os preços de todo o setor baixaram. A empresa tinha a maior participação e levou a pior.

O CEO substituiu o chefe da divisão, e o novo funcionário voltou os preços ao que eram antes gradualmente, deu início a programas de produtividade e reduziu os custos. Os concorrentes seguiram os aumentos de preços e, no final do ano seguinte, o CEO havia conseguido os US$5 por ação.

Às vezes, as pessoas têm o problema oposto – elas *superestimam* a concorrência porque não fizeram as perguntas certas e perdem oportunidades que deveriam estar agarrando. Por exemplo, eu estava trabalhando com uma empresa pequena do setor de software. Seu produto era excelente – estava no centro dos pacotes de softwares que permitem que os dispositivos se conectem entre si e com a internet – mas a empresa não estava indo a lugar algum com isso. À medida que falava com os líderes, percebi que eles estavam com tanto medo da Microsoft que não se esforçavam ao máximo. A Microsoft não tinha um produto concorrente, mas, cada vez que eles faziam uma análise da concorrência, diziam: "Uma vez que a Microsoft ouvir falar sobre o que estamos fazendo, virá atrás de nós com todos os seus recursos." O que eles não entenderam foi que a Microsoft, na realidade, tinha um péssimo histórico de execução nessa área. Eles sabiam como executar. Se eles se movimentassem rapidamente para obter os clientes-chave iniciais, que seriam referências para outros clientes, poderiam tomar o controle do mercado.

A empresa foi em frente e agora está se saindo bem. Para executar ainda melhor, está também mudando sua estrutura organizacional e seu pessoal-chave, tanto em vendas como em projetos. Está redirecionando a força de vendas para atacar vários segmentos e melhorar o tempo de ciclo.

A empresa pode executar a estratégia?

Um número surpreendente de estratégias não dá certo porque os líderes não fazem uma análise realista se a organização pode executar o plano. Esse foi um dos problemas da Xerox, Lucent e AT&T. Um outro exemplo é Joe, o CEO do qual falamos no começo do Capítulo 1 – o homem que não conseguiu entender por que sua estratégia cuidadosamente planejada fracassou, e estava a ponto de ser demitido como resultado disso. Ele e sua equipe de liderança nunca teriam estado nessa posição se tivessem avaliado as habilidades da organização. Teriam descoberto que ela estava aquém da capacidade necessária para executar a estratégia. Os dois níveis mais altos dos postos de liderança não tinham pessoas suficientes que cumprissem seus compromissos. O pessoal da manufatura não sabia como melhorar o fluxo do processo em suas fábricas, o que significava que o produto não saía como deveria. Também faltavam à manufatura processos de melhoria contínua, portanto ela não conseguia produzir melhorias consistentes de custo e qualidade que os compradores esperavam. Finalmente, eles tinham pouca capacidade para trabalhar com fornecedores para reduzir os custos no começo da cadeia de suprimentos (uma questão para muitas empresas manufatureiras, por sinal).

Como você faz tal avaliação em sua empresa? Num sentido, isso não deveria ser uma pergunta. Se você está fazendo seu trabalho como líder – se você está intimamente envolvido nos três processos-chave, administrando os diálogos que permitem avaliações francas –, acabará tendo uma ideia de suas habilidades. Mas não pare por aqui. Ouça seus clientes e fornecedores. Peça para todos os seus líderes fazerem o mesmo e reportarem o que ouviram. E não esqueça os analistas de valores mobiliários, que estão olhando para você atenciosamente de fora. Alguns são bons, alguns não são, mas depois de um tempo você saberá com quem poderá aprender.

LARRY: Você mede a capacidade de sua organização fazendo as perguntas certas. Se sua estratégia requer uma capacidade de fabricar globalmente, por exemplo, você precisa perguntar: "Temos pessoas com experiência global? Temos pessoas que sabem como procurar fornecedores? Temos pessoas que podem administrar uma cadeia de suprimentos que se estenda por todo o mundo?" Numa escala de um para um, se suas respostas chegarem a seis, você não tem capacidade suficiente.

Se você tiver uma empresa de engenharia mecânica que está indo para a eletrônica (como a maioria está), quantas pessoas preparadas e experiência em eletrônica você tem? Você tem habilidade na tecnologia do chip ou em tecnologia da informação? Se o software for embutido no produto, você tem pessoal suficiente que entende de software? E se sua resposta for um oito ou um sete, o que você precisa para conseguir chegar a 10? Você tem pessoas que entendem de Seis Sigma, por exemplo, e que atingiram, pelo menos, o Cinco Sigma? As empresas de engenharia frequentemente não estão na vanguarda da disciplina de sua área. Você pode lançar um novo produto e esperar que seu pessoal eleve o nível e reaja? Se a resposta for não, você precisa buscar novos talentos ou tomar outras ações corretivas, tais como um acordo de marketing com alguém que possa fazer o produto. No financeiro, você precisa de uma atividade básica de contabilidade de custos ou de uma habilidade mais sofisticada que possa lidar com coisas que você terá de fazer em nível global, como, por exemplo, cobertura de risco?

É claro que você pode aumentar sua capacidade – você está buscando isso não apenas hoje, mas há dois anos. Mas o que você extrai e ganha com o processo é um entendimento do que precisa ser feito.

Quais são os marcos importantes para executar o plano?

Os marcos trazem realismo ao plano estratégico. Se a empresa não consegue cumprir os marcos à medida que executa o plano, os líderes precisam reconsiderar se têm a estratégia correta. Na área automotiva da Honeywell mencionada anteriormente, os marcos de curto e médio prazos eram desenvolver um programa para mudar para locais que possibilitassem menor custo de produção e criar e executar um mapa de tecnologia para diferenciar o produto e aumentar as margens. A missão de longo prazo (cinco anos ou mais) era posicionar o negócio de modo que pudesse sair do setor automotivo e adaptar a tecnologia para atender clientes em outros mercados.

Um bom plano estratégico é adaptável. Um planejamento anual pode ser perigoso, especialmente em negócios de ciclo curto, nos quais os mercados não esperarão por seu cronograma de planejamento. Revisões intermediárias periódicas podem ajudar você a entender o que está acontecendo e quais mudanças no rumo serão necessárias. Essa é outra razão por que seus líderes de negócios estiveram envolvidos no plano desde o início. Como eles ajudaram a desenvolvê-lo e são "donos" dele, o plano está na cabeça deles o tempo todo – diferentemente de um relatório de planejamento para a administração que passará um ano nas prateleiras antes de ser descartado. Portanto, eles podem testá-lo regularmente, comparando-o com a realidade. E, como você cristalizou a essência, não leva muito tempo para implementar as mudanças.

O curto prazo e o longo prazo estão equilibrados?

O planejamento da estratégia precisa ser conduzido em tempo real, ligado às mudanças no ambiente competitivo e aos pontos fortes e fracos da própria empresa, que também mudam. Isso significa definir a missão de curto a médio prazos e a missão de longo prazo. Dividir a missão nessas duas partes ajudará a trazer realismo ao plano – pensar que vai produzir resultados nos curto e médio prazos lhe dará uma base para construir para o futuro.

Qualquer coisa, desde as preferências do consumidor até os fluxos de caixa, pode mudar de um momento para outro. As empresas precisam se preparar para adaptar-se a uma economia em constante mudança. Ao desenvolver o plano, você precisa olhar para a frente, para cenários que têm mais probabilidade de não mudar antes que seu plano dê resultados.

Se, por exemplo, você decide mudar algumas de suas fábricas para países com custos menores, não é necessário decidir quais fábricas serão mudadas com antecedência. Abrir uma fábrica, digamos, na China pode ser interessante no momento, mas daqui a um ano pode não ser a melhor alternativa. O ponto é primeiramente comunicar o princípio – nesse caso, a necessidade de reduzir os custos, mudando uma parte da operação para um novo local. Então, tome uma decisão concreta quando estiver chegando a hora.

Estabelecer o equilíbrio entre curto prazo e longo prazo é, assim, uma parte fundamental de um plano estratégico. A maioria dos planos não aborda o que a empresa deve fazer entre o momento em que o plano é elaborado e a época em que se supõe que estará atingindo resultados máximos. Um plano que não trata de questões de curto prazo de custos, produtividade e pessoal torna o "ir daqui até ali" um risco inaceitável – e, em geral, impossível.

LARRY: Você não pode dizer *mañana*. Você precisa ter um plano que tanto plante sementes como faça colheitas, que possa atingir seus objetivos financeiros em curto prazo e fazer coisas que ampliem a vida do negócio em longo prazo.

Um gerente, Jerry, lançou um plano que parecia um bastão de hóquei: a receita inicialmente caiu por causa dos prejuízos operacionais, mas aumentou repentinamente. Ele disse: "Vamos ter receitas uniformes por três anos enquanto estivermos lançando essa estratégia." Eu disse a ele: "Jerry, não posso ter receitas uniformes para a empresa por três anos, portanto quem vai compensar a diferença? Se você quiser se envolver em algo que implica prejuízos operacionais substanciais, cabe a você explicar como vamos preencher a lacuna entre o agora e o momento em que o projeto começar a dar lucro. Se não puder superar isso, então o entusiasmo para investir nesse projeto diminui."

Quando você pressiona as pessoas com esse tipo de assunto e deixa claro que não pretende conceder a elas um período sem lucros até que façam seu projeto ir para a frente, a quantidade de imaginação e inovação que surge é espantosa. Jerry voltou e disse: "Posso tirar mais lucro dessa linha de produtos em curto prazo porque acho que seu potencial de longo prazo não é lá muito bom. E posso vender um pequeno negócio e lucrar, pois acho que não é o melhor negócio para estarmos. Posso cortar despesas em 10% durante esse período, como uma forma de gerar mais receita. Posso fazer quatro ou cinco coisas que compensem o prejuízo com o novo produto."

Um resultado importante que advém dessa abordagem é que toda a equipe do negócio se engaja no novo projeto. Cada um está contribuindo de alguma forma para apoiá-lo, todos se comprometendo com ele.

RAM: A Intel dominou a arte de equilibrar o curto e o longo prazos desde a época em que era uma empresa de US$200 milhões. Ela entendeu que, para vencer o jogo, precisava investir na melhoria dos processos de manufatura e equipamento à frente da tecnologia da nova geração, de modo que pudesse ser testada. Dessa forma, a Intel está pronta para a próxima geração, atingindo, assim, seus objetivos de curto prazo e também construindo para o longo prazo.

Atingir esse equilíbrio requer criatividade e geração de ideias, e também encontrar recursos fora da corporação, se necessários para o longo prazo. Isso é comum agora na indústria farmacêutica. A Warner-Lambert, ao desenvolver o medicamento Lipitor para diminuir os níveis de colesterol, precisou de recursos, assim como de maior cobertura de vendas globalmente. Ela negociou com a Pfizer para cofinanciar o desenvolvimento e lançamento da molécula que era a base do Lipitor. A Warner-Lambert conseguiu um cheque de US$250 milhões da Pfizer, ganhando, assim, os recursos externos e, ao mesmo tempo, melhorando sua posição de mercado com mais cobertura de vendas.

Todos os anos, empresas como Colgate-Palmolive e Emerson Electric geram recursos que constroem para o futuro através de programas de melhoria de produtividade. A Colgate é um dos melhores exemplos de uma empresa que produz resultados de curto prazo, trimestre após trimestre. Tem um recorde invejável de margens cada vez maiores todos os anos e supera seus principais concorrentes em aumento de receitas, vendas e geração de caixa. Sua linha de pastas de dente não apenas a tornou a número um em vendas e participação de mercado, mas suas práticas consistentes todos os anos para desenvolver e executar programas de produtividade financiam os projetos de crescimento para o futuro. Única entre as empresas de bens de consumo, a Colgate agora tem um grupo global trabalhando em ideias de crescimento e produtividade.

Quais são os principais problemas que a empresa enfrenta?

Toda empresa tem mais ou menos meia dúzia de problemas críticos – aqueles que podem prejudicá-la significativamente ou impedi-la de aproveitar novas oportunidades ou atingir seus objetivos. Lidar com esses problemas, em geral, requer pesquisa e ideias. Delinear os principais problemas no plano estratégico ajuda a se concentrar na preparação e no diálogo quando é chegada a hora de rever a estratégia.

LARRY: Na Honeywell, nos telefonemas que dou para os gerentes antes da revisão da estratégia, pergunto quais são os principais problemas na opinião deles. Então, digo a eles quais são os problemas em minha opinião – não porque meus pontos de vista são necessariamente diferentes, mas porque precisamos que fique bem claro o que o plano estratégico tem de abordar. Posteriormente, falamo-nos ao telefone outra vez e recapitulamos esses quatro ou cinco pontos. Finalmente, digo: "Analise seu plano e certifique-se de que podemos responder a essas questões quando fizermos a revisão."

Quando é chegada a hora de fazer a revisão, começamos a reunião com os problemas que identificamos. Os gerentes fornecerão alguns dados, é claro – qual o tamanho do negócio, qual a sua participação de mercado, qual a rapidez de crescimento do mercado e quem são os concorrentes. Então, converso sobre quais programas de crescimento e produtividade estamos prevendo para os próximos três anos. Mas o foco é nos problemas que prejudicam o negócio e nas oportunidades às quais devemos dedicar tempo para tentar aproveitá-las.

Por exemplo, identificamos três problemas críticos em um de nossos produtos automotivos em 2002. Não estávamos nos saindo tão bem no Japão; como poderíamos melhorar nosso desempenho lá? Qual seria a próxima evolução tecnológica do produto? (É um mercado de alta tecnologia que está mudando rapidamente.) E como poderíamos crescer no mercado secundário com mais velocidade?

Você também tem de saber quais questões deixar fora da discussão. Vamos dizer que surja a questão de que devemos construir uma fábrica para fazer um novo produto. Essa pergunta é adequada para ser incluída no plano, mas não devemos tomar uma decisão sem detalhes suficientes. Devemos realmente pensar nisso cuidadosamente. Podemos ter duas ou três questões desse tipo. Quero rever todo o plano e, então, fazer uma reunião separada para resolver essas importantes questões.

Essas questões "não mencionáveis" são potencialmente inoportunas para serem discutidas na frente de outras pessoas; a maioria envolve uma falha da gerência. A história da Xerox, discutida no Capítulo 2, é um exemplo. O enorme consumo de caixa da empresa altamente endividada e a perda de participação de mercado levaram-na para uma crise financeira em 2000 porque a gerência falhou na execução de seus planos para reorganizar a força de vendas por setor e consolidar seus centros administrativos. Questões críticas como essas precisam ser o centro de um diálogo sólido durante o desenvolvimento do plano. Se surgirem problemas, eles devem ser colocados em cima da mesa para discussão, sendo incluídos no plano. "Por que perdemos participação de mercado no ano passado nesse negócio para um produto importante? Por que não conseguimos atingir uma produtividade maior? Por que não podemos crescer mais rapidamente na China? Por que continuamos a ter problemas de qualidade? Como podemos continuar a crescer nesse mercado?" Você procura cinco ou seis questões para fornecer dados, fazer recomendações e discutir e, no final, chega a uma solução. É parte de um exercício de planejamento estratégico produtivo.

* * *

Muitas estratégias fracassam porque as questões críticas corretas não são levantadas. As questões críticas da AT&T incluíam a queda das receitas de longa distância e a capacidade organizacional para executar uma grande mudança na estratégia. O consórcio da Iridium – o esforço conjunto da Motorola e da TRW para desenvolver um sistema de telecomunicações por satélite capaz de conectar os telefones do mundo inteiro – encontrou dois problemas críticos. Um foi como criar suficiente demanda para baixar os preços de modo a formar um mercado de tamanho razoável; o outro (relacionado ao primeiro) foi desenvolver unidades portáteis pequenas o suficiente que os consumidores pudessem levar consigo confortavelmente. A estratégia não deu certo em ambos os pontos.

Em dezembro de 2001, a Dell Computer estava começando a enfrentar seu problema crítico – a perspectiva sombria de longo prazo para os PCs. Não importa quanta participação de mercado a Dell suportava, não se previa um alto crescimento para o mercado. Um passo inicial na direção certa foi formar uma aliança com a EMC para comercializar o equipamento de armanezamento dessa empresa. Uma opção melhor foi expandir-se para um segmento adjacente, servidores, no qual o potencial de crescimento é bem maior do que para os PCs. Mas o modelo de margens baixas e grande rapidez da Dell, que funciona tão bem para os PCs, será eficaz com servidores tecnologicamente mais sofisticados? Quando este livro foi para a gráfica, o júri ainda estava decidindo.

No nível da unidade de negócios, as questões têm um escopo menor, mas não são menos importantes para o futuro da organização. Por exemplo, na unidade automotiva da Honeywell, estas foram algumas das questões críticas levantadas no plano de 2001:

1. Continuaremos a ter custos baixos o suficiente para obter ainda margens adequadas com os preços caindo continuamente no segmento automotivo? O que é preciso para estar à frente da curva em termos de custos?
2. A equipe de liderança deve pensar em mudar a manufatura para um local de menor custo como, por exemplo, a China? Quais os riscos em tomar tal medida?
3. Quais são as questões ligadas à regulamentação? Estamos cientes de qualquer regulamentação negativa e, em caso afirmativo, o que faremos sobre isso? Estamos fazendo o suficiente para dar apoio às restrições mais rigorosas das emissões dos veículos, o que aumentará a demanda pelo produto?

Como o negócio irá gerar lucro numa base sustentável?

Toda estratégia deve expor claramente os pontos específicos da anatomia do negócio, como ele gerará lucro agora e no futuro. Isso significa entender as seguintes bases, o *mix* do que é único para cada negócio: as alavancas de caixa, margem, rapidez, crescimento da receita, participação de mercado e vantagem competitiva. Por exemplo, o gerente de divisão que mencionamos anteriormente, que estava propondo um investimento de US$300 milhões em um novo produto, precisaria apresentar as seguintes informações para responder à pergunta sobre como sua estratégia para o produto faria dinheiro e conseguiria um retorno adequado sobre o investimento:

- Preços em diferentes níveis de demanda. O cliente pagará um ágio por aquilo que você diz ser uma diferenciação?
- Custos e estrutura de custos agora e no futuro.
- Caixa necessário para o capital de giro.
- Ações necessárias para aumentar o crescimento da receita.
- Investimento necessário para comercializar o produto.
- Investimentos continuados em tecnologia para preparar-se para a próxima geração do produto.
- Reações dos concorrentes ao preço.

* * *

Esperamos que você tenha conseguido entender que um plano estratégico contém ideias claras e específicas. Não é um exercício de números. Os números são obviamente necessários, mas aqueles que são detalhados linha por linha e são extrapolados mecanicamente para os cinco anos seguintes oferecem muito pouco em termos de insight. Os números de que você precisa são aqueles que contribuem para a solidez das ideias no plano estratégico.

As perguntas também não são mecânicas. As que são importantes irão variar de situação para situação e de ano para ano. As respostas também irão variar – o que é certo para um negócio hoje pode não ser certo para um outro negócio ou para o mesmo negócio amanhã.

Um plano preparado de acordo com as diretrizes e questões delineadas neste capítulo fornece a base para um diálogo sólido, ligando o processo de estratégia às pessoas e ao processo operacional. O diálogo acontece durante a revisão da estratégia detalhada no próximo capítulo.

CAPÍTULO 8

Como fazer uma revisão da estratégia

Talvez você já tenha sentado para fazer uma ou duas revisões de estratégia como esta: os participantes se reúnem; o pessoal de planejamento traz um relatório grande e espesso que eles montaram e passam página por página, numa forma expositiva, deixando pouco espaço para perguntas. O CEO fará algumas, com certeza. Em geral, ele foi preparado pelo pessoal de planejamento de modo que pode mostrar que entende do assunto (e talvez ainda consiga pegar algumas pessoas). As pessoas lutam para ficar acordadas durante o ritual mortal. No final de quatro horas, houve pouca ou nenhuma discussão construtiva e quase nenhuma decisão sobre quais ações farão o negócio progredir. De fato, ninguém realmente entende muito do que ouviu – as questões críticas não se sobressaem no meio de todos os detalhes que entorpecem a mente. As pessoas levarão o relatório de volta para suas salas, onde ele acabará num armário pegando pó pelo resto do ano.

Essa é a revisão da estratégia da unidade de negócios. Era assim que as reuniões eram feitas antes que Jack Welch assumisse mais de duas décadas atrás. Outros adotaram o estilo que ele trouxe para a GE – banir os imensos relatórios e fazer todos pensarem e conversarem sobre a realidade. Mas a mensagem realmente ainda não passou. Muitas revisões ainda são dominadas por discussões estéreis sobre os números e por pessoas que fazem manobras para obter poder e esquivar-se das perguntas.

Isso não é forma de executar. A revisão da estratégia da unidade de negócios é o principal Mecanismo Operacional Social do processo de estratégia. É o penúltimo campo para testar e validar a estratégia – a última chance de conseguir que as coisas fiquem certas antes de o plano enfrentar o teste final do mundo real. Como tal, precisa ser inclusivo e interativo: deve delinear um debate sólido, conduzido dentro do diálogo consistente de uma cultura de execução, com todos os participantes-chave presentes e falando o que pensam.

A revisão deve ser um exercício criativo, não um exercício no qual as pessoas arrotam dados. Se não existe criatividade no diálogo, os participantes podem muito bem ficar nos seus escritórios. As pessoas têm de sair da reunião com uma conclusão do diálogo e responsabilidades claras em relação à parte do plano que lhes cabe, e o líder deve fazer o acompanhamento para ter certeza de que todos entendem o resultado da revisão.

LARRY: Meu filho Paul, vice-presidente para financiamento de equipamento comercial da GE Capital, veio até mim um dia.

Ele tinha ido à sua primeira reunião de planejamento nesse novo cargo e me perguntou: "Pai, o que você acha que eles estão procurando?" Eu disse a ele: "Estão procurando novas ideias. Não vá lá e apenas reprise o plano do ano passado. Torne sua ideia a melhor que puder e não se preocupe se alguém disser que ela é ruim. Faça isso num processo criativo no qual alguma coisa nova aconteça. Esse é um elemento de um bom processo de planejamento." Embora você geralmente queira evitar o espelho retrovisor – focando demais o plano estratégico do ano passado –, deve reservar algum tempo para discutir como ele foi executado. O quanto você chegou perto de atingir seus objetivos? Eu nunca peço para as pessoas um monte de números, apenas algumas tendências. Mas, então, você tem de perguntar: as tendências são as mesmas e as pessoas fizeram o que disseram que iriam fazer ou é apenas mais um dia em que as coisas não acontecem? Procure formas de ligar esses eventos o máximo possível como base para ganhar credibilidade.

★ ★ ★

A revisão da estratégia é também um bom lugar para um líder aprender sobre as pessoas e desenvolvê-las. Você descobrirá suas habilidades em termos de pensamento estratégico, tanto como indivíduos quanto como grupo. No final da revisão, você terá uma boa perspectiva sobre as pessoas envolvidas e uma avaliação sobre seu potencial para promoção. E terá tido oportunidades de orientar seu pessoal.

QUESTÕES A SEREM LEVANTADAS NA REVISÃO DA ESTRATÉGIA

Na revisão da estratégia, você passará pelas mesmas questões críticas que desenvolveu no plano estratégico (Capítulo 7). Mas, nesse grupo ampliado, você terá uma diversidade de novos pontos de vista. O pessoal da diretoria financeira estará avaliando se o plano tem algum realismo do ponto de vista financeiro. O pessoal de recursos humanos estará questionando as implicações para o desenvolvimento da liderança. E assim por diante.

No final, a discussão deve responder às perguntas-chave: o plano é plausível e realista? É internamente coerente? Relaciona as questões críticas e as premissas? As pessoas estão comprometidas com ele?

Você estará também levantando novas questões e refinando algumas antigas até um novo nível de detalhe. Por exemplo:

- Qual o grau de conhecimento da equipe da unidade de negócios sobre a concorrência?
- Qual o nível de habilidade da empresa para executar a estratégia?

- O plano é disperso ou bastante focado?
- Estamos escolhendo as ideias certas?
- A conexão com o processo de pessoal e de operações está clara?

Qual é o grau de conhecimento da equipe da unidade de negócios sobre a concorrência?

Não é preciso dizer que a revisão da estratégia precisa analisar a concorrência. Em geral, no entanto, a análise da concorrência foca somente o passado: a dinâmica do setor, a estrutura de custos, a participação de mercado, a diferenciação da marca e o poder nos canais de distribuição. O que realmente conta não são as páginas de dados sobre o que a concorrência fez no passado, mas o relato em tempo real do que ela está fazendo e provavelmente fará no futuro.

- O que nossos concorrentes estão planejando fazer para atender seus segmentos de mercado e impedir que a gente faça o mesmo?
- A força de vendas deles é boa?
- O que nossos concorrentes estão fazendo para ganhar participação de mercado?
- Como irão reagir à nossa oferta de produtos?
- O que sabemos sobre o *background* dos líderes de nossos concorrentes? (Se forem de marketing, pode ser que reajam com novos programas de marketing; se forem da produção, podem tentar aumentar a qualidade.)
- O que sabemos do líder de um forte concorrente e de sua motivação e o que isso significa para nós? (Se um concorrente tem grandes incentivos para ganhar participação de mercado, sua motivação pode muito bem ser impedir que nossa empresa entre nesse segmento, mesmo que sua rentabilidade diminua. Ele pode não conseguir aguentar essa queda na rentabilidade por muito tempo, mas bloqueará nossa entrada.)

- Quais aquisições nossos principais concorrentes farão que poderão nos afetar?
- Um concorrente poderia formar uma aliança e atacar nosso segmento? (Por exemplo, a Sun Microsystems tem de avaliar cuidadosamente a recente aliança da Dell com a EMC para agilizar sua penetração nos mercados de servidores e de armazenamento.)
- Que pessoas os concorrentes contrataram que podem alterar o cenário competitivo? A Ford e a Chrysler, por exemplo, devem analisar com cuidado o que significa a indicação de Bob Lutz como vice-presidente do conselho da General Motors. A GM tem feito um progresso constante na redução de seus custos desde que Rick Wagoner se tornou presidente e, então, CEO. Agora, conseguindo trazer o desenvolvedor dos melhores produtos da área automobilística, a GM deu um grande passo na sua busca para recuperar participação de mercado. Lutz não é apenas o brilhante "homem do carro", com uma grande compreensão das necessidades dos consumidores, mas uma pessoa consciente dos custos. Seu histórico, tanto na Ford quanto na Chrysler, no projeto e desenvolvimento de novos produtos com ciclos de desenvolvimento mais curtos, não tem paralelo. Uma análise efetiva da concorrência em cada empresa automobilística demandará uma visão intelectualmente honesta da equipe sobre o que a inclusão de Lutz significa para cada empresa e para o setor como um todo.

Qual é o nível de habilidade da empresa para executar a estratégia?

É aqui que uma ligação firme e consistente entre o processo de estratégia e o processo de pessoal torna-se fundamental. Por exemplo, uma empresa de serviços de software, líder do mercado, cresceu rapidamente nos últimos três anos, aumentando seus contratos de US$4 bilhões em 1999 para US$12 bilhões em 2001. Sua força de vendas tem, na maior parte, vendido serviços para gerentes de tecnologia de informação das empresas da *Fortune 1000*. Seus contratos individuais com essas empresas chegam à casa dos US$500 milhões. Para manter sua taxa de crescimento, a empresa agora precisa dominar as empresas da *Fortune 50* e aumentar o tamanho de seus contratos para a casa de US$2 bilhões. Para atingir esse próximo nível, ela precisará vender para CEOs e diretores financeiros e enfatizar os benefícios em termos de dólares e centavos dos seus serviços para as empresas-cliente. O novo jogo requer equipes multidisciplinares que possam criar propostas de valor que interligam os serviços vendidos aos resultados financeiros do cliente. Esse tipo de venda pode levar mais de um ano até que um contrato seja fechado. E a nova equipe precisa ter um índice de sucesso de mais de 50%, acima do padrão anterior de um em três. Executar a nova estratégia requer uma força de vendas com capacidade mental de visualizar as necessidades totais do cliente da *Fortune 50*. As questões que precisam ser levantadas sobre a capacidade da organização em situações como essa incluem:

- Temos uma força de vendas e engenheiros de vendas para vencer neste novo segmento de mercado ou são pessoas ultrapassadas? A resposta requer um bom *input* do processo de pessoal, no qual a nova estrutura organizacional, as habilidades dos líderes e os critérios para julgá-las na fase inicial dessa estratégia devem ser discutidos profundamente.
- Conhecemos a tecnologia e temos um roteiro de como a mudança se fará no decorrer do tempo?
- Temos uma estrutura de custos que nos permitirá competir com rentabilidade?

O plano é disperso ou bastante focado?

Quando as empresas buscam crescer expandindo sua oferta, em geral acabam tentando oferecer mais produtos ou serviços do que podem administrar. A General Motors, a Procter & Gamble e muitas outras foram vítimas desse excesso. Depois de duas décadas de crescimento não focado, a Unilever tinha cerca de 1. 600 marcas. Em 2001, ela encarou o problema, reduzindo suas marcas para pouco mais de 400. Os resultados já apareceram em forma de altas margens e aumento de receita.

Perguntas a serem feitas:

- O plano é ambicioso demais? Quais são nossas prioridades para evitar a fragmentação do esforço?
- Nossa equipe de liderança está assumindo muitos segmentos de mercado simultaneamente? Isso diminuirá nosso foco em relação ao segmento original do mercado, a ponto de perdermos oportunidades valiosas que financiarão novos segmentos?

Estamos escolhendo as ideias certas?

Muitas pessoas acabam entrando em negócios errados. Não importa o quanto você seja bom em execução, o risco de fracasso aumenta expressivamente quando as ideias que você desenvolve não combinam com suas habilidades ou o forçam a adquirir essas habilidades a um alto custo.

Por exemplo, uma grande empresa industrial de US$6 bilhões com altas margens usava uma rede de pequenas distribuidoras para vender seu produto para os clientes. Na busca pelo crescimento, a empresa comprou muitas dessas distribuidoras para formar uma cadeia de varejo. Trouxe um de seus próprios executivos da Europa para administrá-la, e os empresários que fundaram as distribuidoras saíram. Entrar no varejo foi uma ideia errada para a empresa. Ela não tinha nenhuma experiência no varejo, não entendia como ganhar dinheiro em um negócio de margens baixas que demanda grande know-how em logística e não estava preparada para gastar o dinheiro necessário para desenvolver as habilidades exigidas para gerenciar um tipo de negócio completamente diferente. Como resultado, a empresa começou a perder dinheiro e o preço da ação caiu em um terço.

Como fazer as escolhas certas? Você pode ter uma boa noção de como as ideias são específicas, claras e consistentes. Então, você precisa de muito diálogo para ter certeza de que até as ideias que parecem perfeitas fazem sentido. Você começa fazendo quatro perguntas básicas sobre cada ideia:

- Essa ideia é coerente com a realidade do mercado?
- Ela se adapta às habilidades da organização?
- Estamos indo atrás de mais ideias do que podemos administrar?
- A ideia nos fará ganhar dinheiro?

Você consegue as respostas através de um diálogo consistente entre os líderes dos negócios, com a ajuda do pessoal de planejamento. Então, juntos, vocês podem tomar uma decisão sobre quais ideias concretizar.

LARRY: Por exemplo, vamos supor que um líder de negócios queira entrar em um novo segmento de mercado, mas não tem o produto certo. Você quer saber quem está nesse segmento de produto e qual é a taxa de crescimento dos subsegmentos. Além de avaliar a ideia, você tem de visualizar como será adaptada em seu próprio ambiente. Você não quer entrar em um negócio no qual historicamente não tem se saído muito bem. As pessoas fazem isso o tempo todo. Elas pensam: "Nunca estivemos nesse negócio, mas estamos em um que é bem parecido e achamos que podemos assimilar as habilidades certas para fazer isso." Esse tipo de pensamento aumenta o risco consideravelmente.

Quando trabalhava na AlliedSignal, alguém veio a mim e disse: "Nós acabamos de desenvolver meio acidentalmente uma nova tela plana em um de nossos laboratórios e queremos entrar no negócio de tela plana." Analisei a tecnologia, que parecia corresponder ao que eles diziam. Eu disse: "Isso é uma maravilha. Mas nós não temos nenhuma tecnologia básica para fabricar telas planas. Você me diz que podemos fazer isso, mas não temos nenhum histórico nesse sentido. Nós podemos não ter uma cultura para lidar com isso da forma correta. Alguns grandes *players* têm o know-how. Qual a probabilidade de nós os ultrapassarmos ao longo do tempo?" Depois de algum tempo – incluindo um começo problemático –, licenciamos a tecnologia para uma empresa com experiência.

Em outras palavras, você não apenas avalia a ideia, mas tenta antecipar de que modo ela vai se encaixar em seu ambiente. Uma boa ideia para um produto ou serviço pode funcionar bem numa empresa como a que licenciou a tela plana, mas não numa empresa como a AlliedSignal ou a Honeywell. Boas ideias não são as mesmas para todos.

Uma outra coisa a ser observada é o fato de a empresa abraçar muitos projetos. Vamos supor que, ao rever os planos estratégicos por um mês em toda a empresa, quatro novas ideias maravilhosas se destaquem entre as muitas que foram propostas. Em termos de trabalho que precisa ser feito, todas elas levarão de cinco a sete anos para amadurecer. Muitas pessoas irão em frente e trabalharão nas quatro ideias. Mas os programas trazem grandes prejuízos no início, pois assim é a natureza, e, então, as pessoas começam a alimentá-los com menos entusiasmo, de modo que possam reduzir os custos do lançamento das ideias. Isso estende o tempo de amadurecimento.

Quando você tem quatro ideias como essa, tem de dizer: "Olha, nossa empresa não é grande o suficiente para poder arcar com todas elas. Vamos escolher as duas melhores e seguir com elas. Podemos assumir os prejuízos dessas duas. Mas vamos ter de tomar algumas decisões sobre as outras duas. Talvez estejam ultrapassadas quando voltarmos a elas, portanto talvez devêssemos licenciá-las, mas não vamos começar quatro projetos agora, esgotá-los e não obter nada de nenhum deles." Mas, em empresa após empresa, o apetite é muito maior do que a capacidade de digerir, e decisões erradas são tomadas. Arca-se com muita coisa que não é completada.

A revisão da estratégia ajuda a articular ainda mais o direcionamento do negócio. Ela fornece a base para alocar capital a coisas que têm um atrativo futuro e reduzir o capital de coisas que são menos promissoras.

A conexão com o processo de pessoal e de operações está clara?

Conseguir tudo de que falamos até agora depende da conexão entre o processo de estratégia e os processos de pessoal e de operações. Quanto mais você e seu pessoal souberem sobre esses três processos, melhor julgamento e *trade-offs* você pode fazer sobre o quanto sua estratégia combina com suas habilidades e se tem uma chance razoável de ser rentável.

A conexão entre estratégia e operações torna-se totalmente transparente quando as primeiras poucas páginas do plano operacional (ver Capítulo 9) descrevem o novo direcionamento estratégico, os recursos necessários e os programas a serem executados trimestre por trimestre no ano seguinte.

O fornecedor para o fabricante de automóveis que mencionamos no Capítulo 7 havia executado uma estratégia que o transformava de uma empresa *commodity* que atingia o *break-even* no fornecedor preferencial dos 10 maiores clientes industriais em todo o mundo. Agora quer ir para o próximo nível, atendendo novos clientes em segmentos adjacentes. Na revisão da estratégia, o tipo de pergunta sobre a conexão com os processos de pessoal e de operações deve incluir:

A estratégia da unidade de negócios especifica claramente como ela atingirá um novo grupo de clientes e as formas de ter o produto habilitado no novo segmento.

- Se for preciso uma nova estrutura organizacional, quais novas habilidades em gerenciamento de vendas serão necessárias?
- Existem recursos financeiros especificados no orçamento do próximo ano para desenvolver qualquer coisa que seja necessária para entrar no novo segmento?

- Quais são os programas para cada trimestre? Como os programas serão financiados trimestre por trimestre? A necessidade de lucros trimestrais pressionará esses programas? (Os líderes fizeram os *trade-offs* corretos entre curto e longo prazos.)

Ou suponha que você quer passar para o próximo nível, indo para um segmento adjacente. Como você entra pela porta dos potenciais clientes? E como você faz para seu pessoal habilitar o novo produto – isto é, ter certeza de que ele atende às especificações e necessidades? Cada uma dessas perguntas se relaciona tanto com pessoal quanto com operações, o que levanta as seguintes questões:

- Você tem o tipo e o número certo de pessoas para fazer essas coisas?
- Você deu prazo suficiente para as ações necessárias?

LARRY: Um bom plano estratégico tem de poder ser traduzido num plano operacional. Não tudo em um ano, mas precisa ter um quociente de ação para ele. Às vezes, você se envolve nesses dois processos e eles fazem você pensar que está em duas empresas diferentes. Você revisa o plano estratégico e não reconhece qualquer aspecto dele quando analisa o plano operacional – e vice-versa.

Para uma revisão operacional, eu gosto de analisar rapidamente o plano estratégico para ver que ligação foi estabelecida. Quero que as três primeiras páginas do documento sejam um resumo do plano estratégico. Os componentes acordados do plano estratégico devem ser diretamente transportados para o plano operacional. Suponha que, no plano estratégico, determinamos que vamos gastar dinheiro para lançar um novo produto que complementará a linha existente e qual será seu custo, o nível de sucesso que esperamos ter e que será testado com os clientes. No plano operacional, precisamos ter certeza de que ele tem um plano de ação de P&D que esteja financiado em um nível que realiza o objetivo estratégico.

Suas premissas estratégicas combinam com seus parâmetros internos? Você tem de definir no que quer e no que não quer investir, e as compilações da estratégia têm de concordar com esses julgamentos. Os indicadores internos incluiriam os negócios em que você quer atuar e não quer atuar, os negócios nos quais quer investir e os negócios em que quer colher resultados.

Suponha que alguém apresente a você um plano para aumentar as receitas do negócio em 15% ao ano. Ele é um bom líder, alguém que sempre cumpre seus compromissos. Mas você notou que seu segmento de mercado está crescendo apenas 3% ao ano. Como ele conseguirá atingir um crescimento de 15% – e a que custo? Conseguir uma participação maior nesse mercado de crescimento lento vale o investimento que você terá de fazer – desenvolvimento de produto, marketing, aquisições ou qualquer coisa que supostamente levará ao crescimento? Talvez você possa empregar o capital para uma melhor finalidade.

Ou suponha que alguém diga para você que o negócio deve progredir e buscar a realização das quatro ideias que mencionei anteriormente. Olhando para as outras partes do negócio, consigo dados suficientes para perguntar: "Quanto você vai investir nessas quatro ideias e quais são os prejuízos operacionais?" Se ele não puder me dar boas respostas, eu talvez tenha de dizer: "Olha, não podemos arcar com a realização das quatro ideias. Escolha duas, e nós financiaremos e, então, dependendo, vamos ver se conseguimos chegar nas outras duas." Não quero terminar a leitura do plano estratégico, que pleiteia o desenvolvimento das quatro ideias, e então me voltar para o plano operacional e ter de dizer: "Oh, meu Deus, olhe isto. Não podemos realizar todas as quatro ideias." Ele diria: "Bom, tínhamos todas as ideias no plano estratégico e você disse que gostou delas. Pusemos as ideias no plano operacional. Agora você vem e joga as ideias fora."

Quando uma empresa decide sobre uma nova estratégia, precisa ter um diálogo sobre a qualidade e atitude das pessoas envolvidas. Na Honeywell, decidimos entrar no negócio de projeto e desenvolvimento de chips para placas-mãe. Mas não tínhamos pessoas com o *background* técnico e o know-how em manufatura corretos. Entramos no negócio e perdemos dinheiro, mas nunca tivemos de demonstrar que tínhamos as habilidades corretas. Tivemos um diálogo efetivo que reconheceu nossa deficiência, mas decidimos que podíamos superá-la. Mas, no final, ficou demonstrado que não podíamos. A pessoa que havia proposto o programa havia sido muito persuasiva, e não tivemos coragem de dizer não. Apostamos no homem e na empresa, e nenhum dos dois foi capaz de deixar os acionistas felizes.

★ ★ ★

Em todo o processo descrito anteriormente, fazer perguntas constantemente mantém as questões críticas em mente: você tem os líderes certos nos cargos certos? Eles trabalham bem juntos? Você tem o tipo certo de pessoa de que precisa em quantidade suficiente? Você tem os recursos de produção, financeiros e tecnológicos para executar a estratégia?

FAZENDO O ACOMPANHAENTO

No final da revisão estratégica, escreva uma carta para cada um dos líderes para solidificar e confirmar os acordos que vocês fizeram, como base para acompanhar como estão progredindo. A carta deve falar sobre crescimento e novos produtos, e deve estabelecer a ligação entre estratégia, pessoal e operações. A seguir, cito um exemplo de carta que os líderes das unidades de negócios recebiam na AlliedSignal e que recebem hoje na Honeywell:

Data: 22 de junho de XXXX
Para: Jane Smith
De: Larry Bossidy
Assunto: Revisão do Plano Estratégico dos Sistemas X
É um grande negócio e um bom plano. Aqui vão alguns comentários:

- Devemos reconhecer que somos um alvo para nossos concorrentes. Você deve pensar sobre como podemos atacar a nós mesmos se fôssemos nossos concorrentes. São empresas muito competentes, e não podemos ser complacentes. Lembre-se, muitas empresas cuja posição de mercado excepcional decai são batidas em custos ou em tecnologia. Devemos estar preparados para competir em ambas as frentes.

- Devemos defender nossa posição atual na Europa. Essa região ainda parece ter suficiente potencial de crescimento e não queremos criar oportunidades fáceis para que os concorrentes ganhem uma base firme lá.
- Devemos identificar os objetivos e a visão de nossos clientes. Isso facilitará nosso planejamento para o futuro e melhorará nossas habilidades para antecipar e atender ás necessidades de nossos clientes.
- Licenciar nossas marcas pode ser um bom programa. Precisamos ser cuidadosos sobre como e onde isso será feito para evitar efeitos adversos sobre nosso negócio.
- O relacionamento com o cliente A e a recuperação do cliente B estão ótimos. A situação B no sul da Europa foi uma advertência e parece que você reagiu bem. Agora precisamos nos tornar mais consistentes no que diz respeito ao atendimento ao cliente, especialmente se esperamos manter um ágio no preço.
- Obviamente não podemos financiar todos os projetos desse plano. Você tem de priorizar suas oportunidades e, para as oportunidades adicionais no final da lista, busque financiamento criativo, tais como programas do governo.
- O gráfico de pizza do portfólio é uma boa forma de visualizar nossa posição. Você deve usá-lo para monitorar nosso progresso.
- Você deve ter uma base de clientes receptiva para o produto Y. Os clientes D, E e F precisam achar formas de melhorar seu desempenho nesse segmento e esse produto quer ajudá-los.
- À medida que implementamos nossa estratégia do mercado secundário, devemos ter certeza de que estamos ainda atendendo às necessidades de nossos clientes. As pequenas oficinas de recondicionamento devem prestar, pelo menos, o nível de atendimento que prestamos atualmente.
- O grupo K tem feito um bom trabalho, embora não esteja claro se podemos manter nossa vantagem aqui.
- O negócio Z está na mira. Devemos ficar de olho em novos concorrentes e atentos aos nossos custos.

- Precisamos de um plano detalhado e elaborado para nossas fábricas, que considere tanto o programa ZZ quanto os atuais produtos. É importante fazer isso direito na primeira vez.
- Precisamos de parceiros de distribuição que agreguem valor a ZZ. Não queremos corretores para nossos produtos.
- É importante manter o olho nas habilidades em sistemas de nossos concorrentes e encontrar o parceiro certo para desenvolver nossas próprias habilidades.
- Você deve continuar a envolver nosso grupo de lobistas para mostrar aos lideres do Congresso as vantagens do produto e dissipar algumas das atuais concepções equivocadas.
- Precisamos melhorar nossa capacidade de produção antes de oferecer novos produtos. Embora tenhamos feito progressos, nossa taxa de entrega de peças ainda é inaceitável.
- Precisamos fazer o Seis Sigma se traduzir em maior produtividade. No final, estamos competindo em custo, qualidade e tecnologia. Temos de estar numa posição para ganhar em termos de custos. Devemos desenvolver uma estratégia de produção progressiva para manter nossos custos baixos.
- À medida que aumentarmos nossa capacidade, devemos pensar sobre capacidade flexível. Devemos estar preparados para uma possível virada nesse mercado. A Tailândia faz sentido, mas não tenho certeza sobre o Meio-Oeste.
- Antes de estabelecermos o fornecimento e a produção na Ásia, devemos entender os efeitos das mudanças nas taxas de câmbio. Precisamos decidir se ainda faria sentido se as moedas asiáticas se valorizassem. Também devemos determinar quais componentes podem ser fornecidos localmente e quais não podem. Devemos confiar que nossos fornecedores-chave podem atender ás nossas necessidades, tanto em quantidade como em qualidade. Isso é particularmente importante quando tomarmos nossa decisão para o local X
- O programa BBB é impressionante. Deve aumentar significativamente nosso tempo de ciclo e a eficiência da engenharia. A biblioteca de peças-padrão será uma grande oportunidade para nós.
- Temos de ser agressivos em patentear e defender nossa propriedade intelectual. Fique de olho no concorrente X para ver se ele está infringindo nossas patentes.

- A oportunidade CCC é boa, mas ainda está muito distante. O concorrente Y tem tanta tecnologia quanto todo mundo nesse mercado. Você deve analisá-lo para obter ideias.
- Quando mudarmos para a tecnologia DDD, devemos tentar fazer isso de forma simples. Podemos ainda capturar a maior parte do valor sem aumentar a potencial complexidade desses programas.
- Mantenha o treinamento alto na lista de prioridades; torne-o o mais amplo possível
- Devemos desenvolver uma equipe de liderança diversificada para atender às necessidades globais desse negócio.
- É um bom plano, que irá requerer muito trabalho e liderança. É um negócio maravilhoso com muitas oportunidades. Você precisa estabelecer as prioridades para seus projetos de crescimento, para obter o máximo de retorno sobre investimento. Finalmente, tenha certeza de comunicar seu pensamento e seus programas estratégicos para toda a organização. Sua adesão e envolvimento vão direcionar o sucesso.

★ ★ ★

Nestes capítulos sobre estratégia, e anteriormente em nossa discussão sobre o processo de pessoal, estabelecemos processos para determinar aonde a liderança quer levar o negócio e quem vai conduzi-lo até lá. Agora vamos abordar os pontos específicos num período de curto prazo, de quatro semestres. O resultado desse processo, que chamamos de operações, é um compromisso. Esse processo é onde as partes numa organização estão alinhadas.

CAPÍTULO 9

O processo de operações: Unindo estratégia e pessoas

Seu chefe lhe pediu para dirigir de Chicago para Oskaloosa, Iowa, uma viagem de 500 quilômetros. Ele lhe deu uma verba com regras claras. Você não pode gastar mais do que $16 com gasolina, deve chegar em 5 horas e 37 minutos e não pode dirigir a mais de 100 quilômetros por hora. Mas ninguém tem um mapa com uma rota para Oskaloosa, e você não sabe se vai se deparar com uma tempestade de neve no caminho.

Ridículo? Não muito diferente da forma como as empresas traduzem seus planos estratégicos em operações. Elas fazem isso por meio do processo orçamentário, que explicita os resultados que você deve alcançar, tais como receitas, fluxo de caixa e lucros, e os recursos que você recebeu para alcançá-los. Mas o processo não aborda como ou se você pode obter os resultados, portanto não tem ligação com a realidade. O que você precisa é do que se encontra em empresas que executam: um processo operacional consistente, centrado em um plano operacional que ligue estratégia e pessoas a resultados.

O processo de estratégia define aonde um negócio quer ir, e o processo de pessoal define quem vai fazer o negócio chegar lá. O plano operacional indica o caminho para essas pessoas. Ele decompõe o resultado de longo prazo em metas de curto prazo. Atingir as metas do aqui e agora faz com que as decisões sejam tomadas e integradas em toda a organização, tanto inicialmente quanto em resposta às mudanças nas condições do negócio. Ele dá realismo aos números. O plano operacional não está prevendo algo como: "Fizemos melhor do que no ano passado." Tal previsão olha no espelho retrovisor para estabelecer as metas; um plano operacional olha para a frente, para os "comos".

Um plano operacional inclui os programas que seu negócio vai completar em um ano para atingir os níveis desejados de metas como lucro, vendas, margens e fluxo de caixa. Entre esses programas estão lançamentos de produtos; plano de marketing; um plano de vendas que tire vantagem das oportunidades de mercado; um plano de produção que estipule resultados de produção; e um plano de produtividade que melhore a eficiência. As premissas nas quais o plano operacional se baseia estão ligadas à realidade e são discutidas com o pessoal da área financeira e com os líderes de linha que têm de executar. Por exemplo, quais efeitos o aumento ou queda do PIB e o nível das taxas de juros da inflação causarão nos negócios específicos cobertos pelo plano? O que acontece se um importante cliente mudar seus planos de forma significativa? O plano operacional especifica como as várias partes do negócio serão sincronizadas para atingir as metas, trata dos *trade-offs* que precisarão ser feitos e das contingências para as coisas que podem dar errado ou ofereçam oportunidades inesperadas.

Enfatizamos repetidamente que os líderes têm de estar envolvidos intimamente nos três processos-chave e conhecer o negócio – o que eles conseguem em boa medida com esse envolvimento. No plano operacional, o líder é principalmente responsável pela supervisão da transição direta da estratégia para operações. Precisa estabelecer os objetivos, interligar os detalhes do processo de operações com os processos de estratégia e de pessoal e liderar as revisões operacionais. Tem de fazer julgamentos oportunos e precisos, e *trade-offs*, em face das múltiplas oportunidades e incertezas. Tem de liderar um diálogo consistente e fazer a verdade vir à tona. E deve, o tempo todo, ensinar as pessoas como fazer as coisas também. Ao mesmo tempo, o líder está aprendendo – sobre seu pessoal e como ele se comporta quando é hora da ação e sobre as armadilhas que existem em torno das estratégias perfeitas.

Não é apenas o líder sozinho que tem de estar presente e envolver-se. Todas as pessoas responsáveis pela execução do plano precisam ajudar a construí-lo.

LARRY: Um plano operacional é responsabilidade de todos. Ele liga as pessoas, a estratégia e as operações por meio de um fio e se traduz no estabelecimento de metas e objetivos para o ano seguinte.

Você realmente quer que o plano operacional seja de todos. Quanto mais pessoas estiverem envolvidas no plano, ou de planos de contingência ou projetos que têm de ser realizados no ano seguinte – quanto mais pessoas estiverem conscientes das expectativas dos planos –, mais você atinge.

* * *

Tal processo de operações não poderia ser mais diferente do que o típico processo orçamentário. Vemos três grandes falhas no processo orçamentário ou no processo de operações na maioria das empresas. Primeiramente, o processo não propicia um diálogo sobre as premissas do plano. Em segundo lugar, é desenvolvido em torno de resultados que a alta gerência quer, mas não discute ou especifica os programas de ação que tornarão esses resultados uma realidade. Em terceiro lugar, o processo não dá oportunidades de orientação para que as pessoas aprendam sobre a totalidade do negócio ou desenvolvam a estrutura social de trabalhar juntas por uma causa comum.

Esses planos operacionais são, em geral, baseados em um orçamento que foi previamente preparado. Isso é retroativo: o orçamento deve ser a expressão financeira do plano operacional e os planos subjacentes gerados pelos componentes do negócio, e não o contrário.

Os orçamentos, em geral, pouco se relacionam com a realidade da execução porque são exercícios e jogos de números, nos quais as pessoas passam meses descobrindo como proteger seus interesses em vez de focar as questões críticas do negócio. As metas financeiras são, em geral, não mais do que um aumento nos resultados do ano anterior que a alta gerência acha que os analistas de valores mobiliários esperam. Nos níveis mais baixos da organização, as pessoas dão lances mínimos com relação ao que podem fazer para atingir as novas metas. Em geral, elas irão propor números inferiores aos que acham que podem atingir. Então, vão negociar com seus chefes. Talvez os chefes digam: "Não, essas são nossas metas, e vocês terão de atingi-las." Ninguém sabe necessariamente como e por que essas metas são atingidas, mas se tornam ordens de batalha para o ano fiscal seguinte.

O processo suga energia, desviando-a para um jogo inútil. E o orçamento rígido resultante pode levar a oportunidades perdidas ao longo do ano. Vamos dizer que, no segundo trimestre, você apresenta um plano factível que pode aumentar a participação de mercado de seu negócio em dois pontos antes do final do ano. Para concretizar o plano, é preciso um pequeno investimento, mas a probabilidade de sucesso é tão grande que pode colocar você no topo em termos de participação de mercado, e o retorno virá em menos de um ano. Você apresenta o plano para seu chefe e senta em silêncio, enquanto ele lê o plano. Finalmente, ele olha para você com uma cara triste e diz: "É uma ótima proposta, Bob. Mas não há dinheiro no orçamento."

O orçamento pode também forçar as pessoas a tomarem decisões ruins quando estão desesperadas para atingir suas metas. Uma prática comum, por exemplo, é alocar o estoque no "em processamento" antes do final do semestre para inchar os números. Mas os negócios terão de pagar um preço no trimestre seguinte, quando os gerentes terão de dar grandes descontos ou comprometer a eficiência da manufatura, cortando a produção.

RAM: A maioria das empresas faz seus orçamentos ou planos operacionais com um sistema projetado pela contabilidade. Os líderes estabelecem as metas, usando slogans encorajadores como "15-5": 15 de crescimento por ano nos próximos 5 anos. Todos repetem como papagaios. Os líderes dizem que metade do crescimento virá "organicamente", o que significa a partir do negócio que a organização já tem, e metade através de aquisições. Essas aspirações mostram que os líderes são visionários. O diretor financeiro calcula que as margens irão melhorar, a dívida irá baixar e o preço da ação quadruplicar. Mas pergunte a esses líderes como irão atingir essas metas e em quais premissas elas se baseiam e eles não terão a mínima ideia. "Vamos trabalhar nisso", eles explicam. Então, cada unidade de negócios faz seu planejamento comparado com o do ano passado e sem ligação com o quadro geral, sem nenhum entendimento e conexão comum e nenhum diálogo simultâneo.

Esse tipo de processo orçamentário derrota o verdadeiro objetivo do planejamento. Nos meses entre o momento em que a preparação do orçamento começa e a aprovação final (alguns orçamentos duram até quatro meses), o ambiente provavelmente mudou. Mas as premissas que sustentam o orçamento permanecem. Um documento estático num mundo ativo reduz a flexibilidade da organização de reagir à mudança. E não faz nada para ajudar as pessoas a sincronizar as várias partes da organização.

Um CEO está lutando contra esse problema agora. Sua empresa tem cinco negócios, e o preço da ação permanece estático nos últimos cinco anos. Dois anos atrás, ele veio de outra empresa e fez um bom trabalho de aumento da produtividade, mas o crescimento tem sido muito menor do que as aspirações. A menos que o desempenho melhore e o preço da ação premie a empresa com índices preço/lucro mais altos, ela terá dificuldade de fazer várias aquisições de porte.

O CEO estabeleceu uma aspiração de cinco anos para inspirar as pessoas a ver o que é possível. Para dar forma a seu plano estratégico, ele reuniu seus cem melhores funcionários durante dois dias para obter ideias e energizá-los. Ele agora tem cada uma de suas unidades de negócios pensando sobre novas formas de gerar crescimento: novas propostas de valor, novos canais e novos clientes. Ele está mudando crenças, comportamentos, pessoas e alocação de recursos. Está integrando horizontalmente, fazendo as unidades de negócios venderem juntas nos mesmos canais. Agora ele está criando um plano operacional que tem ações trimestre por trimestre.

COMO FAZER UM ORÇAMENTO EM TRÊS DIAS

A maioria das grandes empresas passa semanas ou meses preparando seus orçamentos. Isso é desnecessário e uma grande perda de tempo. Você provavelmente reconhece que ele pode e deve ser feito muito mais rápido. Mas você acreditaria que pode preparar seu orçamento em três dias? Nós conhecemos várias empresas que fazem isso.

O ponto de partida é um diálogo consistente entre todos os líderes importantes da empresa, que sentam juntos para entender o quadro geral, incluindo todos os relacionamentos entre as partes. Nós chamamos esse princípio de simultaneidade.

Quase todos os exercícios orçamentários ou planos operacionais são feitos sequencialmente, de baixo para cima e de cima para baixo: os objetivos e premissas gerais vêm do topo e as unidades de negócios geram os detalhes. Mas o processo de orçamento sequencial deixa passar a força do diálogo simultâneo, que gera pontos de vista sobre a totalidade do negócio e conecta suas partes em um todo.

O diálogo acontece numa reunião de três dias, que inclui todos os subordinados diretos, pessoal de linha e pessoal administrativo do líder da unidade de negócios. Todos eles foram previamente informados sobre as premissas gerais para o ambiente externo, juntamente com um conjunto de análises da concorrência e metas financeiras e outras metas para o ano, trimestre por trimestre.

A reunião foca aproximadamente 20 linhas que, em quase todo o orçamento, respondem por 80% do impacto nos resultados da empresa. Entre elas, por exemplo, estão as receitas por *mix* de produto, as margens operacionais, as despesas de marketing, os custos de manufatura, despesas de engenharia e desenvolvimento, e assim por diante. O líder começa por fazer cada área apresentar seus planos de ação para atender ao orçamento proposto. Ele questiona as premissas para testar sua validade e pergunta como cada plano de ação afetará os outros negócios. Por exemplo, se um gerente quer baixar os preços para gerar mais volume, isso levantará uma bandeira amarela para a manufatura. Quais serão os custos adicionais? Isso implicará horas extras? Outras áreas levantam questões adicionais.

Depois que todos falam, o grupo se divide, e cada gerente discute a informação com seu subgrupo por uma hora. O pessoal da manufatura, por exemplo, chegará a uma conclusão sobre quanto pode cortar em termos de custos dado o maior volume e, portanto, quanto espaço há para reduzir preços. Eles falarão sobre alternativas: devem abrir um terceiro turno ou terceirizar? Onde vão assegurar mais componentes?

Quando os grupos se juntam novamente, todos colocam suas informações numa planilha eletrônica comum. Em questão de minutos, todos têm uma visão geral de como será o orçamento. Eles podem ver em tempo real o que faz sentido e o que não faz, e como todos os componentes irão se sincronizar. Então, repetem o processo, questionando, reformulando e aperfeiçoando. Em geral, tudo termina em quatro ciclos. O produto final é o orçamento básico e os planos operacionais; eles vão preencher o restante das linhas do orçamento e dar forma aos planos depois que voltarem para seus escritórios.

Não se dê o trabalho de tentar isso se você não sabe liderar um diálogo que revele conflito ou negociar *trade-offs* de forma persuasiva – ou se você for o tipo de pessoa insegura cujo poder advém do acúmulo de informações. Mas, se estiver apto a fazer isso, esse processo lhe dará um orçamento baseado na realidade que você pode seguir com confiança e adaptá-lo às mudanças no ambiente de negócios à medida que elas surgirem. Todos entenderão como eles se enquadram na empresa como um todo. Você descobrirá que as pessoas podem se movimentar mais rápido e estarão mais dispostas a fazer experiências com boas ideias, sabendo que não estão presas numa estrutura de orçamento rígida e provavelmente obsoleta.

Você descobrirá também que é um ótimo exercício de desenvolvimento de equipe.

A IMPORTÂNCIA DA SINCRONIZAÇÃO

A sincronização é essencial para a excelência na execução e para energizar a corporação. A sincronização significa que todas as partes da organização têm premissas comuns sobre o ambiente externo no ano operacional e um entendimento comum – a mão esquerda sabe o que a mão direita está fazendo. Sincronizar inclui combinar as metas das partes interdependentes e unir suas prioridades às outras partes da organização. Quando as condições mudam, a sincronização realinha as múltiplas prioridades e realoca os recursos.

Por exemplo, vejamos uma empresa automobilística com 10 marcas e aproximadamente três milhões de combinações de opções e cores, mais de 100 fábricas em todo o mundo, centenas de fornecedores, milhares de revendas e meia dúzia de agências de publicidade. Cada uma dessas partes toma decisões todos os dias e está em movimento, sempre mudando. Quando as taxas de juros caem, nem todos os segmentos de mercado crescem igualmente, nem todas as marcas precisam expandir a produção da mesma forma e nem todas as revendas venderão igualmente mais carros. Portanto, as partes precisam estar sincronizadas para tirar vantagem dos diferentes segmentos de mercado por área geográfica, revenda e outros fatores.

Numa grande empresa, essa é uma tarefa complexa. Por exemplo, quando alguém decide promover um novo produto, precisa de um tempo de seis meses para conseguir isso. Os elementos envolvidos são propaganda, promoção, colocação do estoque nas prateleiras e logística (que, em geral, são terceirizados). Se alguma coisa muda externamente, os relacionamentos precisam mudar. Por exemplo, se a demanda cai, os relacionamentos entre propaganda, promoção, planejamento para produção e níveis de estoque têm de mudar. Mas mudar como? O que se torna mais importante e menos importante? Os sistemas operacionais em empresas que executam bem, tais como GE, Wal-Mart, Dell e Colgate-Palmolive, sincronizam essas coisas mais rápido e melhor do que outras.

O 11 de setembro criou uma real preocupação em Detroit de que a demanda por veículos novos seria zero. E realmente desapareceu por alguns dias. Ron Zarella, vice-CEO da General Motors para a América do Norte, concebeu o financiamento sem juros, e sua implementação colocou a demanda em alta. Nunca houve um momento melhor para isso. Em novembro, o Federal Reserve continuou a reduzir as taxas de juros para a 1,75%, a menor num período de 40 anos. Os consumidores foram capazes de refinanciar e obter dinheiro para dar uma entrada. A demanda aumentou de 16 milhões de unidades anuais para mais de 21 milhões.

A ação requeria um plano operacional que reprogramasse e realocasse os recursos e sincronizasse as várias partes da GM. Quantas unidades de que tipo de veículos a GM deveria produzir? Em quais fábricas? Quais regiões necessitariam de qual *mix* de produtos? Quanta verba para propaganda a empresa deveria gastar, onde e em quais produtos? Se não houvesse um equilíbrio entre produção e propaganda, o resultado seria duplamente negativo: com margens diminuídas pelo financiamento sem juros, um desequilíbrio entre produção e propaganda perderia vendas e aumentaria os custos.

Esse programa abriu uma grande oportunidade para a GM. Embora outros fabricantes de automóveis tenham copiado prontamente, a execução rápida da GM deu à empresa um aumento imediato de participação de mercado. E a GM deu continuidade ao programa porque percebeu que ele poderia não ser apenas uma medida isolada, mas uma oportunidade de reverter a queda de participação de mercado durante três décadas. O corte de custos havia começado a melhorar a produtividade da empresa. O vice-presidente do conselho, Bob Lutz, o famoso "homem do carro" que liderou a série de produtos bem-sucedidos da Chrysler, já estava tomando decisões que apareceriam na propaganda do ano corrente e nos veículos do ano seguinte. A premissa da GM era de que o momento do mercado e o alto moral gerados pelo programa ajudariam a manter os ganhos e até aumentá-los.

PREMISSAS CONFIÁVEIS: A CHAVE PARA ESTABELECER METAS REALISTAS

Um plano operacional aborda as questões críticas da execução, fazendo o orçamento com base na realidade. O que os mercados de capital esperam e quais são as premissas sobre o ambiente de negócios? Se for sol, como você tira mais vantagens das oportunidades do que seus concorrentes? Se for chuva, que medidas você precisa tomar para sobreviver à tempestade melhor do que seus concorrentes?

Qual o grau de entendimento de seus líderes sobre isso e o quanto eles são imaginativos no que diz respeito a capitalizar as mudanças? Qual seu grau de eficiência na condução do diálogo, com o qual eles podem entender a realidade e agir, sem precisar esperar pela aprovação dos níveis mais altos da organização?

★ ★ ★

A discussão sobre premissas é uma das partes mais importantes de qualquer revisão operacional – não apenas as premissas sobre o quadro geral, mas aquelas especificamente ligadas aos efeitos sobre o negócio, segmento por segmento, item por item. É uma parte fundamental do que falta na revisão-padrão do orçamento. Você não pode fixar metas realistas até que tenha discutido as premissas que estão por trás delas.

Nas negociações do orçamento e do plano operacional, há um conflito de interesses inerente. As pessoas trazem as premissas para as negociações através das lentes de suas funções e seus cargos. Por exemplo, um homem da produção quer ter os menores custos possíveis, portanto quer fazer a maior quantidade de produtos e ter um nível estável de produção. O líder de vendas gosta da ideia de ter um montão de produtos também; quanto mais ele tiver no estoque, melhores as chances de fazer uma venda. E por que, então, eles não deveriam pressionar para que suas premissas sejam aceitas? Seus incentivos estão ligados a realizações funcionais específicas.

O diretor financeiro, por outro lado, está dizendo: "Espere um minuto, eu não vejo esse crescimento na economia. Nós vamos acabar com uma tonelada de estoque, o que vai diminuir nosso caixa. Então, teremos que dar desconto e gastar dinheiro em promoção extra para nos livrarmos dele."

Na revisão-padrão do orçamento, eles todos vão negociar suas premissas e chegar a algum tipo de compromisso. Mas o que você realmente quer fazer é deixar todas as premissas à vista, com todos presentes e um líder que faça perguntas pertinentes. Então, você quer testar essas premissas, indo aos clientes ou a alguma outra fonte, para se certificar de que elas são válidas. Com esse tipo de informação, o grupo pode fazer *trade-offs* inteligentes com base na realidade. É isso que você faz numa revisão operacional.

Discutir as premissas e fazer *trade-offs* abertamente em um grupo é uma parte importante do software social. Ele constrói as habilidades de liderança de todas as pessoas envolvidas. À medida que elas desenvolvem e compartilham uma visão abrangente comum do que está acontecendo no lado de dentro e no lado de fora, aperfeiçoam sua habilidade de sincronizar os esforços de execução. E assumem publicamente o compromisso para executar.

LARRY: Você tem de discutir as premissas subjacentes antes mesmo de começar a pensar na expressão financeira dos números. Como líder, você questiona se as pessoas pensaram em todos os elementos do plano. Você precisa ser capaz de identificar qualquer premissa que possa ser problemática, caso elas não tenham conseguido fazer isso. Você não está pensando lá no fundo, não há jeito desses caras fazerem o plano, para depois sorrir e dizer: "Eu disse isso." Você quer fazer tudo que puder para ajudá-los a concretizar o plano.

Por exemplo, se eu visse um grande pico de vendas no quarto trimestre no plano de alguém, diria: "Por quê? O que vai acontecer no quarto trimestre que vai produzir isso? Eu não quero que você tenha um plano com um desafio fora da realidade. Eu quero que ele seja ambicioso. Eu quero que ele seja um desafio, mas quero que possa ser colocado em prática e alcance seus resultados."

Você precisa de uma série de premissas – algumas negativas e outras positivas. Por exemplo, suponha que você tenha de enfrentar negociações trabalhistas em seu negócio. Se elas forem mal, você pode precisar de um plano para formar o estoque no caso de greve. Ou o que você faz se sua verba para pesquisa, por motivos que não consegue prever agora, estourar em US$5 milhões? Ou, no lado bom, o que acontecerá se suas vendas dobrarem? Como você alinha a produção para que gere o volume necessário? O que você faz se faltarem peças que requerem muito tempo para ser fabricadas?

A propósito, você não quer segurar essas discussões por muito tempo. É importante fazer um plano operacional no momento oportuno. As pessoas, em geral, reúnem os números cedo demais. Eu gosto de ver as coisas começarem a ser pensadas em agosto, mas não os números detalhados. Comece com algumas ideias sobre vendas e lucro de cada componente (você não pode desenvolver as ideias e os números de modo independente), mas tenha em mente que esses números estarão a 10 mil pés. O plano não deve ser detalhado até que toda a discussão sobre os componentes esteja completa. Finalizamos nosso plano em novembro.

* * *

De que tipo de premissas estamos falando? Elas abrangem muita coisa – qualquer coisa que pode afetar seu negócio exige um tipo de premissa.

Primeiro e principal: Quem é o cliente? Como ele faz compras e por quê? Quais são suas necessidades? Quanto vão durar? O que faz a concorrência? Sua proposta de valor é suficientemente boa?

E se você está num negócio industrial: Quem é o cliente do cliente? E até mesmo o cliente do cliente *do cliente*? Suas exigências ou problemas vão afetar seu cliente. Muitas pessoas só enxergam, e mal, os clientes principais e não prestam atenção suficiente aos clientes que, no final, determinam a demanda para seus produtos.

RAM: Depois do estouro da bolha de telecomunicações, a Cisco Systems demorou para enfrentar a realidade. Quando a empresa finalmente mudou de rota, a maioria de seus fornecedores estava abarrotada com grandes estoques que acumulavam com base no otimismo exagerado da empresa. Mas não um pequeno fornecedor em Portland, Oregon. Bem antes de a Cisco finalmente anunciar seus cortes, o CEO dessa empresa perguntou aos membros de sua diretoria o que eles sabiam sobre planos de expansão de capital de clientes da Cisco como a Verizon, a AT&T e a British Telecom. Ele acompanhava também o comportamento dos maiores clientes dessas empresas, tais como a GM e a American Express. Como resultado da informação que ele recolheu, chegou à conclusão de que o otimismo da Cisco era infundado. Ele fechou temporariamente uma de suas fábricas com antecedência e obteve sucesso em manter a liquidez.

★ ★ ★

Como seus concorrentes vão reagir a seus passos? Eles vão mudar sua política de preços? O que você sabe sobre os lançamentos de seus próximos produtos? Será que um dos concorrentes vai lançar uma campanha de marketing para penetrar melhor em seu território?

Seus fornecedores serão capazes de entregar quantidades suficientes, *just-in-time*, nos preços certos? Se eles estão presentes em outros países, como as flutuações do câmbio irão se refletir em seus custos?

Seus canais de distribuição entregam no tempo devido e faturam corretamente? Estão em boa posição financeira ou você terá de dar mais crédito? Você tem os melhores fornecedores ou outros novos estão substituindo-os – na internet, por exemplo? O que você fará se um concorrente chegar no distribuidor que você usa com um volume maior, colocando você em desvantagem?

A economia: Quais são as perspectivas não somente em termos agregados, mas também em vários setores do mercado e regiões que você atende?

Depois de 11 de setembro de 2001, as empresas em todos os lugares correram para refazer seus orçamentos e planos estratégicos. A diretoria da Honeywell reviu seu plano operacional, o qual Larry discutirá a seguir. Algumas respostas podem ser previsíveis, mas observe as coisas debatidas que facilmente podem ser negligenciadas no processo tradicional de orçamento e planejamento numa empresa que não execute.

LARRY: Estamos elaborando um plano operacional preliminar para 2002 e revisamos algumas premissas. Observamos que a indústria aeroespacial começou a enfraquecer, mesmo antes dos acontecimentos de 11 de setembro, portanto tentamos levar isso em consideração, reduzindo nosso pessoal.

Com os acontecimentos de 11 de setembro, muito trabalho bom foi desperdiçado. O setor de aviação, de repente, entrou em crise, com perdas estimadas em US$4 bilhões somente no quarto trimestre. Havia uma preocupação sobre se as linhas aéreas teriam liquidez, dada a necessidade de reembolsar enorme quantidade de passagens para pessoas que decidiram não voar. Por outro lado, o governo mostrou algum interesse em dar alguma forma de subsídio, mas ainda sem definição quanto a seu valor exato e data. Ao mesmo tempo, as linhas aéreas disseram que, em 2002, operariam com algo em torno de 80% de seus voos regulares. O ramo de peças de reposição, a parte mais lucrativa do setor aeroespacial americano, parou quase imediatamente porque as linhas aéreas deixaram de fazer pedidos quando ficaram sem voar por alguns dias.

A questão para nós era como chegar a uma avaliação realista para o quarto trimestre e para o ano de 2002. Reunimos muita informação, demos vários telefonemas e finalmente chegamos à conclusão de que provavelmente perderíamos vendas no valor de cerca US$1, 2 bilhão – muitas delas em nosso segmento de margens altas do mercado secundário. As vendas no setor de defesa provavelmente não deslanchariam antes do final de 2002 porque sempre existe diferença no tempo entre a mobilização de forças e a procura real de materiais.

Pensamos que o segmento de aviação executiva – aviões a jato corporativos – melhoraria em algum ponto do ano seguinte, quando as restrições sobre onde eles poderiam voar não estivessem mais em vigor. Como a inconveniência de ter de voar em jatos comerciais aumentaria, concluímos que mais pessoas comprariam os seus próprios aviões ou as assim chamadas frações – propriedade parcial de jatos executivos, algo como o sistema de tempo compartilhado nos condomínios. Tivemos, então, uma menor redução no mercado secundário para nossos segmentos de negócios e de aviação, que são quase do mesmo tamanho.

Levando isso em conta, chegamos à conclusão de que as receitas seriam inferiores a aproximadamente US$500 milhões por causa de margens operacionais mais baixas. Depois, teríamos de perguntar como iríamos diminuir nossos custos em US$500 milhões. Pretender crescer nesse ambiente não seria realista; portanto, nossa meta era permanecer no nível de receitas do ano de 2000.

Recebi o plano detalhado das unidades de negócios a respeito do que iriam fazer em termos de custos para resolver esse declínio das vendas e, consequentemente, da margem operacional. Quando chegamos a um acordo sobre isso, dividimos o resultado entre os quatro trimestres. Muitas pessoas estavam argumentando nessa época que, embora o quarto trimestre, o primeiro e talvez até mesmo parte do segundo seriam piores por causa do 11 de setembro, a segunda metade do ano provavelmente seria melhor – a recuperação poderia acontecer num ritmo acelerado depois do desaquecimento da economia, mais do que originalmente havíamos presumido antes de 11 de setembro. Mas não consideramos isso em nossa previsão. Se esse fosse o caso, teríamos que nos mobilizar mais rápido. Poderíamos perder algumas vendas no período de alta. No entanto, esse seria um risco melhor para assumir do que tentar antecipar uma recuperação que está atrasada.

Ao mesmo tempo, as linhas aéreas estavam exigindo melhores condições para suas obrigações financeiras e teríamos de ser receptivos a esses pedidos. De nossa parte, pedimos termos melhores à nossa base de fornecedores – não queremos ser um financiador do último recurso.

A maioria das outras unidades de negócios sairia prejudicada pelo desaquecimento geral da economia, então fizemos o mesmo exercício. Qual seria o volume de vendas? Que margens iríamos perder? Algumas unidades de negócios tinham como meta o aumento dos lucros, então que despesas teriam de ser cortadas? Quais programas iríamos empregar para motivar as equipes de vendas durante a redução da atividade econômica? Quais seriam os programas de produtividade? E os programas de digitalização que poderiam nos ajudar a obter um aumento de produtividade consistente com aquilo de que precisávamos para atingir nossa meta?

Por outro lado, tínhamos algumas áreas que pareciam promissoras, apesar do estado geral da economia. Vou falar sobre uma delas detalhadamente, aqui e nas seções seguintes. Era um produto automotivo com potencial de crescimento no mundo todo.

Na preparação de nossas premissas econômicas para esse produto automotivo, analisamos quatro áreas. Primeiro, olhamos para a situação em termos legais porque o produto tem a ver com o controle de emissões em cada grande mercado. Onde as regulamentações iriam ficar mais rígidas? Segundo, olhamos para o ambiente macroeconômico ou o crescimento do PIB no mundo todo. Terceiro, olhamos para o ambiente específico para veículos motorizados em cada área geográfica.

Quarto, analisamos cada grande mercado automotivo no mundo – na Europa, nas Américas e na Ásia – porque cada um tinha necessidades diferentes. Nosso produto afeta também a eficiência do combustível, então analisamos as exigências em relação a isso em cada país com um grande mercado. Embora não vá mencionar a profusão de detalhes por trás de cada uma dessas premissas, eles, considerados como um todo, desempenhavam um papel importante na avaliação do potencial do produto.

Por exemplo, a combinação do rápido crescimento econômico na China, maior rigidez nos padrões de emissão e o crescimento contínuo da demanda para veículos pequenos conferiram ao mercado asiático um potencial muito grande. O mercado europeu tem bons fundamentos econômicos, mas o segmento de mercado que atendemos não está crescendo.

Mesmo que um outro segmento de mercado na América do Norte encolha em 14%, a penetração nas Américas é baixa e a maior utilização em algumas partes do segmento é favorável ao produto. Poderíamos também obter um crescimento favorável lançando uma nova tecnologia.

Analisamos também com cuidado a crescente consolidação entre nossos clientes de veículos comerciais. Para cada grande cliente, projetamos receitas para 2001 e prestamos atenção especial aos desdobramentos-chave que poderiam afetá-los. Prevemos uma maior competição entre dois concorrentes-chave pelo negócio de um outro grande concorrente e analisamos a capacidade de crescimento, o lançamento de programas de produtos e a probabilidade de um interesse forte ou fraco em nossos produtos em toda a base de clientes.

DESENVOLVENDO O PLANO OPERACIONAL

Depois de determinar as premissas, o passo seguinte no processo de operações é elaborar o próprio plano operacional, o que acontece na revisão operacional. É um processo composto de três partes, que começa com o estabelecimento de metas. Na segunda parte, você desenvolve planos de ação, incluindo os *trade-offs* necessários entre as metas de curto prazo e as de longo prazo. Você tenta também identificar áreas onde as pessoas podem desenvolver planos de contingência. Por fim, obtém a concordância de todos os participantes, estabelecendo medidas de acompanhamento para ter certeza de que as pessoas cumprirão seus compromissos ou para elaborar medidas corretivas caso isso não ocorra.

O plano operacional começa com a identificação das principais metas: receitas, margem operacional, fluxo de caixa, produtividade, participação de mercado etc. (ver Figura 3). Os detalhes variam de uma unidade para outra, mas o importante é que eles fornecem um resumo de uma página, com foco nas coisas que vão impulsionar a melhoria dos resultados. Estes são estabelecidos de fora para dentro e de cima para baixo. De fora para dentro significa que esses números têm de refletir tanto o ambiente econômico como o competitivo e o que os investidores precisam ver para concluir que vale mais ter suas ações do que as de seus concorrentes. De cima para baixo significa que as metas são também estabelecidas a partir do todo para a parte – isto é, para o negócio como um todo, com subconjuntos para seus vários componentes. Um número muito grande de empresas faz isso ao contrário, usando o processo orçamentário para obter planos aos vários níveis de cada negócio e depois os reunir num todo. Nisso se perdem muitos esforços, já que os números têm de ser refeitos várias vezes quando as pessoas os negociam.

Figura 3: Resumo dos aspectos financeiros

	2002	**2003**	**2004**
Receitas			
Despesas gerais, administrativas e de vendas (em porcentagem de vendas)			
Pesquisa, desenvolvimento e extensão (em porcentagem de vendas)			
Margem operacional (lucro)			
Fluxo de caixa			
Produtividade			
Dispêndio de capital			
ROI (retorno sobre o investimento)			
Pessoal			
Assalariados			
Horistas			

Esse resumo financeiro de uma página inclui informações que normalmente não aparecem numa revisão de operações: produtividade, quantidade de pessoal, investimentos do ano corrente, que aparecerão nos anos seguintes.

Geralmente a meta financeira final é o lucro por ação. Ela depende muito da meta para receitas, que constitui o fundamento no qual são elaborados planos de ação. As pessoas cometem um erro grave quando automaticamente aumentam alguns números em relação ao ano anterior sem discutir os desafios de atingir metas de receitas maiores e sem gerar ideias criativas. Tais discussões consistentes deveriam ter como assunto a política de preços, o *mix* de clientes, o *mix* de produtos e canais, propaganda e promoção, a qualidade, a quantidade e o *turnover* do pessoal de vendas e premissas sobre a economia, concorrência e reações dos concorrentes.

O mais importante é que a discussão deve incluir uma análise minuciosa das margens brutas. Muitas pessoas buscam ganhos de receitas sem planejar ao mesmo tempo o desenvolvimento ou a proteção de margens brutas. Mas as margens brutas estão no lugar de onde vem o resultado financeiro final – todas as despesas operacionais são deduzidas das margens brutas e não das receitas. Tudo tem como base as margens brutas. Se você não conseguir impor os preços de que precisa para obtê-las, deve cortar custos.

RAM: Uma empresa industrial de US$10 bilhões, uma das maiores do seu setor no mundo, foi duramente atingida pela recessão mesmo antes de 11 de setembro e também pela entrada de um novo concorrente da Ásia. A empresa previu que as receitas em 2002 encolheriam em aproximadamente US$1 bilhão e o CEO elaborou seu plano operacional com base nessa premissa. Mas não focou as margens brutas. Um de seus homens de confiança olhou para suas projeções e indicou que as margens sofreriam muito mais do que as receitas, caindo de 25% para 20%, por causa do ambiente deflacionário do setor. O amigo o aconselhou a refazer o plano para enfrentar essa deficiência: acelerar a melhoria do custo variável de produtividade, cortar metade do pessoal do escritório central e eliminar um nível gerencial. Em uma semana, ele teve o plano adaptado ao nível básico desejado da margem operacional da margem bruta.

★ ★ ★

O plano operacional inclui todos os principais programas para o ano seguinte – marketing e vendas, produção, dispêndio de capital etc. Numa corporação que tem muitas unidades de negócios, esses planos são criados nas unidades de negócios como resposta aos desafios impostos pela metas. Vimos um exemplo de como tal plano é elaborado no relato sobre a resposta da Honeywell para a crise de 11 de setembro. Eis aqui como isso ocorreu para um produto automotivo específico.

LARRY: Para o plano que foi preparado pelo gerente da unidade de negócios desse produto, as premissas com as quais concordamos mostravam um crescimento de receitas de quase 20% para os mercados da América do Sul e da Ásia. O plano projetou, então, receitas e margens operacionais para cada região e indicou iniciativas-chave que dariam suporte a tal crescimento. Por exemplo, no mercado asiático, planejamos dar suporte aos clientes que enfrentavam a crescente preocupação com o meio ambiente nessa região. Tínhamos também um programa para desenvolver novos clientes na China e promover vendas de alta tecnologia em nível global, usando esse país como base de fornecimento com custos baixos.

Um outro programa envolveu o mercado secundário independente – fabricantes que fornecem equipamentos de reposição –, que analisamos como um segmento lucrativo, com significativas oportunidades de crescimento. A iniciativa teve como foco as seguintes questões-chave:

- Melhorar a entrega e a disponibilidade do produto.
- Implementar revisões semanais de desempenho que sirvam como força-motriz para o planejamento tático de ações.
- Implementar *lead times* com estratégias de estoques dos clientes e dos distribuidores.

Determinamos as receitas, analisando o *mix* de produtos e clientes, segmento por segmento e região por região. Ao fixar as metas para as receitas e as margens operacionais para cada um desses segmentos, determinamos quais fatores ou premissas aumentariam ou reduziriam a demanda. Ao mesmo tempo, queríamos saber se poderíamos aumentar os preços ou se a política de preços enfrentaria uma pressão de baixa. A resposta a essas perguntas variava entre os setores e as regiões de acordo com a diferente dinâmica competitiva e a condição do setor ao qual o cliente pertencia.

Vários outros fatores podem afetar as receitas. Por exemplo, ao determinar a meta para uma das divisões da Honeywell para 2001, os fatores incluíam novas aplicações em um segmento de produto e uma aquisição em um outro segmento. Esse crescimento total seria contrabalançado pela demanda estável num outro segmento, especialmente na América do Norte. Mas as condições gerais do mercado significavam que esperávamos um crescimento líquido substancial. Considerações a respeito do câmbio e da política de preços também influenciaram o número final.

Ao estabelecer as metas para as margens operacionais, prestamos especial atenção às iniciativas-chave, tais como ofertas de produtos altamente diferenciadas que podem conseguir melhores preços e margens.

A ARTE DE FAZER *TRADE-OFFS*

Quando os planos operacionais traduzem estratégias em ações, eles se deparam com questões relativas aos *trade-offs* que já mencionamos nos Capítulos 7 e 8. Algumas estratégias contêm ideias muito específicas e claras que farão a empresa crescer de forma rentável, mas que requerem investimentos no período operacional corrente. Nesses casos, a liderança tem de recorrer aos *trade-offs*.

Onde a empresa faz esse investimento (seja em tecnologia, produtos, segmentos de clientes ou regiões geográficas), isso é deduzido do diálogo sobre estratégia e diretamente ligado a ele. Em operações, o líder garante, por meio do acompanhamento completo, que a direção estratégica seja específica, clara e continue relevante, que seja traduzida em ação pela alocação de recursos e que as fontes desses recursos sejam explícitas. Ele garante também que responsabilidades sejam designadas e acompanhadas nas revisões seguintes.

Se sua empresa tem de cortar gastos durante o período operacional, o gerente não pode cortar esse investimento unilateralmente. A decisão deve ser tomada num debate com a participação do CEO, que constitui o elo com o plano estratégico. Quais linhas de produto você vai financiar e quais não? Ou você pode exercer sua criatividade para encontrar recursos que vão lhe permitir preparar a empresa para o futuro? Talvez você possa incluir mais produtos com altas margens no *mix* ou implementar um grande esforço de vendas para gerar volumes adicionais. Ou talvez você quisesse fechar uma fábrica este ano e transferir a produção para um país que tivesse custos de produção menores. Você deve adiar essa ação por um ano, o que permitiria evitar os custos de curto prazo, incluindo pagamentos de indenização? Assumiria o risco, numa empresa de produtos de consumo, de aumentar as despesas de propaganda na expectativa de gerar maiores volumes? Se a resposta for "sim", você faz mais anúncios ou usa mais cupons?

O diálogo focará também a qualidade do pessoal que vai fazer esse investimento bem-sucedido. Novamente, o CEO deve ser uma parte disso – ele é o elo com o processo de pessoal.

Uma fonte contínua de recursos é a motivação constante para aumentar a produtividade. Empresas como GE, Emerson Electric e Colgate-Palmolive, que tiveram aumentos consecutivos de lucro por ação durante 15 anos ou mais, primam por investir em curto prazo para o crescimento futuro porque buscam ano após ano melhorias de produtividade. Uma divisão de US$1 bilhão da Honeywell obteve em um ano US$30 milhões através da redução de despesas gerais e administrativas. Ela usou esse dinheiro, juntamente com os US$7 milhões que obteve em função da melhoria do *mix* de produtos, para investir no desenvolvimento de novos produtos. Com o passar do tempo, o foco na produtividade está criando uma vantagem competitiva cumulativa para a divisão. Assim, US$37 milhões para o desenvolvimento de produtos em uma divisão de US$1 bilhão lhe dão uma enorme vantagem competitiva.

Alguns *trade-offs* são feitos entre as unidades de negócios e nem sempre constituem escolhas simples. Você deve entender todos os fatores que contribuem para o valor relativo de cada unidade que está sendo considerada. Se a economia está caminhando para uma recessão, por exemplo, quais unidades devem fazer cortes maiores e quais os menores? Embora a resposta possa parecer óbvia – poupar a unidade que traz maiores retornos –, essa pode ser a resposta errada. Se o mercado de capitais avalia essa determinada unidade por um índice preço/lucro menos sustentável – digamos porque ela está num setor medíocre e obtém esses retornos agora somente porque você foi o primeiro a cortar custos –, você vai querer favorecer a unidade que tem mais valor em longo prazo.

RESULTADOS DO PROCESSO DE OPERAÇÕES

Um dos resultados do processo de operações é a identificação de metas que clara e especificamente refletem não apenas aquilo que um negócio quer atingir, mas também aquilo que ele *provavelmente* atingirá – porque elas são baseadas em premissas mais realistas e no conhecimento de como atingi-las.

As Figuras 4 e 5 mostram os resultados para a unidade de negócios sobre a qual estávamos discutindo. Eles são claros e específicos. Mostram as fontes de mudança na receita bruta e na receita operacional durante os próximos 12 meses e sua proporção relativa. (Da mesma forma, na mudança estratégica da solução de vendas de componentes, discutida no Capítulo 6, o gerente da conta e o pessoal de engenharia dependiam um do outro para dar forma à proposta de valor.)

Além de metas claras, o processo de operações traz muitos ensinamentos. Os líderes que participam das revisões pensam sobre as próprias entranhas do negócio e as discutem. Eles aprendem a olhar para

Figura 4: A ponte do resultado operacional

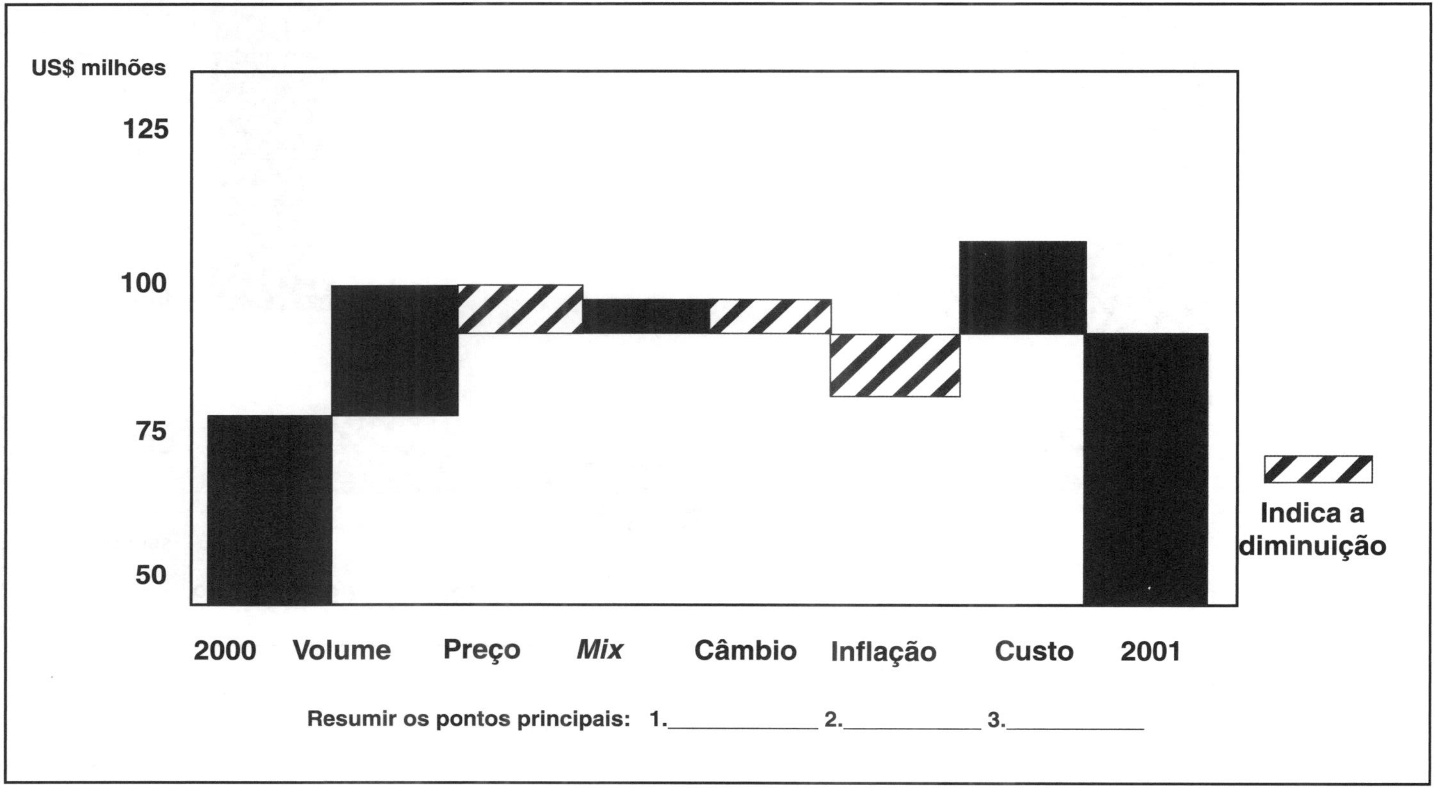

Figura 5: A ponte da receita 2001

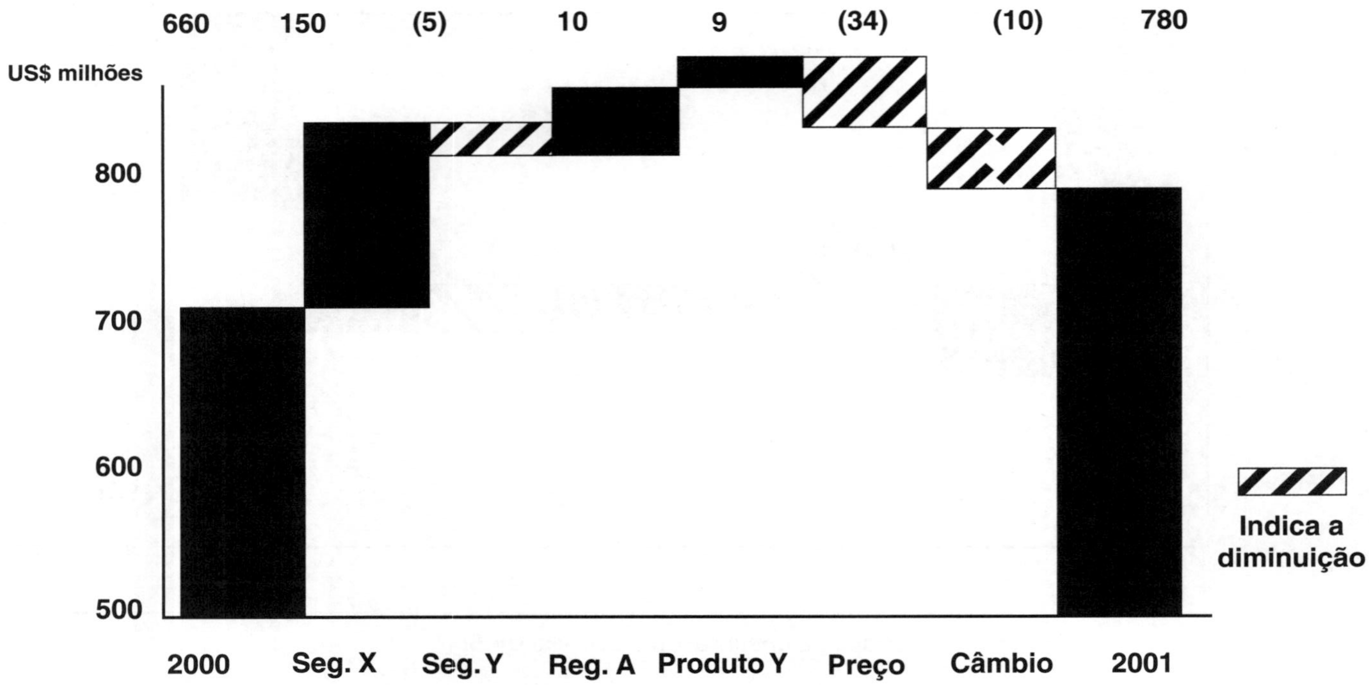

Resumir os pontos principais: 1.__________ 2.__________ 3.__________ 4.__________.

a empresa como um todo e visualizar como as deferentes partes se encaixam. Aprendem como alocar e redistribuir recursos quando o ambiente muda.

Revisões operacionais constituem excelentes oportunidades de treinamento. As operações podem ter 500 linhas no orçamento: Qual delas é a mais importante? Qual é a relação entre elas? Não existe um padrão de resposta para essas perguntas e nunca haverá. No processo de resolução desses pontos com o líder, as pessoas aprendem a fazer *trade-offs* equilibrando o curto e o longo prazos.

Nesse ambiente social, as pessoas adquirem também a prática de fazer perguntas incisivas, e os líderes usam sua habilidade para encorajar a pesquisa e conhecer todos os pontos de vista. Promover o diálogo ajuda a construir relacionamentos entre líderes que dirigem várias partes da empresa. Os líderes podem depois levar essas mesmas habilidades para suas reuniões, energizando seu pessoal e expandindo suas capacidades. Isso constrói o software social da empresa.

Finalmente, o processo operacional cria confiança. A equipe sabe que pode atingir os objetivos. Ela tem flexibilidade para adaptar-se às mudanças e já seguiu os passos necessários para obter sucesso em quase todas as circunstâncias alteradas de forma drástica. Na realidade, ela foi treinada em um simulador de voo.

DEPOIS DA REUNIÃO: ACOMPANHAMENTO E CONTINGÊNCIAS

Cada revisão benfeita termina com um fechamento e acompanhamento. Sem eles, você pode ter uma dessas reuniões em que as pessoas balançam a cabeça em sinal de aprovação somente para esquivar-se dos acordos alguns dias depois. O líder tem de certificar-se de que cada pessoa sairá com a informação correta e assumirá a responsabilidade pela tarefa que lhe coube.

Uma boa técnica consiste em enviar para cada pessoa um memorando, esboçando os detalhes dos acordos. Aqui apresentamos fragmentos de um memorando enviado por Larry para uma unidade da AlliedSignal depois da revisão do plano operacional de 1999. As vendas na unidade em questão foram boas e estavam melhorando, portanto o enfoque principal era a obtenção de margens mais altas.

25 de novembro de 1999
Para: Líderes do Grupo X
De: Larry Bossídy
Obrigado pela ótima revisão de seu POA (Plano Operacional Anual) de 1998. Eis aqui algumas observações que vocês deveriam compartilhar com seus lideres de negócios:

- Para 1999, vocês devem elaborar um plano que vai lhes permitir reagir a diferentes cenários, dado o alto nível da incerteza econômica.
- Em função dessa incerteza, precisamos de um plano de produtividade ambicioso que supere a meta.
- Desenvolvam uma proposta de redução de sua estrutura de custos. Quero saber o que vocês fariam, quanto isso vai custar e o impacto disso no quadro de pessoal e nos aspectos financeiros do POA de 1999.
- Nossos problemas de qualidade são preocupantes. Continuem a trabalhar para melhorar a produtividade. Estou particularmente preocupado com nossos problemas com o cliente X. Desenvolvam um programa para X que o convença de que estamos resolvendo esses problemas. Um componente-chave da solução é uma redução adicional em nossa base de fornecedores.
- Um bom trabalho foi a diminuição das entregas atrasadas. No entanto, o número continua entre os maiores da empresa, portanto há muita coisa a fazer.
- A cadeia de fornecimento é nossa prioridade de processo número um. Não resolvam os problemas individuais, resolvam o processo. Façam com que tenhamos um caminho definido para atingir a redução no quarto trimestre.
- A redução de preço de US$36 milhões é uma área que precisa ser constantemente analisada para encontrar caminhos criativos de redução do impacto.
- A redução de custos é uma grande oportunidade. Um ponto de custos vai levar vocês de uma posição desconfortável a uma confortável.

NEGÓCIO A

- Vocês precisam fazer algo a respeito da qualidade. Trinta por cento de devoluções dos clientes é decididamente demais. Dediquem mais recursos de engenharia para resolver questões de qualidade.
- Parece que não estamos ganhando com o aumento de preços no mercado secundário. Precisamos entender por que não estamos conseguindo e, se existem problemas com custos, desenvolvam planos para atenuá-los.
- Precisamos elaborar um plano para melhorar as margens referentes a reparo e revisão, particularmente dos produtos que impulsionam as vendas.
- Devemos obter melhores resultados com a linha de produtos Z.
- Como os riscos que vocês identificaram são prováveis, precisamos de um plano de contingência bem elaborado com foco nos custos.

OPERAÇÕES DE PRODUÇÃO

- Em condições econômicas normais, seus planos de materiais seriam bons, mas nesse ambiente deflacionário precisamos de algo mais. Trabalhem com o executivo A para refinar seus planos. Vocês têm aqui muitas oportunidades. Eu gostaria que suas metas fossem mais agressivas.
- Sua meta em estoques não é suficientemente agressiva. Trabalhem com os executivos A e B para determinar o estoque ao qual vocês têm direito e desenvolver um plano mais confiável com metas agressivas. Lembrem-se de que vocês não podem reduzir os estoques sem diminuir o *lead time*. No quarto trimestre, precisamos de uma redução significativa para atingir a meta de fluxo de caixa.
- Eu gostaria que vocês se concentrassem mais nos projetos Seis Sigma. Precisamos ter certeza de que estamos realizando o valor dos recursos de faixa preta/faixa verde.
- Obtivemos sucesso aumentando a produtividade na linha de produto B, mas isso foi feito à custa do capital de giro. Encontrem um meio de aumentar a produtividade, utilizando menor quantidade de capital de giro.

METAS DO POA DE 1999

Eis aqui suas metas revisadas (baseadas nas premissas que são consistentes com seus relatórios sobre o plano).

No geral, vocês fizeram uma grande apresentação do POA na semana passada. Ficou claro que o componente A de produção tem um bom entendimento de seu negócio. Gostaria de agradecer a vocês e a suas equipes por todo o trabalho. Vamos nos reunir de novo no dia 9 de dezembro para discutir detalhes de como vamos atingir as metas e também as alternativas para nossos negócios D, E e F.

* * *

Duas outras etapas do acompanhamento são os planos de contingência e as revisões trimestrais.

Planos de contingência

Empresas que executam podem lançar um plano de contingência num piscar de olhos – lembre-se de como a Honeywell respondeu à crise de 11 de setembro. Quando a epidemia asiática causou danos nas economias do mundo inteiro em 1997, tanto a AlliedSignal como a GE criaram planos de contingência e refizeram seus orçamentos em seis semanas. Elas tinham essa capacidade porque pensaram nisso com antecedência e treinaram esse processo durante anos.

LARRY: O plano operacional está feito. Agora a liderança analisa as premissas que podem ser mais vulneráveis e os planos de contingências no caso de os resultados não saírem como planejado. Por exemplo, vamos calcular que, se um negócio atinge sua meta de crescimento em 90%, isso vai nos custar a perda de X em receitas e de Y em margens. Teremos, então, uma ideia da magnitude de custos a eliminar e os ganhos de produtividade que deveremos obter para compensar os 10% não atingidos. Nosso pessoal pode se adaptar facilmente. Eles sabem que ações devem empreender para se ajustar, quando e se necessário.

Revisões trimestrais

As revisões trimestrais ajudam a manter os planos atualizados e a reforçar a sincronização. Elas dão também ao líder uma boa ideia sobre quais pessoas estão controlando seus negócios e quais não estão e o que estas últimas precisam fazer.

LARRY: Vou com meu funcionário de RH a uma unidade de negócios, especialmente uma que não conheço bem, e antes de começar a trabalhar sobre o plano de negócios nos reunimos com o gerente-geral e seu funcionário de RH para analisar os planos de desenvolvimento de pessoal e organizacional. Tento também deixar claro que a estratégia é apropriada e está sendo traduzida no plano de negócios. Então, analisamos os planos operacionais em termos do último trimestre: as vendas, o crescimento do mercado, fatores externos, margens, níveis de despesas. Gosto de fazer isso com pessoas que dialoguem com um grande número de funcionários. Noto que, quanto melhores as pessoas, mais elas gostam dessas revisões. Depois organizo um debate aberto, reunindo um grupo de pessoas num auditório, numa plataforma de carregamento ou em qualquer outro lugar, para falar sobre o que a empresa está tentando fazer e ouvir suas perguntas. No avião, voltando para casa, escrevo uma nota sobre o que concordamos na revisão trimestral.

A revisão em si é a base para comparar qual foi o desempenho do gerente-geral em relação ao plano do primeiro trimestre. Pode ser que seja necessário ajustar o plano. Pode ser que ele me diga: "Não atingi a meta de vendas no primeiro trimestre porque foi uma temporada fraca." Eu responderia: "Bom, espere um minuto, no ano passado o primeiro trimestre também foi uma temporada ruim. Então, o que isso tem a ver com tudo o mais?" E ele talvez diga: "Eu sei, mas vou aumentar minhas vendas no segundo trimestre. No fim do segundo ou do terceiro trimestre, atingirei as metas do plano." Então, devo dizer: "Vamos supor que você não consiga. Isso significa que não vou fazer nada a respeito até o quarto trimestre, depois de você não atingir as metas do terceiro trimestre. Bem, não vamos fazer isso. Vamos começar a fazer alguma coisa agora como se você não tivesse conseguido atingir as vendas previstas no orçamento. Se você conseguir, tanto melhor, terá ultrapassado o plano e isso é bom, porém se você não atingir as metas do plano, estará protegido." O mesmo acontece com a produtividade. Se alguém diz "Meu primeiro trimestre não foi bom, mas o segundo será", você tem de dizer: "Vamos supor que você não consiga. O que vai fazer agora a respeito disso?"

Meu objetivo é estabelecer com o gerente-geral um procedimento para realmente atingir as metas do plano no fim do ano. Analiso o primeiro trimestre detalhadamente para saber o quanto o gerente sabe sobre ele e o que vai fazer a respeito disso. Minha ênfase é sobre agir com antecedência.

Digo o seguinte: "Pessoal, estamos falando de planos operacionais. Não de esperanças e sonhos. Estamos falando sobre a realidade. Não me digam que vocês esperam que a coisa irá melhorar. A realidade é que no primeiro trimestre a coisa não melhorou. Esse é o banco de dados que será nosso ponto de partida e vamos agir com base nesse banco de dados."

Agora, se conseguirmos prever alguns problemas de caixa no fim do segundo trimestre, posso reduzir um pouco o orçamento de capital. Vou dizer: "Está bem, aprovamos US$50 milhões para dispêndio de capital em seu plano operacional, mas vou reduzir isso para US$45 milhões, para manter nosso plano de fluxo de caixa. Agora vocês devem escolher os projetos de capital mais benéficos para o negócio. Se vocês atingirem as metas do plano no fim do trimestre, será ótimo, vamos analisar isso de novo e podemos voltar ao que era antes."

Esse processo não garante que você vai atingir a meta de cada plano na corporação – isso você não consegue. Mas você ficaria surpreso com o número de pessoas que quase conseguem isso em condições muito diferentes daquelas previstas na preparação do plano.

METAS DE ACORDO COM AS QUAIS DEVEMOS PROCEDER

Como já mencionamos anteriormente, um grande problema com o processo de orçamento convencional é que as metas que têm pouco a ver com a realidade podem ser tudo exceto sem significado para as pessoas que devem atingi-las. Um processo de operações que acontece no software social de execução resolve esse problema porque as próprias pessoas ajudam a estabelecer metas realistas. E como sua remuneração está atrelada a essas metas, é no plano operacional que elas se sentem donas delas. Isso é a base para que as pessoas assumam responsabilidades.

LARRY: Vamos supor que lançamos o plano operacional e que falta à empresa US$50 milhões para fazer aquilo que seria necessário para atingir as estimativas, e assim por diante. Digo a eles: "Como empresa, achamos isso uma meta realista. É nisso que levamos as pessoas a acreditar. Pedimos para que vocês melhorem as metas com as quais concordamos anteriormente, mas ainda existe uma lacuna entre aquilo que vocês pensam que podem fazer nos 10 negócios operacionais e aquilo que nós pensamos que devemos fazer."

Não posso dar-lhes números que eles não têm como atingir porque isso não vai ajudar. Devemos falar sobre como vamos preencher a lacuna. Digo: "Que ideias temos para começar a preencher essa lacuna? Vamos manter os custos de assistência médica baixos em toda a organização, então isso lhes dará dois centavos por ação. Tenho algumas ideias para lhes ajudar, mas ainda falta muito."

Você então tem uma discussão proveitosa sobre como preencher qualquer lacuna que possa existir. Você quer ter esse debate porque a pior coisa é alguém dizer que pode fazer, mas depois não cumpre a promessa. Você conta com ele, e ele não cumpre. Falei com muita gente da área operacional que dizia: "Eu sabia desde o início que não tínhamos chances com esse plano." Minha resposta é: "Por que não falou isso antes? Não vou sair correndo da sala. *Vou* desafiar seu plano. Vou tentar puxar as metas para cima o máximo possível, mas se não dá para atingir, nada de bom pode ser conseguido aqui."

Uma abordagem consiste em dar a uma pessoa uma meta e ela vir para uma revisão do orçamento. Ela diz: "Tenho certeza de que posso atingir 90% dessa meta desta maneira. Não sei como vou atingir os restantes 10% – não consigo enxergar isso. Mas tenho algumas ideias e aceito seu desafio. E voltarei no fim do primeiro trimestre para dizer se é possível ou não, porque se não souber até lá não vai acontecer."

Eu digo a ela: "Vou lhe dar algumas sugestões agora mesmo. Analisei seu plano. Se você conseguir mais um ponto na produtividade, isso preenche a lacuna. Meio ponto no preço preenche a lacuna. Mas não quero que você me diga que pode conseguir mais um ponto na produtividade ou meio ponto no preço até que volte e se certifique de que pode fazê-lo. E você pode encontrar formas melhores de preencher a lacuna. Mas são duas coisas em que pensar."

No ano passado, por exemplo, um gerente organizou um programa de vendas especializado para colocar um produto num novo mercado, alocando algumas pessoas para gerenciá-lo, e isso nos trouxe uma receita que estaria perdida se não fosse esse programa. Num outro segmento, assumimos um risco e conseguimos aumentar os preços em meio ponto. E treinamos mais cinco faixas pretas Seis Sigma, o que nos permitiu ter mais projetos de redução de custos. Tudo isso foi resultado de diálogo, eu não sugeri.

Às vezes, por outro lado, você precisa pôr pressão. Vamos supor que alguém visivelmente não vai atingir as metas e não tem uma desculpa. Eu poderia dizer: "O que vamos fazer, então? Devo fazer um relatório para Wall Street no fim do trimestre e não posso deixar de cumprir meus compromissos. Talvez devesse levar você comigo quando forma coletiva com a imprensa e dizer: 'Eis aqui o cara responsável.' Não? Então, o que você acha disso: você tem 15 mil opções de ações (sempre sei quanto eles têm) e está no plano 401(k). Os membros de sua equipe também têm opções e o 401(k). Se errarmos em nossa estimativa e nossas ações caírem 10% ou 15%, isso não vai impactar você e os outros?"

Então faço disso um desafio pessoal: se você não atingir sua meta, se não fizer aquilo que disse que faria, estará prejudicando a si mesmo e a seus colegas de equipe. Geralmente, o homem vai dar tudo de si para atingir as metas.

* * *

Esse tipo de processo de revisão permite que você também estabeleça metas ambiciosas. Tais metas constituem uma técnica popular de liderança (de qualquer forma, popular entre os líderes) para conseguir com que as pessoas se esforcem ao máximo. Muitos líderes, porém, são descuidados na maneira como as especificam e as usam.

RAM: Metas ambiciosas podem conter muitas promessas vazias. Elas são úteis, mas não quando são arbitrárias, quando são usadas como uma ferramenta para as pessoas trabalharem mais. Uma meta ambiciosa tem dois objetivos. Primeiro, ela pode forçar você a pensar sobre fazer coisas de maneira radicalmente diferente; segundo, pode ajudá-lo a executar excepcionalmente bem.

Por exemplo, Sam Walton estabeleceu uma meta ambiciosa com sua declaração famosa: "Continuarei reduzindo preços enquanto continuar vivo." Ele a atingiu. Henry Ford fez isso no início da década de 1920. Matsushita fez isso no Japão. E Ingvar Kamprad da IKEA fez isso na Suécia por muito tempo.

A realização de sua meta ambiciosa obrigou Walton a encontrar novas ideias que a Sears e a Kmart nunca tiveram: logística ponto a ponto, transferência de informações on-line para fornecedores e redução de muito desperdício em transações. Esses procedimentos resultaram em preço baixo todos os dias.

A chave é avaliar a viabilidade de uma meta ambiciosa, e existe uma metodologia para isso. Geralmente, há menos do que meia dúzia de fatores ou premissas que deve dar certo, e alguns dependem de sorte. Identifique-os durante o debate. Fale deles e depois diga: "Se a sorte estiver conosco, não há como deixar de atingir a meta. Se não estiver, existe a chance de perdê-la."

LARRY: Você quer colocar um pouco de ambição em seus planos. Mas deve realmente saber quanta ambição. Você não pode entrar e dizer: "Vou dar a você uma meta." Minha abordagem é que quero saber como você vai fazer para atingir sua meta. Primeiro e principal, preciso ver se você entende a situação e é capaz de controlá-la. Segundo, você saberá que eu sei que você tem uma chance de atingi-la, então receberá mais recursos se precisar deles. Terceiro, eu aprendo muito, pois existem chances de eu não ter uma resposta sobre o método de realização.

Geralmente isso funciona bem. Sim, as metas são um pouco mais ambiciosas do que as pessoas imaginavam no início, mas elas concordam com os planos finais se os acharem realistas. Pode ser que uma pessoa às vezes não consiga atingir sua meta porque o mercado muda ou fizemos algo que *não* funcionou. Mas se ela levou seu negócio ao ponto ideal, merece um prêmio. Eu já vi pessoas em bons mercados que não atingiram suas metas ou as atingiram quando deveriam ter feito 10% a mais. Não fui generoso em termos de conceder-lhes prêmios.

* * *

A essência do funcionamento de um negócio é como são interligados os três processos de pessoal, de estratégia e de operações. Os líderes precisam dominar a fundo os processos individuais e a maneira como eles funcionam como um todo. Eles constituem a base da disciplina de execução, no centro da concepção e da execução de uma estratégia. Eles são a diferença entre você e seus concorrentes.

A disciplina de execução baseada nos três processos essenciais é a nova teoria de liderança e organização elaborada com base na prática. Esperamos que lhe seja útil para mudar sua forma de trabalhar.

Conclusão: Carta para uma jovem líder

Cara Jane,

Parabéns pela promoção! Não poderíamos estar mais felizes por você. Sabemos que você está muito satisfeita por poder exercer sua liderança em um nível mais alto. E gostaríamos de compartilhar com você algumas informações que, achamos, irão ajudá-la nesse novo desafio.

Comece considerando que habilidades são necessárias para essa função e as compare com suas atuais habilidades. Temos certeza de que você tem autoconfiança para fazer esse tipo de auto-avaliação sincera. Se você tem pouca experiência em uma área (como acontece com a maioria dos líderes em algum ponto de suas carreiras, como você sabe), certifique-se de que tem alguém que seja forte nessa habilidade. No geral, você irá querer formar uma equipe equilibrada com diferentes tipos de talentos necessários para melhorar suas chances de sucesso.

O quanto você conhece sua organização? Esteja onde está a ação, falando com as pessoas em todos os níveis, fazendo perguntas e ouvindo as respostas. Você aprenderá muito sobre a realidade da empresa e estabelecerá uma ligação pessoal, que é a marca de um grande líder.

Entenda as crenças e o comportamento das pessoas que estão sob seu comando. Seu próprio comportamento tem muito a ver com seu sucesso até agora, Jane. Você sempre insistiu no pensamento sem fronteiras, você está aberta a opiniões diferentes e tem dialogado de forma honesta e abrangente, o que revela qual é a realidade. Você também sempre deu um enorme valor para a execução, vencendo e atraindo as pessoas mais talentosas e diversificadas.

Você está entre pessoas que compartilham a mesma opinião e valores que você no seu novo emprego? Sua empresa tem uma cultura de execução, onde as pessoas fazem as coisas porque o desempenho é reconhecido e recompensado? As pessoas aceitam a realidade e dialogam de forma construtiva? Ou a empresa é repleta de politicagem, jogo de empurra ou negações? Em caso positivo, comece criando o software social de que você precisa para mudar a cultura. É como você vai conseguir que toda a organização siga sua liderança e será crucial para manter seu histórico de realizações bem-sucedidas.

Nada é mais importante para atingir resultados do que sua liderança pessoal nos três processos-chave. Eles são o cerne do negócio e suas alavancas para mudar e reforçar a cultura. A maior diferença entre as empresas que executam e as que não executam é o rigor e a intensidade com que o líder dá seguimento a esses processos. Você será puxada em todas as direções, pois as pessoas vão querer que você se reúna com lideres comunitários, funcionários do governo e fornecedores e vão colocar você à mostra em qualquer lugar imaginável. Mas gerenciar os processos deve estar no topo de sua lista de prioridades.

Sabemos que você acredita que as pessoas são os ativos mais importantes de sua empresa, mas sua administração do processo de pessoal é que converterá essa crença em realidade. Torne o processo de pessoal mais importante do que qualquer coisa. Seu sucesso será determinado pelo número de parceiros "A" que você tiver e o quanto você poderá harmonizar os esforços deles. Você precisa conhecer, pelo menos, o terço de pessoas em sua unidade com melhor desempenho e potencial de crescimento. Precisa estar certa de que as avaliações são honestas e diretas e que seu pessoal receba feedback, orientação e treinamento necessários para se desenvolver. E como a remuneração é a alavanca máxima de desempenho, você deve garantir que seu sistema de remuneração recompense os que executam.

Aconselhamos você a comparar seus funcionários com os da concorrência para ter certeza de que as exigências de desempenho sejam altas o suficiente e se as pessoas têm a disciplina necessária para vencer consistentemente.

Ter um processo de estratégia correto é crucial para seu sucesso de longo prazo e de sua empresa. Os lideres da empresa estão no comando do processo ou ele foi delegado para o pessoal de planejamento, muito técnico e isolado de tudo? O plano contém as informações certas de modo a permitir uma avaliação precisa de sua posição em relação à concorrência? É suficientemente detalhado de modo que seu pessoal possa ver como conseguirá crescer e melhorar a produtividade? Você não pode concordar com declarações vagas sobre esses fundamentos do plano - você precisa de programas específicos. As questões que confrontam o negócio foram identificadas? Sua nova equipe apresenta um histórico de superação de obstáculos? Como você sabe, se não identificar, debater e resolver as questões criticas, a empresa emperra. Os recursos estão alocados proporcionalmente às oportunidades ou cada oportunidade tem sua parcela de recursos e nenhuma consegue o suficiente? O plano é simples, conciso e fácil de entender? Lembre-se de que você quer que todos na empresa o entendam.

Você tem um orçamento, mas há um plano de ação correspondente a esse orçamento? Vimos incontáveis casos em que os números eram reunidos meticulosamente e apresentados com habilidade, mas tinham pouco a ver com a realidade de administrar um negócio. Um plano operacional anual mostra um padrão de realização. Sincroniza todas as partes da organização e as liga com os processos de estratégia e de pessoal. Ele sela definitivamente o compromisso de sua equipe, atrelando explicitamente o desempenho aos incentivos, de modo que os lideres exerçam toda a disciplina e imaginação que conseguem reunir para lidar com os acontecimentos não previstos, sempre presentes.

Jane, não conseguimos enfatizar suficientemente a importância de seu envolvimento pessoal nesses três processos-chave. Você deve se encarregar, desde o inicio de cada ciclo, das avaliações e do *follow-up* para se certificar de que as coisas que devem acontecer realmente aconteçam. É dessa forma que você adquire tanto o conhecimento quanto a autoridade para gerenciar o negócio como um todo integrado, baseado na realidade. É assim que, no final, você garantirá que os três processos estarão interligados.

E o que mais você deve controlar? A lista pode ser infindável, mas três aspectos se sobressaem Primeiramente, tenha certeza de que você e seus comandados de fato entendem seus clientes: suas necessidades, seu comportamento de compra e as mudanças em seu comportamento. Saiba por que eles preferem seus produtos a outros. Entender os clientes é a base para o sucesso do negócio. Em segundo lugar, sempre procure formas de melhorar seus resultados, lançando iniciativas tais como Seis Sigma ou digitalização. Elas podem ser não apenas produtivas, mas também unir seu pessoal em torno de uma causa comum. Em terceiro lugar, mantenha e estimule sua honestidade intelectual de modo que você sempre seja realista. Veja as coisas como são, não da forma como você quer que elas sejam.

Às vezes, será difícil saber como você está se saindo. Esperamos que sua empresa lhe dê o feedback e a orientação que você dará para seus próprios subordinados. Mas, mesmo quando for o caso, achamos que uma líder necessita de um confidente, alguém de fora da empresa para ajudá-la a manter a cabeça firme. Essa pessoa deve ser alguém sensato, que seja honesto com você e a ajude a continuar se perguntando se você está se desenvolvendo, aprendendo e fazendo escolhas difíceis. E tome conta de você. O novo emprego pode ser estressante, e você precisa levar uma vida equilibrada. Não tenha altos e baixos. Um comportamento coerente é sinal de um ego contido e inspira confiança naqueles que a rodeiam.

Acima de tudo, Jane, lembre-se de que você conseguiu ser líder por causa de seu compromisso com o trabalho que faz. Mantenha esse envolvimento intenso e o aprofunde. Algumas pessoas crescem em seu trabalho e outras incham. As que crescem são apaixonadas pelo negócio. Nunca estão ocupadas demais sendo chefes controladores, de modo que deixam de prestar atenção aos detalhes importantes e de ficar perto de seu pessoal. Nunca são muito importantes e poderosas para ouvir e aprender, para serem curiosas, questionadoras e abertas a novas ideias como eram no primeiro dia de suas carreiras.

Isso é provavelmente mais do que você queria ouvir de seus dois velhos amigos. Mas nós ficamos muito felizes com seu progresso e sabemos que você tem talento para ir muito mais longe.

Abraços,

Larry e Ram

Índice